Reinhard Dümler

Irrwege und Auswege bei der Förderung von Lesen und Rechtschreiben

Über den Autor

Reinhard Dümler (Jahrgang 1950) ist Sonderschuloberlehrer (Lehramt für Gehörlose, Schwerhörige und Sprachbehinderte) und arbeitet seit 1978 in verschiedenen Bereichen einer Sprachheilschule. In den letzten Jahren war er hauptsächlich im *Mobilen Sonderpädagogischen Dienst* und in der *mobilen sonderpädagogischen Hilfe* tätig. Hier war die Prävention von Lern- und Sprachstörungen ein Schwerpunkt seiner Arbeit. Er hält regelmäßig Fachvorträge im In- und Ausland und hat neben zahlreichen Fachartikeln bisher vier Bücher veröffentlicht:

leichter lesen lernen - Dortmund 1996
Praxis der pädagogischen Kinesiologie - Würzburg 2002
Ich sag doch Lollmops - München 2005
Lese- und Rechtschreibproblemen vorbeugen - Buxtehude 2010

Oleanderstraße 12
D - 41470 Neuss
Telefon +49 (0) 21 37 / 95 27 88
Fax +49 (0) 21 37 / 95 27 83
www.skript-verlag.de
Printed in Germany
ISBN: 978-3-928249-50-8

Im Schaffensprozess hat der Autor Erfüllung gefunden. Doch das heißt nicht, dass sein Werk für jemand anderen irgendeinen Wert hat. Der Leser eines Buches, der Betrachter eines Gemäldes denkt nicht an die Gefühle des Künstlers. Der Künstler strebt nach Befreiung, aber der Laie sucht nach einer Botschaft, und er allein kann beurteilen, ob ihm die Botschaft wertvoll ist.
W. Somerset Maugham

Vorwort

Wovon ich in diesem Buch schreibe

Ich werde mich in diesem Buch mit den Fördermaßnahmen beschäftigen, die Kinder zum Erlernen des Lesens und Schreibens benötigen. Ich werde mich auch mit den Fördermaßnahmen beschäftigen, die ergriffen werden, wenn Kinder beim Erlernen von Lesen und Rechtschreiben Probleme haben. Es geht also um Dreierlei: Die Vorbereitung des Kindes auf das Lesen- und Schreibenlernen, den eigentlichen Vorgang des Lesen- und Schreibenlernens und die Förderung von Kindern mit Lese- Rechtschreibproblemen.

Für wen ich dieses Buch schreibe

Eigentlich schreibe ich dieses Buch für die Kinder, die auf Irrwege geschickt werden, und deshalb Probleme mit dem Lesen- und Schreibenlernen haben. Das Buch nützt den Kindern aber nichts, wenn es nicht von denen gelesen wird, die die Kinder auf die Irrwege schicken. Oder von denen, die sich - in gutem Glauben - bei der Förderung von Kindern auf Irrwegen befinden. Ich schreibe also für all jene, die Kinder beim Lesen- und Schreibenlernen unterstützen, also für Erzieherinnen in Kindergärten, Eltern und Lehrer.

Warum ich über Irrwege schreiben will

Viele Wege führen nach Rom. Wenn ich mich für Weg A entschieden habe, möchte ich mir von niemandem sagen lassen, er sei falsch und man müsse unbedingt Weg B gehen. Genauso wenig möchte ich anderen Leuten vorschreiben, welche Wege sie zu gehen haben. Für das Lesenlernen gibt es sicher viele Wege und für die meisten Kinder ist es auch egal, welcher Weg beschritten wird. Sie lernen das Lesen und Rechtschreiben weitgehend problemlos. Einige haben aber Probleme und denen muss man gezielt helfen. Welcher Weg ist dann aber der richtige? Kommt man mit einem Umweg eventuell sicherer an? Hat man Abzweigungen verpasst, weil man diskrete Wegweiser übersehen hat? Führt ein Weg lange außen herum, obwohl es einen kürzeren geben würde? Ist der Anstieg für dieses Kind zu steil? Müsste man ihm mehr Zeit geben? Sollte man auf manche Wege verzichten, weil man auch ohne sie ans Ziel kommt? In diesem Sinne möchte ich mir Gedanken über die Förderung von Lesen und Rechtschreiben machen. Mögliche Irrwege aufzuzeigen, bringt dem Leser meine Gedanken vielleicht eher nahe, als wenn ich versuchen würde, einen konkreten Weg vorzuschreiben (der für ein konkretes Kind dann auch wieder ein Irrweg sein kann). Beim Vorschreiben eines konkreten Weges würden (zurecht) viele Fachleute sagen: Wir wissen doch selbst, wie es geht, warum sollen wir andere Wege beschreiten? Wenn ich Irrwege beschreibe, habe ich aber die Hoffnung, dass mancher doch einmal eine Abzweigung nimmt, die er bisher noch nicht ausprobiert hat.

Wie ich die Irrwege beschreibe

- Wollte ich **den** richtigen Weg zum Lesen und Rechtschreiben aufzeigen, müsste ich systematisch vorgehen, um ans Ziel zu kommen. Ich habe aber nicht den ganzen Weg vor Augen, sondern möchte nur auf die kleinen und großen Umwege aufmerksam machen. Deshalb werde ich die Irrwege ganz willkürlich und unsystematisch beschreiben. Irrweg Nr. 1 ist nicht gefährlicher als Irrweg Nr. 7, der Ausweg aus dem ersten Irrweg somit auch nicht wichtiger als der Ausweg aus dem letzten.

- Um der Leserlichkeit willen, werde ich auch nicht von Lesern und Leserinnen oder gar LeserInnen schreiben, sondern die Wörter mit dem Geschlecht benutzen, das sie von der Grammatik her haben. Als Personen sind dann immer beide Geschlechter gemeint. Wenn ich vom Lehrer schreibe, meine ich auch die Lehrerin und bei der Erzieherin denke ich auch an den männlichen Erzieher.

- Manche der beschriebenen Irrwege scheinen sich zu widersprechen. Da wird von mir ein Irrweg beschrieben und in einem anderen Kapitel wird genau der gegenteilige Weg als Irrweg aufgezeigt und was zuvor als Irrweg beschrieben wurde, wird jetzt als Ausweg genannt. Dies zeigt aber nur, dass nicht jeder

Weg für jedes Kind die gleiche Bedeutung hat. Was einmal ein Irrweg sein kann, ist bei anderer Gelegenheit ein Ausweg. Und: Wege können auch über Teilstrecken Irr- oder Auswege sein. Man muss nicht jeden Weg bis zum bitteren Ende gehen. Oft genügen Teilstrecken und auch Abzweigungen sind manchmal hilfreich.

Vom Irrweg zum Ausweg

Mögliche Irrwege aufzuzeigen ist eine Sache. Nach Auswegen zu suchen ist eine andere. Ich möchte den Leser aber nicht mit der Erkenntnis über Irrwege stehen lassen, sondern dort, wo ich Ideen für Auswege habe, diese auch aufzeigen. Es können aber immer nur **mögliche** Auswege sein, ob sie **tatsächlich** weiter helfen, hängt immer vom Einzelfall ab. Und die Auswege sollen auch nie als ein **Muss** verstanden werden, sie können immer nur ein **Kann** bedeuten. Für manche der vorgeschlagenen Auswege werden im Anhang auch Materialien angeboten, die selbstverständlich kopiert werden dürfen.

Reinhard Dümler, 30. Dezember 2007

Inhalt

Anhang

Einleitung

Ich möchte dem Leser an dieser Stelle mitteilen

- warum dieses Thema für mich ein Thema ist
- wie ich dazu gekommen bin, etwas über dieses Thema sagen zu müssen
- was ich schon über dieses Thema geschrieben habe
- warum ich mich noch einmal zu diesem Thema äußern muss
- an welche Kinder ich denke, wenn ich hier kritisiere und gute Ratschläge gebe

Lassen Sie sich einstimmen:

Von 1986 bis 2001 habe ich sonderpädagogische Diagnose- und Förderklassen unterrichtet. Hier habe ich Erfahrungen gemacht, die ich 1996 in meinem Buch ***leichter lesen lernen*** publiziert habe. Aus der damaligen Einleitung:

Seit ich in Diagnose- und Förderklassen unterrichte (seit dem Schuljahr 1986/87), benutze ich den stressfreien Leselehrgang „Lesen durch Schreiben“ von J. Reichen, den ich weiter unten beschreiben werde. Jahre zuvor (Schuljahr 1978/79) hatte ich einmal eine erste Klasse mit einem herkömmlichen Fibellehrgang unterrichtet, und dabei erlebt, wie sich Kinder, die Probleme mit dem Lesenlernen haben, tagtäglich abmühen, und anstatt einen ordentlichen Lernzuwachs zu erzielen, immer frustrierter werden. Im Gleichtakt, der nun mal von der Fibel und vom Jahresplan vorgegeben ist, werden nacheinander neue Buchstaben gelernt, die sich das Kind merken muss, die es von anderen Buchstaben nach ihrem Aussehen und nach ihrem Klang unterscheiden muss, und die es zu Wörtern zusammenlesen muss. Wie kann man versuchen, dem Kind immer neue Buchstaben einzutrichtern, wenn es die alten noch nicht unterscheiden kann? Wie kann man das Zusammenlesen von ihm verlangen, wenn es einfach nicht weiß, was es dabei machen soll? (Reichen schreibt zu diesem Thema sinngemäß, dass eigentlich keiner weiß, wie Kinder das Lesen erlernen, dass allerdings manche Fachleute glauben, es zu wissen.) Um meinen Schülern, die ja durch Entwicklungsverzögerungen schon für Lernprobleme prädestiniert waren, zukünftig einen solchen Teufelskreis zu ersparen, habe ich mich für Reichens Leselehrgang entschieden, und ich habe diese Entscheidung nie bereut.

Ich habe Reichens Leselehrgang allerdings nicht nur übernommen, sondern ihn an die Erfordernisse in der Diagnose- und Förderklasse angepasst. Ich habe auch mit der Schrift experimentiert, viel Rhythmik und Bewegungserziehung durchgeführt und zur Verbesserung des Lernvermögens kinesiologische Maßnahmen durchgeführt. Da einerseits Reichens Lehrgang bei uns (in Bayern) kaum bekannt war, andererseits in der breiten Öffentlichkeit nur sehr verschwommene Vorstellungen von der Kinesiologie existierten, habe ich mein Gesamtkonzept veröffentlicht. Ich hoffte, Nachahmer zu finden, die zum Wohle der Kinder einmal wagen, eingefahrene Wege zu verlassen. Manchmal hatte ich auch Referendare zu Besuch in meiner Klasse, die sehr interessiert an *Lesen durch Schreiben* waren und dann – in Anwesenheit ihres Seminarleiters – ganz schüchtern fragten, ob dieser Lehrgang denn eigentlich erlaubt sei ...!!!

Im September 2000 wurde dann in Bayern ein neuer Grundschullehrplan eingeführt, bei dem nun auch die Arbeit mit phonologischer Analyse und Buchstabentabelle (ganz im Sinne Reichens) möglich wurde. Lustig war´s: Von den Schulämtern wurden Multiplikatoren ausgebildet, die zuvor nie so gearbeitet hatten und alle Lehrer wurden verpflichtet, sich bei Fortbildungen die Neuerungen beibringen zu lassen. Ich war auch dazu verpflichtet! Von Reichen als „Urvater“ dieser Methode war übrigens nie die Rede. Es schien so, als hätten die Macher des Lehrplanes die Neuerungen selbst erfunden. Da die „neue Methode“ nur im Crash-Kurs vermittelt wurde, tun sich auch heute immer noch viele Lehrer sehr schwer, von den alten Fibellehrgängen weg zu kommen. Und weil sich der „normale Lehrer“ immer gern an einem Schülerbuch orientiert, wird diese Umstellung auch noch erschwert. Denn die Schülerbücher sind immer noch Fibeln, die der phonologischen Analyse und der Arbeit mit der Buchstabentabelle nur wenig Raum geben. Außerdem wurden die Neuerungen in manchen Büchern nur ganz marginal umgesetzt: Man druckt den alten Stiefel – wie vor 20 Jahren – und legt als Alibi eine Buchstabentabelle dazu. Aus dieser Vermischung von Methoden und der Unsicherheit vieler Lehrer beim Umgang mit dem Lesenlernen ergeben sich viele Irrwege, die man beobachten kann, wenn man kritisch hinschaut. Wenn ich solche Beobachtungen mache, bin ich genervt. Und wenn ich mich über etwas aufrege, habe ich oft das Bedürfnis, darüber zu schreiben. Ich freue mich dann allerdings immer, dass ich weder Schulleiter noch Schulrat bin. Dann sähe ich mich nämlich verpflichtet, bei Fehlern einzuschreiten, wodurch ich mich natürlich nicht beliebt machen würde. Durch einige Äußerungen, die ich in diesem Buch machen werde, wird meine Beliebtheit bei manchen Leuten aber wahrscheinlich auch nicht steigen. Vielleicht gewinne ich aber neue Freunde dazu.

Irrwege

Seit einigen Jahren habe ich nun keine Klassen mehr. Ich bin häufig im sogenannten ***Mobilen Sonderpädagogischen Dienst*** unterwegs, um in Grundschulen Kinder mit Sprach- oder Lernproblemen zu betreuen. Häufig haben diese Kinder Probleme mit Lesen und Rechtschreiben. Wenn ich sehe, wie mit den Problemen dieser Kinder im Schulalltag umgegangen wird, finde ich wieder viele Gründe zum Schreiben. Zum Teil ist es einfach verantwortungslos! Wenig hilfreich sind dabei die amtlichen Vorgaben. Ich werde zu diesen eine frühere Veröffentlichung von mir zitieren:

Ist Legasthenie eine schwer therapierbare Krankheit?

„Mit Wirkung vom 16. November 1999 hat das bayerische Kultusministerium neue Richtlinien über Legasthenie bzw. Lese-Rechtschreib-Schwäche erlassen. Diese Richtlinien führten bei Lehrern zu Verunsicherungen, Diskussionen und Verwunderung. Um es vorweg zu nehmen: Der Autor dieser Zeilen hält diese Richtlinien für eine pädagogische Kapitulation.

Als Begründung für diesen Erlass wird angegeben, dass neuere Erkenntnisse aus Medizin, Psychologie und Pädagogik „eine genauere Erklärung der Ursachen und Entstehung sowie der Erscheinungsbilder dieser Teilleistungsstörung“ ermöglichen. Diese geben „konkrete Hinweise für Fördermaßnahmen, die an den individuellen Schwierigkeiten des einzelnen Schülers orientiert sind.“ Wer nun aber darauf wartet, dass diese neueren Erkenntnisse aufgeführt werden, wird enttäuscht. Und wer auf die konkreten Hinweise für Fördermaßnahmen wartet, wird noch mehr enttäuscht. Stattdessen verkündet das Ministerium eine nicht näher begründete Dreiteilung des Klientels mit Lese-Rechtschreibproblemen. Als Erstes wird die Lese- und Rechtschreib**störung (Legasthenie)** genannt. Bei dieser handelt es sich nach ministerieller Ansicht um eine Störung, die entwicklungsbiologisch und zentralnervös bedingt ist. Aufgrund biologischer Ursachen ist sie eine schwer therapierbare Krankheit, von der rund 4% aller Menschen betroffen sind. Der Schweregrad der Störung richtet sich nach der Kombination der einzelnen Teilleistungsschwächen. Von der Legasthenie ist (zweitens) die Lese- und Rechtschreib**schwäche** zu unterscheiden. Bei dieser handelt es sich um ein vorübergehendes legasthenes Erscheinungsbild, welches durch besondere Belastungen entsteht. Von dieser Schwäche sind 7 bis 10% der Schulanfänger betroffen. Anders als bei der Legasthenie spricht die Richtlinie bei der Lese- und Rechtschreibschwäche **nicht** mehr von Teilleistungsschwächen. Die interessanteste Variante bei der ministeriellen Dreiteilung sind die **Schüler mit sonderpädagogischem Förderbedarf**, da diese als jene definiert werden, die eine Lese-Rechtschreibschwäche im Rahmen einer **allgemeinen Minderbegabung** haben. Interessant ist diese Gruppe dadurch, dass die Minderbegabung nicht so stark ausgeprägt sein darf, um eine Schule zur individuellen Lernförderung besuchen zu dürfen.Bevor ich mich weiter um die ministeriellen Verlautbarungen kümmere, möchte ich zunächst das bisher Gesagte (ganz subjektiv) interpretieren:

Wenn die erstgenannte Gruppe der lese-rechtschreibschwachen Schüler eine schwer therapierbare Krankheit hat, ist die Schule nicht mehr für ihre Förderung zuständig. Nach der üblichen gesellschaftlichen Regelung werden für Krankheiten Ärzte und nicht Lehrer gebraucht. Auch die zweite Gruppe der betroffenen Kinder braucht wahrscheinlich keine besonderen therapeutischen Maßnahmen, denn bei einer vorübergehenden Schwäche, die durch besondere Belastungen entstanden ist, wird sich nach dem Wegfall der Belastung mit etwas zusätzlicher Übung sicher bald eine normale Leistung einstellen. Also stürzen wir uns mit unserer therapeutischen Kompetenz auf die dritte Gruppe: Da diese Kinder minderbegabt sind, dürften sie keine Sprachheilschule besuchen. Da sie laut ministerieller Einteilung keine Schule zur individuellen Lernförderung besuchen dürfen, sitzen sie also mit ihrer Minderbegabung in der regulären Grundschule, und können somit bestenfalls vom mobilen sonderpädagogischen Dienst betreut werden. Dies ist natürlich meine ganz persönliche Interpretation. Schauen wir weiter in die Veröffentlichung, um zu sehen, wie das Ministerium die Förderung der lese-rechtschreibschwachen Schüler sieht:

Unter der Überschrift „**Fördermaßnahmen im Rahmen des Unterrichts**" wird davon gesprochen, dass Grundschüler in der Regel vom Klassenlehrer durch innere Differenzierung und in Förderstunden zu betreuen sind. Unter der Überschrift „**Besondere Fördermaßnahmen**" wird zwar davon gesprochen, dass es möglich ist, einen besonderen Förderunterricht einzurichten. Wie dieser aussehen soll, wird aber nicht aufgezeigt. Dafür ist im Folgenden viel die Rede von Beobachtungen, Tests und Langzeitbeobachtungen. Wo hier der Förderansatz sein soll, kann ich nicht erkennen. Meines Erachtens zielt diese Art der „Förderung" schon exakt auf die Ausführungen über die Anerkennung von Legasthenie und Lese-Rechtschreibschwäche. Zu dieser möchte ich später noch eine Anmerkung machen. Bleiben wir noch bei den **besonderen Fördermaßnahmen**: „Bei Schülern, deren Schwierigkeiten im Lesen und Rechtschreiben in Zusammenhang mit einem sonderpädagogischen Förderbedarf stehen, ist bei Fortdauer erheblicher Schwierigkeiten ggf. zu überprüfen, ob eine weitere Förderung in der Grundschule bzw. in der Hauptschule in angemessener Weise möglich ist." Interpretation: Wer eins und eins zusammenzählen kann, wird folgendes erkennen: Es handelt sich hier um die Schüler der Gruppe 3, also solche bei denen die LRS mit einer Minderbegabung gekoppelt ist, die aber nicht in einer Sonderschule sein dürfen. Wenn man nun überlegen muss, ob sie an der Regelschule überhaupt noch gefördert werden können, kommt als nächster Schritt die Überweisung in die Sonderschule. Wer dort unterrichtet wird, gehört aber laut obiger Definition nicht mehr zum Klientel der Lese-rechtschreibschwachen und .... braucht somit keine Lese-Rechtschreibförderung mehr. Oder habe ich hier etwas falsch verstanden?

Die Wege zur **Anerkennung** als Legastheniker möchte ich nicht weiter ausbreiten. Es muss aber einerseits bemerkt werden, dass wir so etwas vor ca. 25 Jahren schon einmal hatten. Und es muss andererseits (immer noch) gefragt werden, welchen Sinn eine solche Anerkennung haben soll. Sie wird zwar damit begründet, dass Schüler dadurch vom Druck durch die Deutschnote befreit werden sollen, meines Erachtens hat die „Anerkennung" aber eine ganz andere Auswirkung: Wenn ein Schüler ein „anerkannter

Legastheniker“ ist, leidet er (wie oben zitiert) an einer schwer therapierbaren Krankheit. Für Krankheiten ist die Schule aber nicht zuständig, sie braucht sich also nicht weiter um die Probleme dieses Schülers zu kümmern! Dies ist die pädagogische Kapitulation, von der ich oben schon gesprochen habe.

Wo bleibt in diesem Erlass des Kultusministeriums die Prophylaxe, wo bleibt die Diagnose von Teilleistungsschwächen und wo bleibt vor allem eine ordentlich Therapie? Meines Erachtens ist Legasthenie keine Krankheit, sondern das unglückliche Produkt aus der Paarung zwischen Teilleistungsschwächen und der falschen Beschulung (zu frühes, zu schnelles, methodisch inadäquates Lesenlernen). Mit dieser Feststellung komme ich abschließend zum einzigen Lichtblick in der ministeriellen Veröffentlichung: Als **Aufgabe der Schule** wird genannt: „Soweit die Schüler die notwendigen Fähigkeiten und Fertigkeiten im Vorschulalter noch nicht erworben haben, müssen diese besonders im Anfangsunterricht systematisch entwickelt werden, **bevor** (Hervorhebung von mir!) mit dem Lese- und Schreiblernprozess begonnen wird.“ Ich befürchte allerdings, dass diesen Satz weder Grundschullehrer noch ihre vorgesetzten Dienstbehörden zur Kenntnis nehmen werden. Falls sie dies doch tun, dürfte es zukünftig keine erste Klasse mehr geben, in der der Leselehrgang an Weihnachten (unter Zurücklassung der lese- und rechtschreibschwachen Schüler) bereits abgeschlossen ist. Der Leselehrgang dürfte dann frühestens nach Weihnachten beginnen! Und wir hätten weniger Schüler mit Lese- und Rechtschreibproblemen.

Schlussbemerkung: Ich unterrichte seit 1986 in sonderpädagogischen Diagnose- und Förderklassen. Ich muss mich somit ganz besonders um den Schriftspracherwerb bei Schulanfängern mit Teilleistungsschwächen bemühen. Legastheniker im Sinne der zitierten Ministerialverlautbarung sind mir in diesen Jahren allerdings nie begegnet! Oder habe ich aufgrund eigener Teilleistungsschwächen die „Krankheit“ einfach nicht gesehen?
(Alle Zitate aus: Schulanzeiger der Regierung von Unterfranken Nr. 2/2000. S. 19 ff.)“[1)]

Liebe Kollegen ...

Ich weiß, dass die meisten Kinder relativ problemlos Lesen und Rechtschreiben lernen. Was immer ich im Folgenden schreiben werde, bezieht sich in erster Linie auf die Wenigen, die Probleme mit diesen Künsten haben, oder die möglicherweise ohne geeignete Förderung Probleme bekommen werden. Man wird mich deshalb wahrscheinlich fragen: Was willst du denn mit Deinen „Irrwegen“? Für die meisten Kinder ist doch alles in Ordnung!

[1)] Das Quellenverzeichnis und weitere Literaturhinweise finden Sie auf Seite 143f.

Trotzdem: Wenn in jeder Klasse nur ein „Problemkind“ sitzt, muss man alles tun, um diesem zu helfen. Und alles, was diesem Einen hilft, kann auch dem Rest nicht schaden, kann somit für alle Kinder Gültigkeit haben.

Bei manchen der von mir aufgezeigten Auswege werden wahrscheinlich viele Kollegen sagen: Was willst Du denn mit Deinen „Auswegen“? Du erzählst uns doch da nichts Neues! Aber: Die Beobachtung der Irrwege zeigt, dass viele Auswege möglicherweise grundsätzlich bekannt sind, dass sie dem Einen aber doch noch fremd sind, und von Anderen trotz grundsätzlicher Bekanntheit nicht gegangen werden.

Irrweg
Fehlende Schulreife

Bei manchen Kindern scheinen Lernprobleme plötzlich aufzutauchen. Zum Beispiel in der dritten Klasse. Berät man dann die Eltern, fragen sie: Hat denn zuvor niemand gemerkt, dass mein Kind Schwierigkeiten hat? Dies ist aber durchaus möglich. Wenn Kinder isolierte Lernschwierigkeiten in einem Bereich haben , kann sich dies durchaus in den ersten Schuljahren verborgen halten, da man mit viel Fleiß und Auswendiglernen mitkommen kann, ohne dass der Lehrer Probleme bemerkt.

Bei anderen Kindern zeigen sich Lernschwierigkeiten von Anfang an. Bei wieder anderen Kindern deuten sich die Lernschwierigkeiten bereits in der Vorschulzeit an, z.B. durch die Beobachtungen im Kindergarten oder durch Auffälligkeiten bei der Schuleingangsüberprüfung von Grundschule oder Gesundheitsamt.

Bei einigen Kindern, die ich zur Zeit wegen ihrer Lernschwierigkeiten betreue, war schon bei der Einschulung klar, dass sie eigentlich nicht schulreif waren. Sie sind aber dennoch eingeschult worden. Im vorletzten Satz und auch in der Überschrift habe ich von „Schulreife“ gesprochen, obwohl der Begriff in Fachkreisen eigentlich seit Jahrzehnten nicht mehr benutzt wird. Man spricht heute von „Schuleignung“, weil man nicht davon ausgehen kann, dass irgend etwas im Kind heranreift, das es zum richtigen Zeitpunkt „schulreif“ macht. Ich will aber – zumindest bei der Beschreibung des Irrweges – den veralteten Begriff benutzen, da man damit besser formulieren kann. Zum Beispiel die Frage: Wie kommt es, dass Kinder, die gar nicht schulreif sind, eingeschult werden und dann Probleme mit dem Lesen und Rechtschreiben bekommen?
Auf diese Frage gibt es einige mögliche Antworten:

- Vielleicht war man sich der Probleme zwar bewusst, hat aber gehofft, dass sie sich geben werden

- Vielleicht haben die Fachleute die Probleme gesehen, die Eltern haben aber auf der Einschulung bestanden
- Vielleicht haben die Eltern die Probleme gesehen, die Schule hat aber das Kind „gebraucht“
- Vielleicht hat man die Probleme andeutungsweise gesehen, aber auf eine eingehende Diagnose verzichtet
- Vielleicht haben die Eltern von verschiedenen Fachleuten unterschiedliche Ratschläge erhalten und wussten dann überhaupt nicht mehr, was zu tun sei

Leider werden die Modalitäten bei der Einschulung von Schule zu Schule sehr unterschiedlich gehandhabt:

- Während es Schulen gibt, die sich vorher mit dem Kindergarten besprechen, gibt es andere, die gar keinen Kontakt mit dem Kindergarten haben.
- Während manche Schulen ein Screening (= grobe Überprüfung) vor der Einschulung durchführen und die Ergebnisse mit Kindergarten und Eltern besprechen, wird bei anderen Schulen jedes Kind ohne Überprüfung eingeschult.
- Während bei manchen Schulen zur Einschätzung von Risikokindern andere Fachkräfte (Sonderpädagogen, Mitarbeiter von Frühförderstellen, ...) zu Rate gezogen werden, treffen andere Schulen ihre Entscheidungen ohne fremde Hilfe.

Und so werden immer wieder Kinder eingeschult, die noch gar nicht in der Lage sind, die Anforderungen der Schule ohne Hilfe zu bewältigen.

Da der Klassenlehrer oft gar nicht weiß, ob er „Risikokinder“ in der Klasse hat, behandelt er alle Schüler gleich und erst mit der Zeit stellt sich heraus, dass da einer sitzt, der mit dem Lesenlernen Probleme hat. Bis dann aber fachpädagogische Hilfe kommt, vergeht meist Zeit – zu viel Zeit – und anstatt dem Kind von Anfang an zu helfen, kann nur noch versucht werden, Lücken zu füllen. Und das bleibt meist erfolglos. Denn vorbeugen ist besser als „heilen“!

Aus dem hier geschilderten Irrweg, nämlich Kinder einzuschulen, die noch gar nicht schulfähig sind, kann es nur einen einzigen Ausweg geben:

Ausweg
Koordinierter Übergang vom Kindergarten in die Grundschule

Da dies ein sehr wichtiges Thema ist, möchte ich es etwas ausführlicher behandeln. Der Begriff „Schulfähigkeit" ist zwar moderner als der Begriff „Schulreife", mit neuen Wörtern schafft man aber keine neuen Inhalte: Was zur „Schulfähigkeit" gehört ist nämlich nirgends definiert, weder im Bildungsplan für Kindertageseinrichtungen (in Bayern), noch im Lehrplan für die Grundschule (in Bayern), wo man ja durchaus Eingangsvoraussetzungen definieren könnte. Der Lehrplan nennt nur einige oberflächliche Kriterien.

Stellen wir also zunächst zwei Fragen:
- Muss das Kind im Kindergarten schulfähig werden?
- Muss das Kind in der Schule schulfähig werden?

Ich beantworte diese Fragen mit Renate Niesel (Institut für Frühpädagogik in München): „Schulfähigkeit heißt ... nicht, dass das Kind zu allem fähig ist, was in der Schule verlangt wird. Ein Schulkind wird das Kind in der Schule." Es ergibt sich somit die Frage: „Ist das Kind fähig und bereit, ein Schulkind zu werden?"

Auch die zuletzt gestellte Frage kann man nicht pauschal beantworten. Denn mit seinen individuellen Voraussetzungen hat ein Kind in verschiedenen Schulen unterschiedliche Chancen. Somit fragen wir wieder mit Renate Niesel:

Wird mein Kind die Anforderungen **dieser** Schule bewältigen?

- Wie läuft das Einschulungsverfahren ab?
- Wie viele Kinder werden in der Klasse sein?
- Welche Differenzierung ist möglich?
- Wie wird auf unterschiedliche Kulturen eingegangen?
- Gibt es Förderstunden?
- Gibt es LRS-Kurse?
- Wie geht die Schule mit Schulschwierigkeiten um?
- Wie werden die Elternkontakte gestaltet?
- Wie sind die Anforderungen bei den Hausaufgaben?[2)]

Aus den Fragen ergibt sich eine zwingende Notwendigkeit: Die Frage der Schulfähigkeit kann nur in der Zusammenarbeit aller Beteiligten erfolgen:
- Kindergarten (Langzeitbeobachtung)
- Eltern (Wünsche, Familiensituation, mögliche Unterstützung)

- Schule (Screening)
- Gesundheitsamt (Vorschuluntersuchung)

Bei Zweifelsfällen, also sogenannten Risikokindern hat man dann noch die Möglichkeit weitere Fachkräfte hinzuzuziehen:

- Beratungslehrer
- Schulpsychologen
- mobile sonderpädagogische Hilfen

Diese haben dann die Möglichkeit, weitere diagnostische Maßnahmen zu ergreifen und mit allen Beteiligten zu einem Ergebnis zu kommen.

Was kann man nun tun, wenn ein Kind nicht als „grundschulfähig" erscheint? Hier gibt es eine Reihe von Beschulungsmöglichkeiten:

- Grundschule (Begleitung durch Mobile Sonderpädagogische Dienste)
- Kooperationsklassen (Zusammenarbeit zwischen Grund- und Förderschule)
- Diagnose- und Förderklassen (an Förderschulen)
- Förderschulen (Förderzentren oder Schulen mit Förderschwerpunkt, z.B. Förderschwerpunkt Sprache oder Förderschwerpunkt Lernen, ...)
- Zurückstellung vom Schulbesuch

Die letztgenannte Möglichkeit ist aber nur sinnvoll bei **gezielter** Förderung während des Zurückstellungsjahres. Diese Förderung sollte dann an einer „Schulvorbereitenden Einrichtung" oder einer „Frühförderstelle" geschehen.

Schließen wir dieses Thema mit der Frage: **Was sollen Schulanfänger können?**

Diese Frage wird wohl an jeder Schule anders beantwortet. Bei einer Internet-Recherche bin ich auf das Thema „**Kompetenzen von Schulanfängern**" gestoßen. An der Universität Koblenz - Landau wurde hierzu eine wissenschaftliche Untersuchung gemacht, die erstmals aufdeckt, was die Lehrer wirklich von den Schulanfängern erwarten. Mit statistischen Methoden wurde ermittelt, welche Kompetenzen Schulanfänger haben sollten. Ich gebe die Ergebnisse vereinfacht weiter. Kompetenzen, die sich als statistisch nicht relevant gezeigt haben, habe ich weggelassen, auch auf die Wiedergabe von statistischen Werten verzichte ich. Allerdings: Die Wichtigkeit der Kompetenzen steigt in der Auflistung von oben nach unten, das heißt, die in der jeweiligen Sparte zuerst genannten Kompetenzen erscheinen den Lehrern am unwichtigsten, die zuletzt genannten am wichtigsten:

Kognitive Kompetenzen

Reime hören und bilden

Beziehungen herstellen, Zusammenhänge erfassen

Bilder ordnen

Lese- und Schreibrichtung erkennen

Kinderlieder, Verse, etc. auswendig können

Vornamen erkennen und schreiben können

Orientierung in Räumen

Verkehrsregeln kennen

Personalien wiedergeben

Farben, Größen, Formen erkennen, benennen, unterscheiden können

Lagebeziehungen kennen und anwenden

Schulweg meistern

selbständiges Handeln

Mengen ordnen

Simultanes erfassen kleiner Mengen

neugierig sein

Misserfolge verkraften

angemessenes Verhalten im Straßenverkehr

Ordnung am Arbeitsplatz

Würfelbilder erkennen

Unterschiede feststellen können

Gegenstände erkennen, benennen, zuordnen

von 1-10 vorwärts zählen

Arbeit beenden

Laute hören und unterscheiden

sich geduldig zeigen

Interesse an Schule

verständlich, laut und deutlich, grammatikalisch richtig fragen und antworten

Aufträge merken und umsetzen

Dinge aus schulischem Umfeld und täglichem Gebrauch benennen und beschreiben können

altersgemäßer Wortschatz in Deutsch

vom Elternhaus lösen während der Schulzeit

Anweisungen verstehen und ausführen

alleine zur Toilette gehen

10-20 Min. auf eine Sache konzentrieren können

zuhören können

Soziale Kompetenzen

Empathie

andere Meinungen wahrnehmen und akzeptieren

eigene Meinung äußern und vertreten

Konfliktlösungsstrategien kennen und anwenden

Fragen stellen, Antworten geben, nachfragen

Konflikte selbständig und gewaltfrei lösen

Kontakte aufnehmen und fortführen

Tischmanieren kennen und einhalten

Verantwortung für übertragene Aufgaben

Gruppen- Partnerarbeit

Toleranz gegenüber Mitschülern

Kritik ertragen und annehmen

Kompromisse schließen

stillsitzen

Wünsche, Gefühle, etc. mitteilen

eigene Bedürfnisse zeitweilig zurückstellen

teilen

Frustrationstoleranz

Sich in Klasse/ Gruppe einordnen, einbringen und zurechtfinden

Verantwortung für eigene Materialien

Eigene Fehler einsehen

Höflichkeits- und Umgangsformen

Hilfsbereitschaft zeigen und annehmen

zuhören, ohne dazwischen zureden

sich bei gemeinschaftlichen Spielen/ Arbeiten beteiligen und ein-/unterordnen können

Rücksichtsvoller Umgang mit anderen

Respekt gegenüber anderen

abwarten

schwächere /kranke Mitschüler akzeptieren

Eigentum achten und Unrechtsbewusstsein besitzen

an Regeln halten

Motorische Kompetenzen

Ballspiel

Umgang mit verschiedenen Schriftarten

Einbeinstand, vorwärts und rückwärts hüpfen

rückwärts gehen

auf Baumstamm balancieren

sauberes an- und ausmalen

Hampelmann

ausschneiden

richtige Stifthaltung

mit starker Hand motorische Grundarbeitstechniken beherrschen

Gleichgewicht halten

verschiedene Bewegungsarten beherrschen

richtiges Treppensteigen beherrschen

nachfahren

sachgerechter Umgang mit Arbeitsutensilien

selbständiges An- und Ausziehen[3)]

Irrweg
Falsche Voraussetzungen erwarten

In vielen Kindergärten hat es sich durchgesetzt, dass die „Vorschulkinder" im Bereich der phonologischen Bewusstheit gefördert werden, z.B. mit dem „Würzburger Trainingsprogramm" (Hören, lauschen, lernen - im Folgenden mit HLL abgekürzt). Wenngleich die Förderung von Kindern etwas grundsätzlich Positives ist, birgt diese „programmierte Förderung" einige Gefahren. Solche Programme werden oft von Personen durchgeführt, denen das fachliche Hintergrundwissen fehlt, weshalb sie ein Programm nur unkritisch nach Anweisung durchführen können. Gerade im Fall von HLL war dies besonders bedenklich, da dieses Programm in der ersten Auflage enorm viele sachliche Fehler enthielt. Erst nach zahlreichen Veröffentlichungen und Diskussionen in der Fachwelt, vor allem der Sprachheilpädagogik, wurden diese Fehler beseitigt. Bis dahin wurde ein fehlerhaftes Programm von Erzieherinnen über Massen von Kindern „gegossen". An vielen Einrichtungen hat der Träger die Durchführung sogar verordnet. Inzwischen sind die Fehler in HLL ausgebessert, trotzdem dürfte die alte Version noch in vielen Kindergärten benutzt werden, da man sich ja nicht ständig eine Neuauflage anschafft, noch dazu wenn man über die Fehlerhaftigkeit der alten Auflage gar nicht Bescheid weiß. Beispiele für die Fehler in HLL finden sich im **Anhang**.

Die Durchführung eines solchen Programms, das mit allen Schulpflichtigen eines Kindergartens durchgeführt wird, birgt aber noch eine andere Gefahr: Die Lehrer bemerken, dass das Gros der Kinder mit besseren Voraussetzungen in die Schule kommt. Und die Voraussetzungen sind sogar bei einem fehlerhaften Programm besser. (Ziehen wir den Vergleich mit einer Fahrschule heran. Wenn Fahrschüler schon vor der eigentlichen Fahrschule ein Fahrtraining haben, werden sie sich in der Fahrschule sicher leichter tun, auch wenn ihnen bei dem Vortraining einige Verkehrsregeln und Fahrtechniken falsch beigebracht wurden.) Wenn das Gros der Schüler aber bessere Voraussetzungen hat, neigen die Lehrer dazu, schneller vorzugehen. Auf der Strecke bleiben dann die Risikokinder, denen die Förderung mit einem „Programm für alle" eben doch nicht die nötigen Einsichten vermittelt hat.

Ausweg
Anfangsunterricht ohne Vorbedingungen

Es spricht nichts gegen die Förderung von schulischen Kompetenzen im Vorschulalter. Wir müssen nur zwei grundsätzliche Überlegungen anstellen:

Wird im Kindergarten eventuell irgendwann einmal zuviel „gefördert", so dass die eigentliche Kindergartenarbeit liegen bleibt? Nach der Mode mit HLL sind jetzt nämliche Programme für die mathematische Förderung in Mode… Und was kommt dann? Fehlt am Ende vor lauter Detailförderung die ganzheitliche Förderung im Kindergarten?

Gehen wir aber einmal davon aus, dass die Förderung der phonologischen Bewusstheit im Kindergarten eine sinnvolle Sache ist! Dann müssen wir aber überlegen, ob es sinnvoll ist, die Förderung mit allen Kindern zu betreiben oder ob es nicht besser wäre, die Risikokinder herauszufinden, und nur diese zu fördern. Dann wäre auch nichts gegen die mathematische oder sonstige Förderung einzuwenden, weil dann nicht jedes Kind jedes Programm durchlaufen müsste. (Ein empfehlenswertes, weil diagnosegeleitetes Fördermaterial ist *Olli, der Ohrendetektiv* aus dem Auer-Verlag.) Und wenn die Lehrer ihren Unterricht in dem Bewusstsein anfangen würden, dass **nicht alle** Kinder eine Förderung durchlaufen haben, dann würden sie auch ihren Anfangsunterricht etwas langsamer angehen. Denn Lesen und Schreiben wird in der Schule und nicht im Kindergarten gelernt. Und der Unterricht ist so anzulegen, dass allen Kindern die nötigen Voraussetzungen für den Schriftspracherwerb in der dafür benötigten Zeit beigebracht werden können. Ein gutes Fördermaterial zum Einstieg in den Schriftspracherwerb ist *Leichter lesen und schreiben lernen mit der Hexe Susi* (Auer-Verlag), da es anderen Materialien vorgeschaltet oder aber mit ihnen kombiniert werden kann.

Irrweg
Verwirrende Druckschrift

Man sollte meinen, dass die Druckschrift den Kindern keine besonderen Probleme bereitet. Dies ist im „Normalfall“ auch so. Kinder, die aber Probleme mit der Orientierung im Raum und mit der Raumlagewahrnehmung haben, können durchaus Schwierigkeiten beim Unterscheiden der Druckbuchstaben haben. Aus einem Strich und einem Kreis (oder Oval) kann man nämlich ein d, b, p, q und mit leichter Abwandlung ein g machen. Auch ein a und ein o unterscheiden sich in der Druckschrift nur ganz diskret. Ein großes I ist auch kaum von einem kleinen l zu unterscheiden (hier am Computer schon gar nicht!). Auffällig ist, dass bei den amtlichen Vorschlägen für die Druckschrift alle paar Jahre etwas geändert wird. Früher wurde das große I so geschrieben, wie heute das J , während das J früher mit einem Querstrich geschrieben wurde. Stecken dahinter fachdidaktische Überlegungen oder nimmt man alle paar Jahre Änderungen vor, damit die Buchverlage neue Bücher verkaufen können?

Ausweg
Unterscheidungshilfen bei der Druckschrift

Ein Tipp für Lehrer: Bei der Vorlage für die Druckschrift im amtlichen bayerischen Lehrplan steht folgender Text: Die handgeschriebene Druckschrift weicht aus bewegungsökonomischen Gründen von der gedruckten Vorlage ab. Deshalb gelten die Buchstabenformen als Richtformen. Die Formtreue muss bei handschriftlichen Drucken nicht absolut eingehalten werden.

Was spricht also dagegen, den Schülern kleine Hilfen anzubieten, die bei der Unterscheidung der Druckbuchstaben helfen? Ich scanne mal die amtliche bayerische Vorlage ein und füge meine Unterscheidungshilfen handschriftlich daneben:

Ausweg: Unterscheidungshilfen bei der Druckschrift

Natürlich muss man sich bei den Veränderungen am großen I und J an den Buchstaben in den Schulbüchern orientieren und eventuell auf sie verzichten, um die Schüler nicht zu verwirren. Die Veränderungen an a und d erscheinen mir besonders wichtig. Sie **müssten** sein, wenn ich etwas zu sagen hätte. Die anderen Maßnahmen sind „Kann - Veränderungen“: Der ausgeprägte Bogen beim t soll verhindern, dass das t zu einem + verkommt, der ausgeprägte Bogen beim l soll verhindern, dass es zu einem bloßen Strich wird. Die Bögen bei i und u machen die Buchstaben etwas prägnanter und führen schon in Andeutung zur späteren Schreibschrift hin.

Irrweg
Die Qual mit der Schreibschrift

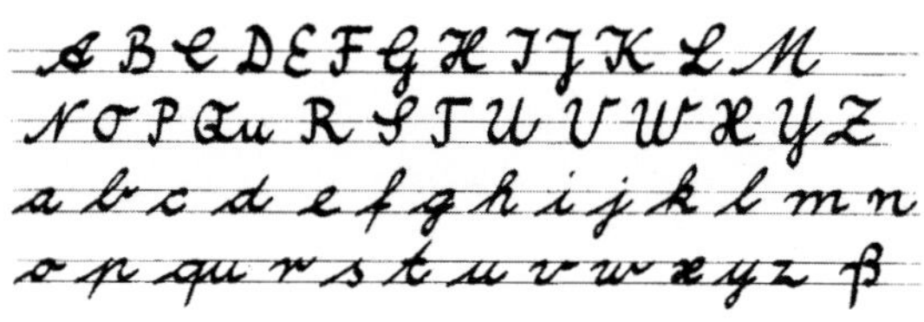

Lateinische Ausgangsschrift

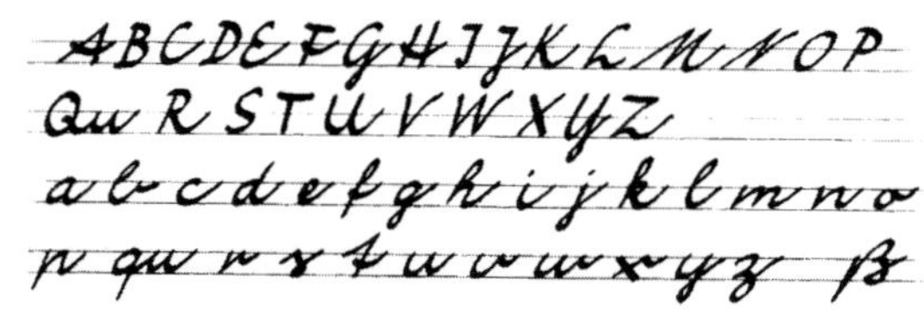

Vereinfachte Ausgangsschrift

Früher hatten die Kinder wirklich eine Qual mit der Schreibschrift. Die **Lateinische Ausgangsschrift** (LA) war voller Schnörkel und Richtungsänderungen, so dass Kinder mit feinmotorischen Problemen wirklich zu kämpfen hatten. Außerdem unterscheiden sich die Buchstaben durch die Schnörkel sehr stark von den Buchstaben der Druckschrift, was Lesen und Rechtschreiben stark erschwert. Denn für jeden Laut müssen 4 verschiedene Buchstaben gelernt werden. Vergleichen Sie mal A, C, G, H, K, S und X zwischen Druck- und Schreibschrift. Da sind für ein Kind kaum Ähnlichkeiten zu erkennen. Beim Schreiben der Kleinbuchstaben war dann die Schwierigkeit, dass man bei der Auf- und Abwärtsbewegung die gleiche Spur wieder treffen musste. Außerdem gab es viele Richtungswechsel und die Kleinbuchstaben mussten immer an die Großbuchstaben angebunden werden. Heute hat sich – zumindest in Bayern – die **Vereinfachte Ausgangsschrift** (VA) durchgesetzt. Sie wird aber leider noch nicht konsequent benutzt!

Ausweg
Vereinfachte Ausgangsschrift – aber konsequent

Um meinen Schülern die Qual mit der Schreibschrift zu ersparen, habe ich schon in den 1980er Jahren von der LA auf die VA umgestellt. Damals war diese Schrift in Bayern eigentlich noch gar nicht amtlich erlaubt, aber was soll´s ...

Im Kollegium wurde damals viel diskutiert und man konnte alle Vorteile der VA aufzählen: Die meisten Kollegen sind bei der LA geblieben und ich mutmaße: Man war nur zu faul, sich selbst umzustellen. Man hätte ja auch alle Arbeitsblätter neu schreiben müssen! Dass diese Mutmaßung nicht aus der Luft gegriffen ist, zeigt folgende Beobachtung: Obwohl mit dem Lehrplan vom September 2000 die VA eingeführt wurde, gibt es immer noch Lehrer, die für ihre Schüler die alten – in LA geschriebenen – Arbeitsblätter kopieren.

Nun zu den Vorteilen der VA:

- Die Großbuchstaben sind weitgehend an die Großbuchstaben der Druckschrift angeglichen, was das Schreiben und das Erkennen beim Lesen erleichtert.
- Nicht alle Großbuchstaben müssen an die nachfolgenden Kleinbuchstaben angebunden werden.
- Die Schreibzeilen entsprechen in der Lineatur den Zeilen, die sonst erst in der dritten Klasse üblich sind. Dies hat zwei Vorteile: Die Wahrnehmung wird nicht durch eine Vielzahl von Linien verwirrt und die Bewegung des Kindes wird bei Ober- und Unterlängen nicht so sehr eingeschränkt; es kann sie an das persönliche Bewegungsmuster anpassen.
- Alle Kleinbuchstaben beginnen und enden an der oberen Linie der Schreibzeile, diese ist auch gleichzeitig der Haltepunkt vor Luftsprüngen.
- Da a, d, g, o, qu nur durch Luftsprünge angebunden werden, entfällt das vorwärts und rückwärts Schreiben auf der gleichen Spur.
- Da m, n, r weiter auseinander gezogen sind, muss bei der Aufwärtsbewegung die Abwärtsspur nicht exakt getroffen werden.

Und warum muss ich darüber überhaupt noch schreiben, wenn sich die VA jetzt doch eingebürgert hat? Weil sie leider noch nicht konsequent angewandt wird. Viele Lehrer benutzen immer noch die althergebrachten Erstklässerzeilen mit 4 Linien. Oft werden die Buchstaben zusammen geschoben, so dass die Kinder doch wieder die gleiche Spur treffen müssen. Oft wird der Haltepunkt an der oberen Linie nicht beachtet, was vor allem das r zerstört: Die Kinder machen die Aufwärtsbewegung nicht konsequent bis zur Linie, um dann mit dem Verbindungshaken zu beginnen, sondern sie zielen schon während der Aufwärtsbewegung zum nächsten Buchstaben, wodurch die Verbindung dann zu einem Schnörkeln verkommt. Woran liegen nun diese Inkonsequenzen und Ungenauigkeiten? Wahrscheinlich sind viele Lehrer nicht über die Details der VA unterrichtet worden. Außerdem sind die Vorlagen, die in den Klassenzimmern hängen, nicht ganz exakt. Vergleichen Sie einmal VA – Vorlagen von früher mit den Plakaten, wie sie jetzt in bayerischen Schulzimmern hängen!

Es kann natürlich auch beim Erlernen der VA vorkommen, dass sich Kinder falsche Bewegungsmuster angewöhnen. Dem kann man vorbeugen, wenn man die Buchstaben bei der Einführung aus der ***Liegenden Acht*** ableitet: An der Tafel oder auf einem großen Blatt fährt der Schüler zunächst mehrfach eine liegende 8 nach. Begonnen wird mit dem Nachfahren immer in der Mitte und die Bewegung startet nach oben.

Nach mehreren Umläufen bewegt man sich zum Zielbuchstaben.

In die linke Hälfte kommen: a, c, d, e, g, o, q
In die rechte Hälfte kommen: b, f, h, i, j, k, l, m, n, r, p, s, t, u, v, w, x, y, z

Irrweg
Zu wenig schreiben

Ich habe den Eindruck, dass der exakten Schreiberziehung in den letzten Jahren immer weniger Bedeutung beigemessen wurde. Ich nehme mich davon selbst gar nicht aus, habe aber meine Unterrichtspraxis durch Versuch und Irrtum geändert. Als ich zum ersten Mal meinen Kindern das Lesen mit dem Lehrgang *Lesen durch Schreiben* beigebracht habe, habe ich auch weitgehend auf eine strenge Schreiberziehung verzichtet, geht es beim hier gemeinten Schreiben doch nicht um das mechanische Aufschreiben, sondern um das Übertragen der gesprochenen Sprache in Schriftsprache. Und da ist es egal, ob die Buchstaben schön geschrieben, gedruckt oder gestempelt werden. Das stimmt zwar – aber nur im Prinzip. Ich musste dann nämlich feststellen, dass sich viele

Kinder falsche Schreibbewegungen angewöhnt hatten, die das Schriftbild später sehr störten und auch das flüssige Schreiben behinderten. Beim nächsten Durchgang habe ich dann parallel zum Leselehrgang von Anfang an auf eine gezielte – und strenge – Schreiberziehung geachtet. Dies ist schon ökonomisch sinnvoll: Warum soll man Fehler einschleichen lassen, die man später mühsam korrigieren muss? Heute weiß ich, dass es auch neurobiologisch und somit lernpsychologisch sinnvoll ist. (Siehe unten!) Die Erfahrung, von der ich gerade spreche, liegt nun fast 20 Jahre zurück. Auch heute kann man in Grundschulklassen beobachten, dass die Schreiberziehung weniger streng gehandhabt wird als früher. Begründet wird dies zum Teil mit dem „freien Schreiben“, bei dem ja Fehler erlaubt sind. Hier werden allerdings Äpfel mit Birnen verglichen: Beim „freien Schreiben“ geht es nicht um die Handschrift, sondern um das Lesenlernen! Eine weitere Begründung für die vernachlässigte Schreiberziehung ist der Lehrplan für die höheren Klassen, der ab der dritten Klasse individuelle Schriftausprägungen ausdrücklich erlaubt. Warum soll man die Erstklässer mit einer strengen Schreiberziehung knechten, wenn sie später doch schreiben dürfen, wie sie wollen? Stimmt doch eigentlich – oder ...

Ausweg
Schreiberziehung

Wenngleich ich ein gnädiger und nachsichtiger Lehrer bin, der an anderer Stelle Fehler auch ausdrücklich erlaubt und für sinnvoll hält, bin ich heute der Meinung, dass die Schreiberziehung nicht streng genug gehandhabt werden kann. Es geht dabei weniger um absolute Formschönheit, sondern um die Bewegungsabläufe. Wenn sich Kinder falsche Schreibbewegungen angewöhnt haben, kann dies schlimme Folgen für Lesen und Rechtschreibung haben. Siehe hierzu auch meine Ausführungen über den „Schlamper Jens“ im Kapitel **Verhalten beurteilen**. Eigentlich bräuchte jeder Klassenlehrer bei der Schreiberziehung einige Hilfskräfte in der Klasse, die den Kindern auf die Finger schauen müssten, um bei falschen Schreibbewegungen sofort einzugreifen. Ein Lehrer allein kann nämlich nicht 25 oder 30 Kinder gleichzeitig beim Schreiben beobachten. Und hinterher, wenn die Produkte korrigiert werden, sieht man – vor allem bei der Druckschrift – nicht mehr, dass sie möglicherweise mit falscher Bewegung entstanden sind. Die falschen Schreibbewegungen bei der Druckschrift übertragen sich auf die Schreibschrift und dann kommt ein völlig zerstörtes Schriftbild zustande – und keiner weiß warum.

Wie wichtig das handschriftliche Schreiben im Vergleich zum Tippen auf einer Computertastatur ist, zeigen auch neuere wissenschaftliche Untersuchungen. Ein Beitrag in der Zeitschrift *Gehirn & Geist* berichtet:

Wenn wir mit einem Stift schreiben, wird ein motorischer Befehl in einem bestimmten Bereich der Großhirnrinde gespeichert. So entsteht ein Bewegungsgedächtnis, das zum jeweiligen Buchstaben gehört. Dieses unterstützt das visuelle Erkennen der Buchstaben. „Im Umkehrschluss kann die Bedeutung eines Zeichens immer auch an der jeweils zugehörigen Handbewegung erkannt werden.“ Man kann ein Wort also nachzeichnen, um sich daran zu erinnern, was vor allem Menschen mit Leseschwäche (oder Patienten mit Hirnverletzungen) hilft, Buchstaben zu erkennen. Wenn man Buchstaben liest, werden sie also nicht nur durch das visuelle Gedächtnis erkannt, sondern auch durch unbewusste Stimulation der Schreibbewegung. Lesen ist somit inneres Schreiben. Die Vernetzung der beteiligten Hirnregionen entsteht wahrscheinlich, wenn Kinder das Lesen gleichzeitig mit dem Schreiben lernen, da sich die Aussprache eines Lautes gleichzeitig mit der Form des Buchstaben einprägt. Dieser Vorteil entfällt, wenn anstatt des handschriftlichen Schreibens auf einer Tastatur getippt wird. In einem wissenschaftlichen Versuch wurde dies in Frankreich überprüft. Vorschulkinder mussten Buchstaben lernen. Während eine Gruppe die Buchstaben mit der Computertastatur übte, musste die andere handschriftlich üben. Ergebnis: Bei Kindern im Alter zwischen vier und fünf Jahren zeigten sich deutlich bessere Leseergebnisse, wenn die Buchstaben handschriftlich trainiert worden waren. Auch bei Erwachsenen zeigten ähnliche Versuche, dass sie sich (fremde) Schriftzeichen deutlich besser einprägten, wenn sie handschriftlich geübt worden waren.[4)]

Siehe hierzu auch die Kapitel
- **Verwirrende Druckschrift**
- **Die Qual mit der Schreibschrift**

Irrweg
Kinder etikettieren und abstempeln

Wenn Sie zum Arzt gehen und wegen eines starken Hustens die Diagnose „Bronchitis“ erhalten, wird Sie diese Diagnose nicht besonders belasten. Nach einiger Zeit wird der Husten vergangen sein und Sie haben keine Bronchitis mehr. Wenn Sie immer husten müssen und keine Luft bekommen, kann es sein, dass Ihnen der Arzt die Diagnose „Asthma“ stellt. Mit dieser Diagnose lebt es sich schon schwerer, denn Asthma ist eine chronische Krankheit. Sie **sind** jetzt Asthmatiker. Wenn Sie Diabetes haben, dann **sind** Sie Diabetiker. Wenn ein Kind Probleme mit dem Lesen oder Rechtschreiben hat, dann kann man seine Probleme im Detail beschreiben und ihm an dieser Diagnose orientiert weiter helfen. Man kann ihm aber auch eine Generaldiagnose stellen. Oft wird Kindern durch Schulpsychologen eine Lese- Rechtschreibschwäche (LRS) oder Lese-Rechtschreibstörung (Legasthenie) bescheinigt. Diese Kinder **haben** dann LRS oder

sind Legastheniker. Diese Etiketten oder Stempel haben Auswirkungen auf verschiedenen Ebenen:

Die personelle Ebene:

Wie wirkt so eine Bescheinigung auf die Eltern? Möglicherweise werden sie dadurch entlastet: Wir können ja nichts dafür, unser Kind **hat** ja…
Möglicherweise entsteht aber auch Verzweiflung: Warum haben wir **so ein** Kind?
Werden sie sich durch eine solche Bescheinigung verstärkt um die Förderung ihres Kindes bemühen oder werden sie resignieren?

Wie wirkt so eine Bescheinigung auf ein Kind? Ein konkretes Beispiel: Kürzlich musste ich einen Viertklässer überprüfen. Sinngemäß ergab sich am Anfang folgender Dialog:
Ich: Ich werde jetzt bis zur Pause etwas mit dir arbeiten.
Er: Hoffentlich nicht Mathe, das kann ich nämlich nicht, mein Vater ist ein Mathegenie, ich bin aber nicht so gut.
Ich: Mathe müssen wir auch machen, aber erst später. Wir werden jetzt erst etwas lesen und ein Diktat schreiben.
Er: Da bin ich auch nicht gut, ich habe nämlich LRS. (Er hat wirklich selbst diese Abkürzung benutzt)

Bei einer späteren Pause hat er mir dann beim gemeinsamen Gang zu Toilette erzählt, er müsse auch Tabletten nehmen, er habe nämlich ADHS (Aufmerksamkeits-Defizit-Hyperaktivitäts-Syndrom).

Bei einem an die Überprüfung anschließenden Elterngespräch konnte ich dann noch erfahren, dass ihn sein Vater für einen „Dünnbrettbohrer“ hält. Dies hat er seinem Sohn wahrscheinlich und hoffentlich nicht so gesagt, der Sohn wird es aber durch das Verhalten des Vaters ständig spüren, denn er darf dies nicht und jenes nicht…

Welche Einstellung zu sich selbst hat sich in diesem Kind verfestigt?

- Ich habe LRS
- Ich kann nicht gut lesen
- Ich bin im Diktat schlecht
- Ich bin nicht gut in Mathe
- Ich habe ADHS
- Ich kann nicht…, ich kann nicht…

Die institutionelle Ebene:

Welche Auswirkungen haben Bescheinigungen auf die Institution Schule? Ich habe den Eindruck, sie haben eine positive Auswirkung. Bereits wenn man mit Lehrern über Problemkinder spricht, wird gerne gefragt: Hat der vielleicht LRS? Anscheinend erwartet man von dieser Diagnose eine Art Erleichterung. Auch vielen Sonderpädagogen und Schulpsychologen scheinen solche Bescheinigungen gut zu tun. Denn wenn Kinder wegen ihrer Lernprobleme überprüft werden, mündet das Ergebnis doch oft in die Ausstellung einer Bescheinigung. Man scheint gerne zu etikettieren und abzustempeln. Dies scheint die Institution Schule zu brauchen. Weil das Kind ja etwas **hat**, kann keiner etwas dafür und man hat ja dann etwas für das Kind getan…

Es darf natürlich nicht verschwiegen werden, dass Bescheinigungen **einen** institutionellen und personellen Vorteil haben: Mit einer entsprechenden Bescheinigung kann der Lehrer auf die Notengebung verzichten, was dem Kind dann eventuell tatsächlich von Nutzen sein kann.

An dieser Stelle verweise ich auf das Kapitel **Abwarten**, das diese Problematik aus einer anderen Richtung beleuchtet.

Ausweg
Förderung statt Bescheinigung

Der Ausweg ist so einfach, dass ich ihn fast nicht aufschreiben mag: Wie wäre es, wenn sonderpädagogische oder psychologische Gutachten nicht zu einem LRS- oder Legasthenie-Stempel führen würden, sondern gezielt den Leistungsstand des Kindes beschreiben würden? Von diesem dann abgeleitet: Gezielte Maßnahmen vorschlagen, an welchem Lernort von welchem Fachmann welche Leistungen zu erbringen sind. Dies geschieht natürlich oft, oft aber auch nicht! Die Ausstellung von entsprechenden Bescheinigungen ist für mich nur ein Zeichen dafür, dass Lernprobleme nicht frühzeitig erkannt und frühzeitig „behandelt" wurden. Siehe hierzu auch das Kapitel **Legasthenie als Krankheit**.

Irrweg
Fehler zählen

Wie ich das Vorwort zu diesem Buch geschrieben habe, habe ich – entgegen meiner sonstigen Gewohnheit – nicht jeden Tippfehler gleich beim Aufblinken der Rechtschreibprüfung korrigiert, sondern ich habe den Text zu Ende geschrieben und dann erst auf die roten Striche geschaut. Es waren 46! Nach der Korrektur habe ich den Text noch einmal durchgelesen, und dann noch mal 9 Fehler gefunden, die von der Rechtschreibprüfung übersehen worden waren. Also hatte ich in diesem kurzen Text 55 Fehler! In der Schule wäre dies sicher die Note 6.

Wenn Sie jetzt sagen: Schande, mit so vielen Fehlern in so einem kurzen Kapitel kann einer doch kein Buch schreiben,... werde ich mich natürlich sofort herausreden und sagen: Tippfehler, das waren alles Tippfehler und keine Rechtschreibfehler. Hätte ich langsam geschrieben, wären sicher weniger Fehler passiert.

Hätte ..., wären ...

Wenn ich ganz ehrlich zu meinen Lesern wäre, würde ich natürlich zugeben, dass meine Rechtschreibung noch nie 100% sicher war und ich schon mal das eine oder andere Wort nachschauen muss. Wäre ich ehrlicher, würde ich auch zugeben, dass unter den 55 Fehlern nicht nur Tippfehler waren. Da war auch manches, was ich noch nach der „alten Rechtschreibung“ geschrieben habe, die Rechtschreibprüfung meines Schreibprogramms hätte es aber gerne in der „neuen Rechtschreibung“ gehabt. Um die roten Striche weg zu bekommen, musste ich also ausbessern. Und jetzt ist hoffentlich kein Fehler mehr im Vorwort.

Übrigens: Die meisten meiner Tippfehler bezogen sich auf die Groß- und Kleinschreibung, das heißt, ich habe viele Substantive klein geschrieben. Nicht weil ich nicht wüsste, wie man sie schreibt, sondern weil ich die Taste für die Großbuchstaben nicht schnell genug gedrückt habe. Mit gedrosseltem Tempo und mehr Konzentration hätte ich sicher weniger Fehler gehabt. Konzentration? Ich muss mich doch auf den Inhalt konzentrieren und nicht auf die Tasten...

Wie geht es nun einem Schulkind, das Probleme mit der Rechtschreibung hat, wenn es ein Diktat oder einen Aufsatz schreiben muss? Ihm passieren – wie mir – viele Fehler. Es hat aber nicht die Möglichkeit, sich für die Fehler zu rechtfertigen, so wie ich es oben getan habe. Auf seiner Arbeit wird es viele rote Striche finden, dazu die Anzahl der Fehler und eine unschöne Note. Passiert ihm dies häufiger, wird es frustriert werden, es wird keinen Spaß mehr an Diktaten oder Aufsätzen haben, wahrscheinlich wird es sogar Angst vor solchen Aufgaben bekommen.

Ausweg
Rechtschreibung analysieren

Wenn Sie erfahren, dass ich im Vorwort 55 Fehler gemacht habe, werden Sie vielleicht fragen, ob der Autor möglicherweise Legastheniker ist. Oder ist er einfach blöd? Egal zu welchem Schluss Sie kommen, die Antwort wird weder Ihnen noch mir weiterhelfen. Wenn Sie meine Fehleranalyse akzeptieren (meistens Tippfehler!), können Sie mir aber schon weiter helfen. Wenn Sie mir raten, in Zukunft etwas langsamer zu schreiben – und ich diesen Rat annehme – werde ich jetzt sicher weniger Fehler machen. Bezüglich der anderen Fehler werden Sie mir wahrscheinlich raten, mich noch mal intensiv mit der „neuen Rechtschreibung“ zu befassen. Das hilft sicher auch!

Wenn wir also ein rechtschreibschwaches Kind fördern wollen, müssen wir seine Fehler analysieren, damit wir ihm weiter helfen können. Aber wir dürfen nicht nur die Fehler analysieren, noch wichtiger ist es, das zu analysieren, was das Kind schon kann!
Insofern helfen uns Fehleranalysen, wie sie manchmal in Überprüfungsmaterialien angeboten werden wenig weiter.

Beispiel:

Fehlertypologie	***Untergruppen***
Regelsyndrom	
Großschreibung	*Großschreibung*
	Kleinschreibung
Dehnung	*ie*
	Dehnungs-h
	Vokalverdoppellung
Konsonantenschreibung	*d-t-tt*
	g-k-ck
	b-p-pp
	ss-ß-s
	v-f
	ng, rt-tz
Wahrnehmung	*Auslassung*
	Hinzufügung
	Verdrehung
	Wortruine
Fehler bei Fremdwörtern	
Restliche (z.B. Getrenntschreibung)	

(nach: Storath, Drechsel, Endres, Lambert: „Informelle Schulleistungsdiagnostik III“)

Abgesehen von den Fremdwörtern und den „restlichen“ Fehlern haben wir hier nur eine Trennung nach Regelsyndrom und Wahrnehmung, wobei nicht klar ist, ob es sich dabei um die auditive oder die visuelle Wahrnehmung handelt - falls der Lehrer hinterher überhaupt entscheiden kann, um welchen Wahrnehmungsfehler es sich handelt: Schreibt ein Schüler im Diktat z.B. *seinen Vater* anstatt des diktierten *seinem Vater*, ist hinterher nicht zu entscheiden, ob er falsch gehört hat (auditive Wahrnehmung) oder beim letzten Buchstaben einen Strich vergessen hat (visuelle Wahrnehmung). Außerdem müssen wir den (eventuellen) Dialekt des Kindes beachten. Möglicherweise wird in seiner Umgebung nicht zwischen Dativ und Akkusativ unterschieden, und wenn der Lehrer diktiert, hört es das Wort gar nicht so, wie es der Lehrer tatsächlich ausgesprochen hat, sondern so, wie es dieses Wort gewöhnlich in seiner Umgebung hört und auch selbst benutzt. Das Festhalten von Regelfehlern nützt uns aber nur etwas, wenn wir das Lernen nach Regeln für sinnvoll halten. Dass dies wahrscheinlich nicht so ist, habe ich versucht, im Kapitel **Sinnlose Regeln** aufzuzeigen.

Wenn eine Drittklässerin das einfache Wörtchen *an* falsch (nämlich *ann*) schreibt, und ein relativ schwieriges Wort, wie *fährt* richtig schreibt, dann stimmt etwas nicht mit dem Lernen nach Regeln. Bei ihrem *ann* hat sie nämlich die Regel angewandt, dass ein kurzer Vokal durch nachfolgende Konsonantenverdoppelung zum Ausdruck gebracht wird, und weil sie nachgedacht hat, wurde das Wort falsch. Nehmen wir ein anderes Beispiel von derselben Schülerin aus demselben Diktat: *Sie schipt nun das Raht über die Prücke, ...* Wir könnten bei der obigen Fehleranalyse nun einen Strich bei „Dehnung - ie“ machen, und zwei bei „Konsonantenschreibung - b-p-pp“. Bei „Dehnung - Dehnungs-h“ dürften wir keinen Strich machen, denn sie hat ja gegen keine Regel bezüglich des Dehnungs-h verstoßen. Was nützen uns also die Striche nach diesen Kriterien? Eine „strichlose“ Analyse ihrer Fehler sagt uns aber: Sie kann sich durchaus Regeln merken! Eine der ersten Regeln, die sie gelernt hat, war vermutlich „hör genau hin - oder sprich genau, dann weißt du, wie man schreibt.“ Unter Anwendung dieser Regel sind ihr zwei Fehler unterlaufen: Da man bei *schiebt* tatsächlich ein *p* hört (Verlust der Stimmhaftigkeit in Konsonantenclustern - siehe Anhang: Phonologische Fehler bei Hören, lauschen, lernen), hat sie dieses auch geschrieben, genau wie das *t* beim *Rad* (Auslautverhärtung). Und da sie beim *Rad* ein langes *a* hört, hat sie ein so genanntes Dehnungs-h vermutet, was ja auch logisch wäre. Diese Fehler sind also durch die logische Anwendung gelernter Regeln entstanden, was meine These unterstreicht, dass Regellernen in der frühen Phase des Schriftspracherwerbs nutzlos ist. Man muss sich Wörter einprägen, ohne über sie nachzudenken! Woher kommt nun das *p* bei der *Brücke*. Dies ist ein -wahrscheinlich regional bedingter - phonologischer Fehler, denn bei uns in Unterfranken wird in der gesprochenen Sprache nicht zwischen /b/ und /p/ unterschieden, weshalb natürlich auch die Schulkinder Schwierigkeiten haben, dies beim Aufschreiben zu unterscheiden. Noch ein Fehler aus demselben Diktat: Sie schreibt *verspeten* statt *verspäten*. Ein gehörtes /ä/ kann man ja nun tatsächlich als *e* (wie bei *sprechen*) oder als *ä* (wie bei *spät*) verschriften. Außerdem gibt es viele Menschen, die tatsächlich von *Meedchen* sprechen, die sich *verspeeten*. Wie anders kann ein Kind dieses Wort richtig schreiben, außer dass es sich das Wort **merkt?**

Kommen wir zu einer Fehleranalyse, wie ich sie vorschlagen würde. Da es nicht nur um die Fehler geht, sondern vor allem um Kompetenzen, die das Kind schon **hat**, könnte man sie auch als Kompetenzanalyse bezeichnen. Aus pragmatischen Gründen, müssen natürlich dennoch erst einmal Fehler notiert werden, um dann zu sehen, in welchem Bereich keine Probleme auftreten.

Ich würde die Analyse in vier Kompetenzbereiche einteilen:
- phonologische Kompetenzen
- handschriftliche Kompetenzen
- rechtschriftliche Kompetenzen
- korrektive Kompetenzen

Jeder Kompetenzbereich verlangt nach bestimmten Fragen, aus denen sich bei Problemen bestimmte Übungsanleitungen ergeben. Außerdem steckt in den Kompetenzen eine gewisse Rangfolge: Phonologische und handschriftliche Kompetenz sind wohl die Voraussetzungen für die rechtschriftliche Kompetenz, während sich die korrektive Kompetenz erst nach den drei anderen entwickelt. Insofern müssen auch phonologische und handschriftliche Kompetenz erst gefestigt sein, bevor die rechtschriftliche Kompetenz trainiert werden kann.

KOMPETENZEN	ja/nein
phonologische Kompetenzen	
kann das Kind einzelne Wörter im Satz unterscheiden und erkennen?	
kann das Kind Wörter nach Silben segmentieren?	
kann das Kind gehörten Lauten die richtigen Buchstaben zuordnen?	
kann das Kind aus Einzellauten Wörter zusammensetzen?	
handschriftliche Kompetenzen	
kann das Kind alle Buchstaben formgetreu schreiben?	
kommt es beim Schreiben zu rechts / links - Verwechslungen?	
stimmen die Schreibbewegungen von der Richtung her?	
werden die Buchstaben richtig verbunden?	
können die Zeilen eingehalten werden?	
kommt das Kind mit seinem Schreibgerät zurecht?	
rechtschriftliche Kompetenzen	
erkennt das Kind phonologische Regeln? • manches muss man anders schreiben als man es hört • manche Wörter enthalten Buchstaben, die man nicht hören kann • Buchstaben werden manchmal unterschiedlich ausgesprochen (ä - e)	
merkt sich das Kind Besonderheiten in der Phonem - Graphem - Zuordnung? • /scht/ wird st geschrieben • /schp/ wird sp geschrieben • /ks/ kann ks, x, chs geschrieben werden • /kw/ wird qu geschrieben • /w/ kann w oder v geschrieben werden • /f/ kann f oder v geschrieben werden	
wird die Groß - Klein - Schreibung sicher unterschieden?	
werden Lernwörter mit rechtschriftlichen Besonderheiten gemerkt? • Doppelkonsonanten • ie • h • abgeleitete Wörter (a - ä / au - äu)	
korrektive Kompetenz	
werden logische Fehler durch Übergeneralisierung gemacht?	
kann das Kind eigene Fehler erkennen und korrigieren?	
kann das Kind selbständig mit Lernhilfen (Karteikarten, Wörterbuch) arbeiten?	

Irrweg
Verhalten beurteilen

Situation: Ich betreue eine Kooperationsklasse (2. Schülerjahrgang). Dabei werden Schüler mit „sonderpädagogischem Förderbedarf" (was immer das ist...) innerhalb ihrer Grundschulklasse vom Sonderschullehrer betreut. Die Klassenlehrerin ist krank, bis eine „mobile Reserve" kommt, bin ich in der Klasse. Als die mobile Kollegin dann kommt, schaut sie sich in der Klasse um: „Ach ja, bei Euch war ich schon mal im letzten Jahr...". Sie benennt einige Kinder mit Namen. Und dann: „Da ist ja auch der Jens (Name geändert), ach ja das ist ja ein Schlamper."

Solche Beurteilungen kommen sicher täglich vor, dreist ist es allerdings, dass die Kollegin dem Jungen ihre Einschätzung vor der ganzen Klasse an den Kopf wirft – zur Begrüßung.

Noch einmal: Urteile fallen täglich, ob gerechtfertigt oder ungerechtfertigt (auch ich bin dagegen nicht gefeit): A ist ein Faulpelz, B ist ein Schlamper, C kann nicht rechnen, D ist viel zu dumm, E versteht überhaupt nichts, ...

Wir müssen uns solche Urteile gestatten, denn sie passieren einfach. Aber als professionelle Pädagogen (und wir alle werden für unsere Tätigkeit gut bezahlt, man darf also professionelles Handeln von uns erwarten) dürfen wir sie nicht so stehen lassen. Wenn wir Jens als Schlamper beurteilen, müssen wir uns fragen, **warum** er ein Schlamper ist und wie wir ihm möglichst weiter helfen können. Bleiben wir nämlich bei unserem „Schlamper-Urteil", ohne eine Analyse zu versuchen, schaden wir Jens zweifach: Wir verwehren ihm die Hilfe, die ihm eigentlich zusteht und wir verfestigen sein Selbstbild vom „Schlamper", so dass er am Ende gar keine andere Möglichkeit mehr hat, als ein Schlamper zu sein.

Bevor ich zum Ausweg komme, muss noch erklärt sein, was „Schlamper Jens" mit dem Thema Lesen und Rechtschreiben zu tun hat: Jens ist beim Abschreiben sehr langsam, so dass er nie das zu Papier bringt, was innerhalb der Stunde nötig wäre, er hat eine „chaotische" Schrift und eine entsprechend schlechte Rechtschreibung. Er hat also die besten Voraussetzungen, als Drittklässer eine Rechtschreibschwäche attestiert zu bekommen.

Ausweg
Verhalten analysieren

Ich beginne am Schuljahresanfang: Jens gehört eigentlich nicht zu den Kindern, die ich in dieser Klasse betreuen muss. Er fällt mir aber gleich in den ersten Tagen auf, da er ganz massiv lispelt, das heißt, beim S-Laut streckt er die Zunge ganz weit zwischen den Zähnen hervor. Auch wenn er nicht spricht, hat er immer den Mund offen, er bekommt keine Luft durch die Nase, ist ständig verrotzt. Da er wegen seiner ständigen Unordnung am Platz und seiner langsamen Arbeitsweise im Klassenunterricht nicht mitkommt, erhält er von mir Einzel- und Kleingruppenbetreuung. Hier beobachte ich, dass er sich beim Erlernen der Schreibschrift bei vielen Buchstaben falsche Bewegungen eingeprägt hat. Er muss immer wieder die Bewegungsrichtung ändern, was ihn aufhält und außerdem das Zusammenfügen der Buchstaben erschwert.

Selbst mit diesen wenigen Beobachtungen kann ich dem „Schlamper Jens" ein gehöriges Maß an Förderung angedeihen lassen. Was habe ich unternommen?

- Der Mutter habe ich erklärt, dass Jens unbedingt logopädische Therapie braucht. Nicht nur, dass er lernt, das **S** richtig auszusprechen. Er braucht in diesem Zusammenhang unbedingt eine „myofunktionelle Therapie", das heißt: Training der Mund- und Gesichtsmuskulatur, Training der Nasenatmung, ... Die Probleme mit der Mund- und Gesichtsmuskulatur weisen auf eine Wahrnehmungsstörung hin, die möglicherweise die gesamte Körperwahrnehmung betrifft. Deshalb braucht er auch Ergotherapie! Außerdem wird die behinderte Nasenatmung sicher auch die gesamte Wachheit beeinträchtigen, so dass damit auch ein Teil seiner Konzentrationsstörungen zu erklären ist. (Stellen Sie sich vor, wie ihre Konzentration leidet, wenn sie einen ganz starken Katarr haben! – Wie schreibt man denn den Katarrh jetzt nach der neuen Rechtschreibung?)
- Um eine Minderbegabung auszuschließen, mache ich einen sprachfreien Intelligenztest: Er fällt „normal" aus.
- Wegen der Überforderung im Klassenunterricht wird er dreimal wöchentlich in der Kleingruppe unterrichtet.
- In der Einzelförderung werden die Buchstaben der Schreibschrift neu eingeübt, danach die Buchstabenverbindungen.

Während der Einzel- und Kleingruppenförderung wird Jens intensiv beobachtet, um weitere Förderansätze zu finden.

Irrweg
Abwarten

Vor längerer Zeit sah ich einen Fernsehbericht über Legasthenie. Um Eltern zu beruhigen, wurde (vereinfacht ausgedrückt) folgendes gesagt. Macht Euch bei den Schulanfängern nicht verrückt, wenn Probleme auftreten. Die Eltern haben keine Schuld. Und machen kann man vor der dritten Klasse so und so nichts ...
Da diese Kommentare aus dem Off gesprochen wurden, weiß ich nicht, ob die zuständige Redakteurin oder die interviewte Vertreterin des Schulamtes für den Text zuständig war. Mir fehlten jedenfalls die Worte ...

Nun könnte man sagen, eine Fernsehsendung sei ja keine professionelle Beratung und da müsse man schon Abstriche in Kauf nehmen. Die Tendenz zum Abwarten kommt aber leider auch in Fachkreisen vor: Mir wird im November ein Mädchen der dritten Klasse wegen starker Lese-Rechtschreibprobleme zur Überprüfung vorgestellt. Die Klassenlehrerin gibt mir auch ein Sonderpädagogisches Gutachten, das in der zweiten Klasse erstellt wurde:

Hier wird auf die Leistungsproblematik im Deutschen verwiesen, außerdem auf Trotzreaktionen und Konzentrationsprobleme. Es wird dann die Durchführung eines Intelligenztests im März erwähnt, in welchem das Kind einen IQ von 97 erreicht habe. Nun folgen eine ganze Seite lang Textbausteine, die die einzelnen Untertests des Intelligenztests beschreiben, und wie das Mädchen in diesen Untertests abgeschnitten hat.
Anschließend wird auf einen Rechtschreibtest vom Juni Bezug genommen. Dieser sei nicht auswertbar gewesen, es lägen aber keine Hinweise auf LRS vor. Am Schluss wird empfohlen, das Kind ***im kommenden Schuljahr um die Weihnachtszeit herum auf Lese-Rechtschreibschwäche überprüfen zu lassen.***

Beachten Sie die Zeiten und die gewählten Maßnahmen: Ein Kind wird wegen seiner Leistungen im Deutschen und wegen seiner Konzentrationsprobleme vorgestellt. Bei der Überprüfung im März wird aber weder auf die Leistungen im Deutschen, noch auf die Konzentrationsprobleme geschaut, stattdessen wird ein Intelligenztest gemacht! Dann vergehen drei Monate, bevor versucht wird, an das eigentliche Thema heran zu gehen. Da die Überprüfung kein Ergebnis erbringt, wird empfohlen, wiederum sechs Monate zu warten, um das Kind dann auf Lese-Rechtschreibschwäche überprüfen zu lassen. Abwarten, abwarten, abwarten ...
Worum geht es hier eigentlich? Um die Überprüfung zum Zweck der Begutachtung oder um Hilfen, die ein Kind, seine Eltern und seine Lehrerin aktuell brauchen würden???

Ausweg
Professionelles Handeln

Die oben genannte Überprüfung (und das zugehörige Gutachten) wurde vom Mobilen Sonderpädagogischen Dienst (MSD)einer Förderschule durchgeführt. Neben dem bereits erwähnten Abwarten wurde hier noch ein anderer Irrweg beschritten: Anstatt auf die Probleme des Kindes einzugehen, also seine Leistungen im Deutschen anzuschauen, wurde zunächst ein Intelligenztest gemacht. Auch zwei Drittel des Gutachtens beschäftigen sich mit der Auswertung des Intelligenztests (Textbausteine, die ich beim Zitieren weggelassen habe). Wollte irgendwer wissen, welchen IQ dieses Kind hat? Nein! Hier ist ein Kind, das Hilfe wegen seiner Deutschleistungen braucht, diese aber nicht bekommt. Apropos IQ! Wer sich in seinem Studium mit der Intelligenzdiagnostik beschäftigt hat, sollte wissen, dass ein Intelligenzquotient (IQ) nichts absolutes (wie z.B. die gemessene Körpergröße) ist, sondern eine sehr relative Sache, die mit größter Vorsicht zu behandeln ist. Somit gehört es auch zu den guten Gepflogenheiten, in einem Gutachten niemals den IQ als Zahl zu nennen, da er von Laien (und das sind in diesem Fall sowohl die Eltern als auch die Grundschullehrer) sonst fehlinterpretiert wird. Hier wurde also absolut unprofessionell gehandelt.

Nun kann man vielleicht einwenden, dass der Vorwurf der Unprofessionalität immer dann aufkommt, wen man anderer Meinung ist. Schauen wir uns deshalb an, wie Professionalität im MSD nach dem Rahmenkonzept der Regierung von Unterfranken (2007) auszusehen hat:

„Nach Bauer/Kopka/Brindt (1999, S. 15) handelt eine Lehrkraft professionell, wenn sie

- gezielt ein berufliches Selbst aufbaut,
- sich an beruftypischen Werten orientiert,
- über ein umfangreiches pädagogisches Handlungsrepertoire verfügt,
- die Handlungen in Bezug auf eine Berufswissenschaft in einer berufstypischen Sprache begründen kann,
- Verantwortung für die Handlungsfolgen in ihrem Einflussbereich übernimmt.“[5)]

Zu den „berufstypischen Werten“ würde für mich gehören, dem Kind mit seinem akuten Problem helfen zu wollen, anstatt Probleme auf die lange Bank zu schieben.
Zum „umfangreichen pädagogischen Handlungsrepertoire“ würde für mich gehören, die Leistungen zu überprüfen, um die es tatsächlich geht, anstatt standardgemäß erst einmal einen Intelligenztest zu machen.
Bei der „Verantwortung“ sind wir wieder am Anfang: Handeln, nicht aufschieben ...

Wie also hätte der professionelle Ausweg für dieses Kind aussehen müssen:

- Überprüfung der Leseleistung im Vergleich zum Klassendurchschnitt
- Bei unterdurchschnittlicher Leseleistung Beratung von Eltern und Lehrerin, wo die Förderung zeitnah ansetzen könnte
- Überprüfung der Rechtschreibleistung
- Bei unterdurchschnittlicher Rechtschreibleistung Beratung von Eltern und Lehrerin, wo die Förderung zeitnah ansetzen könnte
- Überprüfung, bzw. Beurteilung der Leistungen in den anderen Schulfächern
- Intelligenztest nur wenn auch die Leistungen in anderen Fächern (vor allem Mathematik) unterdurchschnittlich sind
- Erwägen, welche schulischen Hilfen (z.B. Förderkurs) noch möglich sind
- Erwägen, welche außerschulischen Hilfen (Nachhilfe, Lerngruppe, Ergotherapie, ...) noch möglich sind
- Langfristige Maßnahmen überlegen, z.B. freiwilliges Wiederholen der zweiten Klasse, um Versäumtes nachzuholen

Irrweg
Überbewertung genetischer Ursachen

Bei den Ursachen für Schwierigkeiten im Bereich Lesen und Rechtschreiben wird häufig in der Fachliteratur eine Unterscheidung zwischen klassischer Legasthenie und Lese- Rechtschreibschwäche gemacht. Während für letztere Entwicklungsverzögerungen (zum Beispiel im Bereich der phonologischen Bewusstheit), Hör- oder Sehprobleme, psychische oder soziokulturelle Ursachen verantwortlich sein sollen, sei die klassische Legasthenie genetisch bedingt. Und zwar dadurch, dass Gehirnareale, die für Lesen und Schreiben wichtig sind, verzögert reifen oder die Verknüpfung zwischen beteiligten Gehirnarealen nicht optimal funktioniert.

Würde man die hier beschriebene Definition der klassischen Legasthenie einfach so stehen lassen, wäre dies kein Problem. Aber leider wird sie ja von der „vorübergehenden Lese- Rechtschreibschwäche“ abgegrenzt, was Folgen für die Anerkennung oder Nichtanerkennung als Legastheniker hat. (Zum Thema Anerkennung oder „Abstempelung“ als Legastheniker möchte ich mich an anderer Stelle äußern.)

Wenn man die genetischen Ursachen für die Legasthenie in den Fordergrund rückt, ergibt sich ein riesiges Problem: Wenn jemand einfach so, genetisch bedingt Legastheniker ist, dann ist das anscheinend eine Tatsache, mit der man leben muss, mit der man sich abzufinden hat. Und wenn es ein genetisches Problem ist, dann kann es

- kein gesellschaftliches
- kein pädagogisches
- kein bildungspolitisches Problem sein.

Wenn wir aber wissen, dass es Menschen gibt, bei denen die für Lesen und Schreiben wichtigen Gehirnareale genetisch bedingt verzögert reifen, oder bei denen die einzelnen Areale nicht optimal verknüpft sind, dann müssen wir dafür sorgen, dass

- wir Politiker wählen, die der Bildungspolitik Vorrang geben (also ist es doch ein gesellschaftliches Problem!)
- Risikokinder schon in der Vorschulzeit diagnostiziert und gefördert werden (Bildungspolitik!)
- unsere Kinder später (!!!) anstatt immer früher eingeschult werden (Bildungspolitik!)
- unseren Kindern Leselehrgänge präsentiert werden, die das Lesenlernen erleichtern, anstatt sie zu verwirren (Pädagogik!)
- unsere Kinder Zeit zum Lesenlernen haben, anstatt in drei Monaten durch den Leselehrgang gepeitscht zu werden (Pädagogik)

Natürlich ist eine in diesem Sinne genetisch bedingte Legasthenie auch ein kulturelles Problem. In unserer Kultur haben wir eine alphabetisch orientierte Schrift, in der die gesprochene Sprache in ihren Lautbestand zerlegt und dann durch Buchstaben aufgeschrieben wird. In anderen Kulturen gibt es andere Schriftsysteme, so haben die Chinesen eine Bilderschrift. Bei Legasthenikern, die eine Alphabetschrift lernen müssen, ist eine reduzierte Gehirnaktivität vor allem im temporo-parietalen Cortex der linken Hemisphäre (Schläfen- und Scheitellappen der linken Großhirnhälfte) zu beobachten. Hier werden Buchstabenfolgen in bedeutungstragende Einheiten übersetzt. Bei chinesischen Legasthenikern zeigt der linke Gyrus frontalis medialis (mittlere Stirnwindung der linken Großhirnhälfte) eine reduzierte Aktivität. Dort werden vermutlich graphische Symbole den Lauten zugeordnet. Aus diesen Forschungsergebnissen kann gefolgert werden, dass legasthenische Störungen in unterschiedlichen Kulturen jeweils eigene Ursachen haben, und dass es für Legasthenie keinen universellen Mechanismus gibt. (*Nature 431, 2004*, zitiert nach *Gehirn & Geist*)

Da wir aber europäische Risikokinder nicht gegen chinesische Risikokinder austauschen können, müssen wir uns mit bildungspolitischen und pädagogischen Mitteln bescheiden. Diese bieten aber genug Möglichkeiten, so dass wir als Pädagogen vorläufig nicht auf die Genetik schauen müssen. Vor allem hilft es uns wenig, wenn wir in pädagogischen Handbüchern lesen, dass auf Chromosom Nummer soundsoviel Gene liegen sollen, die **anscheinend** einen Zusammenhang mit Hirnfunktionen haben, die für das Lesen wichtig sind.

Ausweg
Genetik für die Genetiker

Fragt man nämlich einmal genau bei den Genetikern nach, dann sieht es so aus:

Frage (Monika Obrist, Südtiroler Kulturinstitut): Einer Lese- Rechtschreibstörung können genetische Ursachen zugrunde liegen. Lässt sich das beim einzelnen Patienten nachweisen?

Antwort (Tiemo Grimm, Professor für medizinische Genetik an der Universität Würzburg): Nein, noch nicht. Inzwischen ist gesichert, dass bei einem Großteil der Patienten, die eine Legasthenie, also eine Lese-Rechtschreib**störung** haben, genetische Ursachen vorliegen. Dabei kann es sich um eine komplexe Vererbung handeln, ...so dass die Störung von Generation zu Generation weitergegeben wird. Wenn man den genetischen Code mit einem Lexikon vergleicht, könnte man sagen, dass man mittlerweile zwar weiß, in welchem Band des Lexikons die gesuchte Information steht, aber die genaue Stelle noch nicht gefunden ist. (Auszug aus einem Interview)[6)]

Beachten Sie das erste Wort in Professor Grimms Antwort! Überlassen wir also die Genetik den Genetikern und stürzen wir uns stattdessen auf Pädagogik, Psychologie und Physiologie. Dann können wir etwas bewirken und dann ist auch die Einteilung in eine genetisch bedingte Legasthenie (die wir beim einzelnen Kind so und so nicht beweisen können) und eine vorübergehende Lese- Rechtschreibschwäche überflüssig.

Irrweg
Legasthenie als Krankheit

Sowohl in amtlichen Richtlinien (siehe Einleitung) als auch in Veröffentlichungen von Fachleuten ist immer wieder die Rede davon, dass Legasthenie eine Krankheit sei. Wenngleich sowohl die Behörden, als auch die Fachleute sicher gute Argumente dafür haben, Legasthenie als Krankheit bezeichnen zu wollen oder zu müssen, halte ich dies für falsch: Für die Therapie von Krankheiten sind nämlich Ärzte zuständig, für die Finanzierung die Krankenkassen. Wenn wir Legasthenie als Krankheit akzeptieren, nehmen wir die Pädagogik und Schulbehörden aus der Verantwortung. Bei der Frage nach der Krankheit überschneiden sich die Überlegungen natürlich mit den Gedanken über die genetischen Ursachen (siehe Kapitel: Überbewertung genetischer Ursachen). Um den Irrweg von Genetik und Krankheit aufzuzeigen, wiederhole ich hier ein Gedankenspiel, das ich vor einigen Jahren aufgestellt habe:

„Gehen wir von einem Knaben aus, der als Wiederholungsschüler in einer zweiten Klasse sitzt und gerade seine amtliche Anerkennung als Legastheniker bekommen hat. Wahrscheinlich war seine gesamte Sprachentwicklung etwas verzögert, im Kindergarten wurde er nicht besonders gefördert und vor der Einschulung hat ihn niemand auf seine Schulfähigkeit überprüft. Beim Lesenlernen kam er anfangs ganz gut mit (die „geistreichen" Sätze auf den ersten Fibelseiten kann man sich ja gut auswendig merken), auch die Druckbuchstaben konnte er ganz brauchbar schreiben (falsche Schreibbewegungsabläufe sieht man hinterher ja nicht mehr). Ungefähr zu Weihnachten merkte man, dass er viele Buchstaben noch nicht kannte und auch das Zusammenlesen noch nicht gelang. Ungefähr zu Ostern merkte man, dass auch die Schreibschrift große Probleme machte. Außerdem hatte das Kind keine Lust mehr, in die Schule zu gehen. In die zweite Klasse wurde er noch versetzt (es könnte ja noch kommen – das mit dem Lesen) aber am Ende der zweiten Klasse blieb er dann sitzen.

Als er zum zweiten Mal in der zweiten Klasse ist (im Herbst 1999), kommt zum Glück eine neue Verordnung. Diese beschert ihm zwar keinerlei Therapie, aber er bekommt Erleichterungen bei schriftlichen Prüfungen.

Der Weg dieses Knaben könnte sich aber auch so abgespielt haben:

Wahrscheinlich war seine gesamte Sprachentwicklung etwas verzögert, aber zum Glück erhielt er pädagogische Frühförderung. Im Kindergarten der Sprachheilschule (genannt SVE) wurde er danach besonders gefördert und vor der Einschulung wurde seine Schulfähigkeit überprüft. Aufgrund der Testergebnisse wurde die Einschulung in einer Diagnose- und Förderklasse empfohlen. Geistreiche Fibelsätze musste er nicht auswendig merken, da sein Lehrer keine Fibel benutzte. Zu Weihnachten konnte er noch nicht lesen, das hat aber auch niemand von ihm verlangt. Zu Ostern hatte er keine Probleme mit der Schreibschrift, da die ganze Klasse noch die Druckschrift benutzte. Außerdem hatte das Kind immer noch Lust, in die Schule zu gehen. Als er zum Ende des ersten Schuljahres noch nicht lesen konnte, war das immer noch kein Problem, denn niemand hat das Lesen von ihm verlangt. Das Lesen hat er im Laufe des zweiten Schuljahres ganz von selbst gelernt (nach J. Reichen: Lesen durch Schreiben) und da eine Lateralitätsstörung erkannt und therapiert wurde, hat er auch gelernt, die Buchstaben richtig zu schreiben.

In seinem dritten Schulbesuchsjahr (im Herbst 1999) brauchen sich die Eltern nicht auf die neue Legasthenikerverordnung zu stürzen, da ihr Kind keine Lese-Rechtschreib-Schwäche hat.

Welche Gene haben nun die Krankheit oder Nichtkrankheit dieses Kindes bedingt?“

Aus diesem Gedankenspiel leite ich folgende These ab:

Legasthenie ist keine Krankheit, sondern das unglückliche Ergebnis aus der Paarung zwischen bestehenden **Teilleistungsschwächen** und der **falschen Beschulung**.

Zur falschen Beschulung:

- Prophylaxe fehlt
- die Einschulung geschieht zu früh
- Probleme werden nicht erkannt
- Defizite werden nicht gefördert
- der Leselehrgang geht zu schnell
- der Leselehrgang ist nicht adäquat
- Interventionen kommen meist zu spät

Zu den Teilleistungsstörungen:

- visuelle Wahrnehmung
- auditive Diskrimination
- phonologische Bewusstheit
- Lateralitätsstörungen, die als Ursache für viele Teilleistungsschwächen meist unerkannt sind

Ausweg
Lese- Rechtschreibstörung als Lernprozess

Schweifen wir etwas ab: Ich bin ein absolut unsportlicher Mensch, für den der Sportunterricht immer eine Qual war. Trotzdem habe ich im Sportunterricht einiges gelernt. Da man mich im Sportunterricht nicht gefördert sondern überfordert hat, habe ich natürlich nichts Sportliches gelernt. Aber ich habe Strategien gelernt:

- So zu tun, als wolle man eine Übung versuchen, damit der Lehrer sieht, dass man mitmacht.
- Im richtigen Augenblick auf die andere Seite wechseln, damit der Lehrer denkt, man sei schon dran gewesen.
- Beim Aufbauen der Geräte helfen, damit man sich länger im Geräteraum herumtreiben kann.
- Öfter mal für längere Zeit in der Toilette verschwinden.
- Wegen einer Krankheit im Sportunterricht ganz fehlen.

- Öfter mal zu spät kommen.
- Im fortgeschrittenen Alter auch mal Schwänzen.

In diesem Sinne wird auch ein Kind agieren, das mit Lesen und Rechtschreiben Probleme hat. In diesem Sinn wird auch ein lese- rechtschreibschwaches Kind viel lernen. Es wird – da es nicht weiß, wie dieses Lesen funktionieren soll – sich vieles auf einer Buchseite auswendig merken. Es wird abschalten, wenn andere Schüler dran sind, dabei aber möglicherweise sehr interessiert ins Buch schauen. Es wird darauf hoffen, dass ihm jemand einsagt. Es wird das Lesen vermeiden, wo es geht. Es wird das Schreiben vermeiden, wo es geht. Es wird versuchen, gelernte Regeln anzuwenden und dann verzweifeln, weil es wieder falsch geschrieben hat. Denn Regeln treffen nur ganz selten tatsächlich zu.

Wenn wir hier sehen, was ein lese- rechtschreibschwaches Kind alles lernt, müssen wir zugeben, dass es sehr viel lernen kann. Nur führen seine Lernstrategien nicht zu erfolgreichem Lesen und Rechtschreiben. Wir müssen also versuchen, Risikokinder so frühzeitig wie möglich zu „erwischen" um ihnen richtige Lernstrategien zu ermöglichen. Daraus folgt die (sicher nicht neue, dennoch oft vernachlässigte) Erkenntnis:

Prophylaxe ist wirksamer als spätere Therapie:

- Phonologische Bewusstheit wecken!
- Wahrnehmung und Motorik trainieren!
- Lateralitätsstörungen diagnostizieren und therapieren!
- Schuleingangsdiagnostik!
- Spätere Einschulung!
- Lesen durch Schreiben!
- Edu-kinestetische Übungen etc. im Anfangsunterricht!

Wenn wir ein lese- und/oder rechtschreibschwaches Kind erst „erwischen", wenn es bereits „ins Wasser gefallen" ist, wenn es also schon beim Lesen und/ oder Rechtschreiben versagt, müssen wir seinen Leistungsstand analysieren und ihm professionelle Hilfe geben, um seine alten Lernerfahrungen zu unterbrechen und ihm neue Lernprozesse zu ermöglichen (siehe die entsprechenden Kapitel).

Ein Beispiel aus der Praxis (zitiert aus meinem Buch ***Praxis der pädagogischen Kinesiologie)***[7]:

„Bei meinen Ausführungen über das Wasser (siehe **Ausweg „Bewegung und Wasser"**) erzähle ich von zwei Mädchen, die als Quereinsteiger in meine (sonderpädagogische

Diagnose- und Förder-) Klasse kamen. An einem der Mädchen möchte ich das nächste Beispiel demonstrieren. Zunächst soll aber erklärt werden, warum diese Kinder in die Diagnose- und Förderklasse kamen: Die Klassenlehrerin hatte nach dem ersten Schulhalbjahr um Überprüfung durch einen Sonderschullehrer gebeten, da die Kinder weder beim Lesen noch in Mathematik den Anforderungen der Regelschule gewachsen waren. Die Überprüfung ergab einen „sonderpädagogischen Förderbedarf", wonach die Kinder in die Diagnoseklasse umgeschult wurden.

Bei der Überprüfung schrieben die Mädchen viele Buchstaben gespiegelt. Wir betrachten hier einmal eine Schriftprobe:

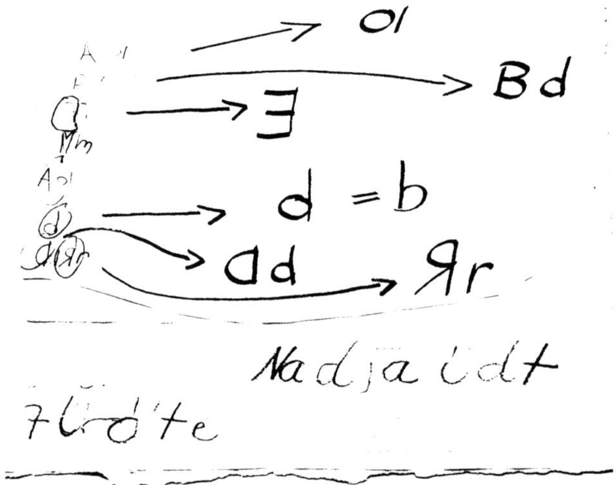

Ich habe die Buchstaben des Mädchens selbst etwas größer dazugeschrieben, um sie lesbar zu machen. Gespiegelt wurden b, E, D und R. Solche Spiegelungen kamen auch einige Zeit nach der Umschulung noch vor, was an dem in meiner Klasse geschrieben Satz „Nadja übt Flöte" zu sehen ist.

Solche Fehler sind typisch für Kinder mit Lese-Rechtschreib-Schwäche. Zugrunde liegen dabei Schwierigkeit in der Raumlagewahrnehmung, so dass die Buchstaben nicht in ihrer richtigen Raumlage wiedergegeben werden. Üblicherweise werden mit solchen Kindern Übungen zur Verbesserung der visuellen Wahrnehmung gemacht. Raumlageunterscheidungen müssen zuerst am eigenen Körper, dann an räumlichen Gebilden, dann an komplexen Bildern und zuletzt an Buchstaben gemacht werden. Ungeklärt bleibt dabei, weshalb das Kind Probleme mit der Raumlagewahrnehmung hat. Bevor ich erkläre, wie ich das Problem bei diesem Kind gelöst habe, möchte ich aber noch eine weitere Beobachtung anführen, die ich bei diesem Mädchen im Unterricht machte:

Das Mädchen neigt beim Schreiben immer den Kopf ganz extrem nach links. Hier besteht nun einerseits die Möglichkeit, dass evtl. ein Auge schlecht sieht, oder aber, dass die visuelle Wahrnehmung in der Mitte ihres Gesichtsfeldes gestört ist. Sie würde demnach den Kopf neigen, um das Geschriebene an den Rand des Gesichtsfeldes zu rücken. Betrachtet man die Sehbahn (also den Weg, den die Information des Gesehenen vom Auge in das Gehirn nimmt), lässt sich daraus folgern, dass bei dem Kind Probleme in der Zusammenarbeit der beiden Großhirnhemisphären bestehen.
Um die komplizierten Verhältnisse bei der visuellen Wahrnehmung zu verstehen, sollten wir aber zunächst einmal die motorischen Bahnen betrachten, also den Weg, den eine Information nimmt, wenn vom Gehirn der Befehl für eine Bewegung gegeben wird:

Wollen wir z.B. unseren rechten Fuß oder unsere rechte Hand bewegen, geht der Befehl dafür von der linken Großhirnrinde aus. Im verlängerten Rückenmark (Medulla oblongata) kreuzen dann die Nervenbahnen zur rechten Seite, um dann zu den Extremitäten weiterzulaufen.

Bei den sensorischen Bahnen, also den Nervenbahnen, auf denen die Informationen von den Sinnesorganen zum Gehirn laufen, ist zwar auch eine Kreuzung auf die jeweils andere Seite zu beobachten, diese ist aber nicht ganz so eindeutig und absolut, wie bei den motorischen Bahnen. So wird zwar häufig vereinfachend gesagt, dass das, was man z.B. mit dem rechten Ohr hört, in der linken Großhirnhemisphäre ankommt, dies ist aber leider falsch. Richtig ist vielmehr, dass der größte Teil der Bahnen auf die andere Seite kreuzt. Ein Teil der Bahnen gelangt aber auch in die Hirnrinde auf der gleichen Seite.

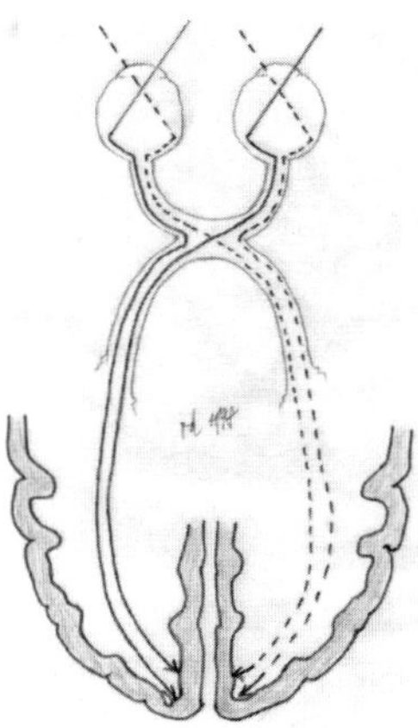

Noch komplizierter ist es bei der Informationsübermittlung vom Auge zum Gehirn:

Alles, was in der linken Hälfte des Gesichtsfeldes zu sehen ist (gestrichelte Linie), kommt in der rechten Hemisphäre an und alles, was in der rechten Hälfte des Gesichtsfeldes zu sehen ist (durchgezogene Linie), kommt in der linken Hemisphäre an. Während nun Dinge, die am Rande des Gesichtsfeldes liegen, nur von einem Auge aufgenommen (und in die gegenüberliegende Hemisphäre geleitet) werden, müssen Dinge, die in der Mitte des Gesichtsfeldes liegen, von beiden Augen aufgenommen werden, wobei die eine Hälfte des Bildes in die gegenüberliegende Hemisphäre geleitet wird, die andere Hälfte des Bildes aber an die Großhirnrinde auf der gleichen Seite weitergegeben wird. Um ein Bild aus dem Mittelfeld wahrzunehmen, muss ein hohes Maß an Kommunikation zwischen den beiden Hemisphären bestehen, da das Gesamtbild ja aus den zerlegten Informationen zusammengesetzt werden muss. Die Kommunikation zwischen den Hemisphären geschieht über den Balken, der die beiden Hirnhälften mit Millionen von Nervenfasern verbindet.

Zurück zu meiner Vermutung bei dem genannten Kind: Ich vermute, dass das Kind Probleme mit der integrierten Wahrnehmung hat, was bedeuten würde, dass ursächlich eine Disharmonie zwischen den Großhirnhemisphären verantwortlich ist. Durch Überprüfung mit dem kinesiologischen Muskeltest mache ich drei Feststellungen:

1. Das Mädchen ist cerebral wie ein Linkshänder organisiert, das heißt, sie hat ihr Sprachzentrum in der rechten Hemisphäre, obwohl sie sich phänotypisch voll als Rechtshänder zeigt.
2. Das Mädchen hat Probleme, bei Bewegungen die Körpermitte zu überkreuzen.
3. Sie hat Probleme mit der Augenfolgebewegung, das heißt, wenn ihre Augen das Gesichtsfeld von einer Seite zur anderen durchwandern sollen (was ja beim Lesen der Fall ist), reagiert sie mit Stress.

Die Muskeltests beweisen also die Vermutung, die aufgrund der Beobachtungen aufgestellt wurden.

Wie vorhin schon besprochen, würde man mit diesem Kind nun Wahrnehmungsübungen machen. Ist es aber richtig, genau die Leistungen zu üben, von denen man weiß, dass sie aufgrund des Hemisphärenkonfliktes Stress erzeugen, man durch die Therapie das System also erst recht stresst?

Die bessere Therapie ist eine Lateralitätsbahnung (nach Dennison), welche die Hemisphären in Harmonie bringt. Danach werden therapeutische Übungen stressfrei ablaufen können, oder sich ganz erübrigen.

Die Lateralitätsbahnung ist eine Bewegungsübung, die - wenn man sie gelernt hat - recht einfach und schnell geht. Man muss sich aber erst etwas ausführlicher damit beschäftigen, sie evtl. in einem Kurs erlernen. Im genannten Fallbeispiel wurde eine einzige Bahnungsübung durchgeführt. Es wurden keine zusätzlichen Wahrnehmungs- oder Schreibübungen gemacht. Die Leseleistung des Kindes hat sich - auch ohne zusätzliche Leseübung - stark verbessert.

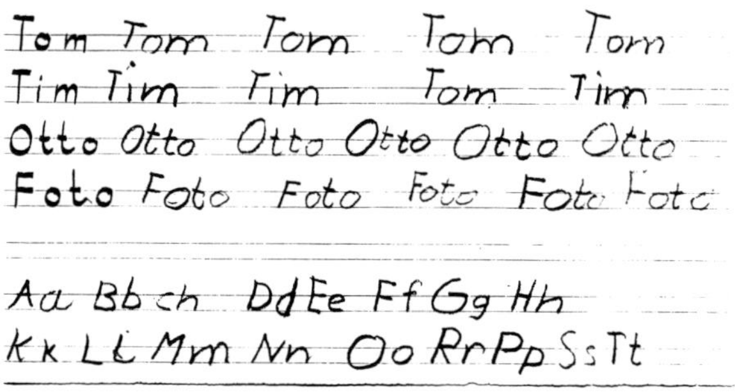

Die Schrift ist gleichmäßiger geworden und es treten keine Spiegelungen mehr auf! Auch die schräge Kopfhaltung verliert sich mit der Zeit. Als in der Klasse das erste Diktat geschrieben wird (ein Diktat mit 18 Wörtern auf Grundschulniveau), macht das Mädchen zwei Fehler, und zwar nur Regelfehler, d.h. sie schreibt zwei Substantive klein.

Wäre das hier beschrieben Mädchen in der Grundschule verblieben, wäre es in der dritten Klasse sicher ein „Legastheniker“ gewesen.“

Irrweg
Physiologische Bedürfnisse ignorieren

Der Irrweg – oder Irrglaube- von dem hier die Rede sein soll, bezieht sich nicht auf Lesen und Rechtschreiben speziell, sondern auf das Lernen ganz allgemein. Es geht um den Irrglauben, von einem „System“ zu erwarten, dass es ohne entsprechende Betriebsmittel funktioniert. Kein Mensch würde erwarten, dass ein Motor ohne Kraftstoff und Schmieröl läuft. Von den Kindern wird in der Schule aber oft erwartet, dass sie funktionieren, ohne dass man ihnen genügend Kraftstoff und Schmiermittel zur Verfügung stellt. Die Treib- und Schmierstoffe für uns Menschen sind grundsätzlich, und somit auch für erfolgreiches Lernen: Gesunde Ernährung, Wasser und Bewegung.

Ausweg
Bewegung und Wasser[8)]

Wasser

Einige Fakten:
75% unseres gesamten Körpers bestehen aus Wasser. Dabei hat das Wasser sehr unterschiedliche Aufgaben: Es ist einerseits in den Körperzellen quasi als Baustoff enthalten, umspült aber andererseits auch die Zellen. Es ist ein Lösungsmittel für Nährstoffe, Hormone, etc. und gleichfalls ein Transportmittel für diese Stoffe. Als Bindemittel hält es die festen Baustoffe in den Zellen zusammen. Viele chemische Vorgänge im Körper benötigen Wasser, damit sie überhaupt ablaufen können (Hydrolyse) und aus Wasser wird durch chemische Prozesse elektrische Energie gewonnen, welche zur Informationsübermittlung in den Nerven nötig ist.

In unserer gesamten Verdauung benötigen wir Wasser als Lösungsmittel, die Nieren benötigen Wasser, um damit Abfallprodukte und Giftstoffe auszuscheiden. Beim Atmen wird ständig Wasser verdunstet. Über die Haut wird Wasser zur Regulierung der Körpertemperatur verdunstet. Im Blut und in der Lymphe fungiert Wasser als Lösungs- und Transportmittel. In den Gelenken dient Wasser als Gleitmittel und in den Bandscheiben der Wirbel dient es als Polster zum Tragen des Körpergewichtes.

Im Gehirn steigert sich die Bedeutung des Wassers noch mehr: Das Gehirn soll zu 85% aus Wasser bestehen. Von den genannten Aufgaben des Wassers kommt hier der Erzeugung der hydroelektrischen Energie besondere Bedeutung zu, um die Reizleitung in den Nervenbahnen zu gewährleisten. Das Wasser ist ferner das Lösungsmittel für die Neurotransmitter, also die chemischen Stoffe, die Nervenimpulse an den Kontaktstellen zwischen den Nervenfasern (Synapsen) weitergeben. Und aus dem Wasser entsteht die Zerebrospinalflüssigkeit (siehe unten).

Bei starkem Wassermangel holt sich der Körper für lebenswichtige Vorgänge 66% des Wasserbedarfs aus den Köperzellen, 26% von außerhalb der Zellen und 8% aus dem Blut. Bei Wassermangel kann die Verdauung nicht mehr richtig arbeiten, die Leistung der Nieren ist eingeschränkt, das Blut wird dicker, wodurch Bluthochdruck entsteht. Proteine und Enzyme können nicht mehr so gut wirken, da sie in dünnflüssiger Lösung besser wirken als in dickflüssiger. Durch Wassermangel wird im Gehirn weniger hydrolytische Energie erzeugt und es werden weniger Neurotransmitter gebildet, die Gesamtleistung des Gehirns wird also reduziert.

Leider sind wir modernen Menschen ständig chronisch dehydriert, das heißt, wir haben zu wenig Wasser in unserem Körper. Dies liegt zum einen daran, dass der trockene Mund, also der Durst sich erst bei extremem Wassermangel bemerkbar macht. Zum anderen werden bei uns zahlreiche Getränke aufgenommen, die dem Körper zwar Flüssigkeit zuführen, die andererseits aber Wasser verbrauchen, weil sie verdaut werden müssen (Säfte, Milch), oder sogar Wasser abführen, weil sie harntreibend wirken (Kaffee, Tee, Alkohol). Zusätzlich scheint der Mensch mit fortschreitendem Alter immer mehr das Gefühl für Wassermangel zu verlieren, weshalb ältere Menschen zunehmend austrocknen, was wiederum die Hirnleistung besonders in Mitleidenschaft zieht.

Aus dem Gesagten resultiert nur eine Schlussfolgerung: Man muss zur Erhaltung der Gesundheit und zur Erhaltung einer bestmöglichen Lernleistung regelmäßig Wasser, und zwar pures Wasser trinken.

Meine Schulkinder sind angehalten, immer Wasser an ihrem Arbeitsplatz zu haben und sie dürfen und sollen zu jeder Zeit trinken. Hier eine Beobachtung an einem Zwillingspaar, das als Quereinsteiger (also während des laufenden Schuljahres) in meine Klasse kam: Beide Mädchen hatten schon am ersten Tag je eine kleine Flasche Mineralwasser dabei, und beide hatten diese Flasche bis zur zweiten Schulstunde ausgetrunken.

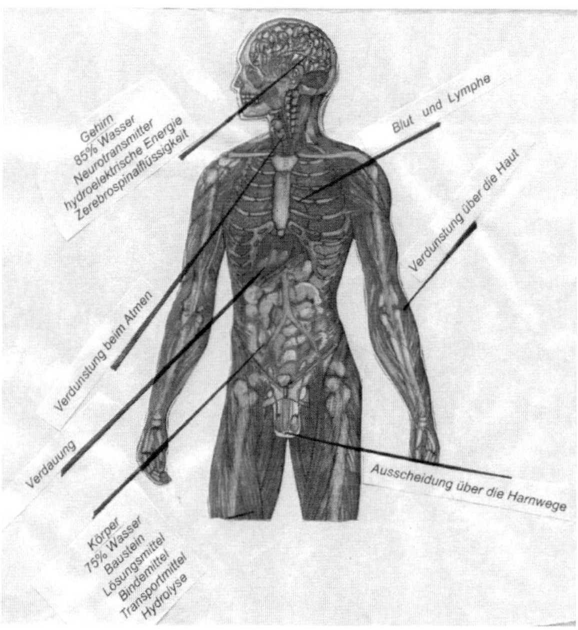

Bedenken wir, dass viele Kinder zu Hause kein Wasser trinken und auch in der Schulpause nur Milch oder gesüßte Getränke zu sich nehmen, wird deutlich, welch gravierender Wassermangel hier bestehen muss. Die genannten Kinder sind ein deutlicher Beweis! Hiermit ergeht als Schlussfolgerung an alle Leser der Auftrag:

Trinkt regelmäßig Wasser!

Und an die Eltern und Pädagogen ergeht der dringende Wunsch:

Lasst die Kinder regelmäßig Wasser trinken!

Es nützt nichts, zu sagen, dass Wassertrinken im Unterricht unnötig sei, da der Körper doch zu einem großen Teil aus Wasser bestehe und somit genügend Reserven vorhanden wären. Das Wasser im Körper ist zwar vorhanden, aber doch nicht aus Jux und Tollerei, sondern weil es benötigt wird. Und wenn der Körper nie (oder selten) Wasser zugeführt bekommt, gehen auch die großzügigsten Reserven einmal zur Neige.

Erwähnt werden sollte noch ein fataler Zusammenhang: Bei Wassermangel laufen im Körper ähnliche Vorgänge ab, wie bei Stressreaktionen. Und vom Stress ist bekannt, dass durch ihn vermehrt Wasser verbraucht wird. Dehydrierung erzeugt also Stress und Stress dehydriert den Körper! Ein vorzüglicher Teufelskreis!

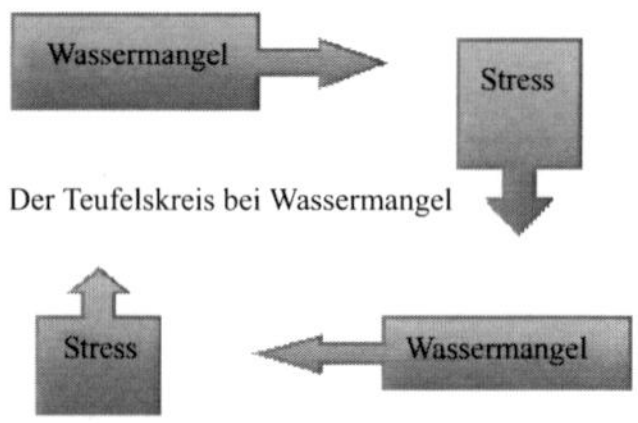

Geistige Leistungsfähigkeit und Bewegung

Beispiel 1:
Bevor sie mit dem Lesen dieses Beispiels beginnen, sollten sie sich gleich eine Pause gönnen: Suchen sie sich einen Kaugummi und fangen sie an zu kauen. Während sie überlegen, was ein Kaugummi mit geistiger Leistungsfähigkeit zu tun hat, werde ich ihnen erzählen, wie mir das Kauen zum ersten mal im Zusammenhang mit geistigen Leistungen begegnet ist: Als ich Sprachheilpädagogik studierte, hörten wir von einer Methode zur Therapie des Stotterns. Sie war von einem Herrn *Fröschels* in den USA erfunden worden und nannte sich *Kaumethode*. Während gekaut wurde, musste der Patient zu einem ständig wiederholten Yam-Yam-Yam Verse sprechen, wodurch die Stottersymptome reduziert wurden. Damals konnte ich mir höchstens vorstellen, dass durch das Kauen die Aufmerksamkeit des Patienten vom Sprechen abgelenkt wurde, es sich also um eine psychologische Methode handeln würde. Eine direkte Beeinflussung der Hirnleistung durch das Kauen konnte ich mir nicht vorstellen. Jahre später hörte ich in einer Rundfunknachricht, dass amerikanische Wissenschaftler festgestellt hätten, dass es bei geistigen Arbeiten günstig sei, Kaugummi zu kauen, da die Leistungsfähigkeit dadurch erhöht würde. Weder sah ich damals den Zusammenhang zur *Kaumethode* des Herrn *Fröschels*, noch konnte ich mir dieses Phänomen überhaupt erklären.

Nach einiger Beschäftigung mit kinesiologischen Methoden sehe ich jetzt allerdings Zusammenhänge. Das Stichwort für das Phänomen heißt TMG!

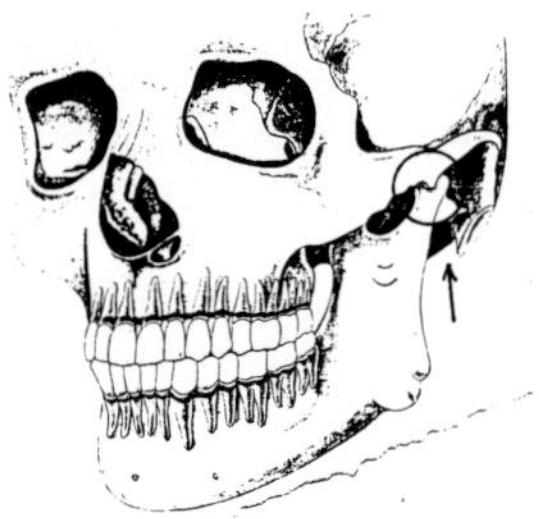

Hinter dieser Abkürzung verbirgt sich das Temporal-Mandibular-Gelenk, also das Gelenk, bei dem der Unterkiefer (Mandibula) am Schläfenbein (Os temporale) ansetzt. (Siehe Kreis in der Abbildung) Dieses Gelenk ist beim Kauen natürlich ständig in Bewegung.

Wenn beim Kauen der Kiefer bewegt wird, sind dazu sehr viele Muskeln nötig (schauen Sie sich einmal die Abbildung der Gesichtsmuskeln in einem Anatomie-Atlas an!), und die Bewegung dieser Muskeln regt das Gehirn an. Wieso?

Weil ca. 50% der Nerven, die vom Gehirn zum Körper gehen das TMG passieren. Schauen wir in die Anatomie, um dies zu überprüfen: Es handelt sich dabei um die sogenannten Hirnnerven, die ihren Namen deshalb haben, weil die Verbindung zwischen Hirn und Peripherie nicht über das Rückenmark geht, sondern direkt vom Hirn zur Peripherie. Manche dieser Hirnnerven geben Sinneseindrücke von der Peripherie (z.B. vom Ohr) zum Gehirn, andere geben Befehle vom Gehirn an die Muskeln, sind also motorische Nerven. Manche Hirnnerven haben kombinierte Aufgaben. Betrachten wir als Beispiel den X. Hirnnerv, der den Namen Vagus trägt: Er befehligt die willkürliche Muskulatur von weichem Gaumen, Rachen und Kehlkopf, die unwillkürliche Muskulatur (die wir also nicht willentlich steuern können) des Verdauungstraktes, der Luftwege und den Herzmuskel. Empfindungen meldet er vom Ohr (nicht das Gehör!), von den Luftwegen, vom Verdauungstrakt und vom Herzen an das Gehirn.

Was geschieht mit den Hirnnerven nun beim Kauen? Wird gekaut, müssen die entsprechenden Regionen im Gehirn aktiviert werden, und zur Übermittlung der Befehle werden viele Hirnnerven aktiviert. Andererseits werden gleichzeitig viele sensorische Eindrücke an das Gehirn zurückgemeldet, was wiederum Arbeit für die Hirnnerven bedeutet. Zusätzlich wird im Bereich des TMG eine mechanische Stimulation auf die Hirnnerven ausgeübt, was die Reizleitung verbessert, da der Stoffwechsel in diesem Bereich gefördert wird. Somit werden beim Kauen weite Teile des Gehirns aktiviert. Da im Gehirn unendlich viele Querverbindungen bestehen, wird es in seiner Gesamtheit aktiviert.

Die Kaubewegungen haben aber noch einen weiteren Effekt: Die Bewegung des TMG überträgt sich auf die Schädelknochen, wodurch die Kranio-Sakral-Bewegung gefördert wird. Diese wiederum ist nötig, um die Zerebrospinalflüssigkeit fließen zu lassen.

Diese Flüssigkeit entsteht im Gehirn. Sie umgibt Gehirn und Rückenmark, steht dabei aber nicht still, sondern fließt vom Gehirn aus an der Rückseite des Rückenmarks abwärts, an seiner Vorderseite aufwärts, um dann im Gehirn wieder aufgenommen und in das Venensystem abgegeben zu werden. Welche Aufgaben hat die Zerebrospinalflüssigkeit?

- Sie entfernt Giftstoffe aus dem zentralen Nervensystem
- Sie transportiert Nährstoffe
- Sie transportiert Hormone
- Sie transportiert Neurotransmitter, also chemische Stoffe, die Nervenimpulse an den Kontaktstellen zwischen den Nervenfasern (Synapsen) weitergeben

Das Fließen der Zerebrospinalflüssigkeit wird durch die Kranio-Sakral-Bewegung gewährleistet. Diese entsteht durch die Streckung der Wirbelsäule beim Atmen, durch die Bewegung des Kreuzbeines und durch die Bewegung der Schädelknochen. Und diese wiederum wird durch die Kieferbewegung, also durch Kauen, Gähnen, Sprechen gefördert. Die Tatsache, dass sich die Schädelknochen bewegen, erscheint einem zunächst fremd; hat man doch in der Schule gelernt, dass die knorpeligen Fontanellen des Neugeborenen mit der Zeit verknöchern, wodurch sich die Vorstellung entwickelt hat, den Schädel als eine Einheit zu betrachten. In Wirklichkeit besteht er aber aus vielen verschiedenen Knochen, die sich auch beim Erwachsenen immer noch gegeneinander bewegen. Diese Bewegung gehört zum Gesamtsystem der Kranio-Sakral-Bewegung. Sie ist von geübten Kraniosakraltherapeuten am Schädel zu ertasten. Die Bewegung überträgt sich auf die Dura (harte Hirnhaut), in der die Zerebrospinalflüssigkeit mit einer Frequenz von 6 bis 12 Pulsen pro Minute bewegt wird.

Aus dem bisher Gesagten ergeben sich Aufträge an alle Eltern und Pädagogen:

- Lasst den Kindern viel Bewegung!
- Lasst die Kinder auch manchmal auf Sitzbällen sitzen!
- Lasst den Kindern (ab und zu) ihre Kaugummis!

Und an Alle ergeht die Empfehlung: Sorgen Sie dafür, dass Sie bei geistigen Arbeiten genügend Bewegung im Bereich von TMG und Becken haben.

Beispiel 2:
Bitte lesen Sie das Beispiel über das Mädchen im Kapitel **Legasthenie als Krankheit**.

Beispiel 3:
Nachdem nun an zwei Beispielen erklärt wurde, dass geistige Leistungsfähigkeit durch Bewegung positiv beeinflusst werden kann, scheint es an der Zeit, zu erläutern, warum es überhaupt nötig ist, dass wir etwas für die Aktivität unseres Gehirns tun. An Beispiel 1 haben wir gesehen, dass wir etwas dafür tun können, unser Gehirn besser zu versorgen. Wodurch kommt es aber zu einer „Mangelversorgung", also zu der Notwendigkeit, dass wir selbst eingreifen müssen? An Beispiel 2 haben wir gesehen, was passiert, wenn unsere beiden Großhirnhemisphären nicht richtig zusammenarbeiten. Wodurch kommt es aber zu einem Konflikt zwischen unserer linken und unserer rechten Hemisphäre? Wodurch wird unser Gehirn derartig „blockiert", dass es nur noch quasi auf Sparflamme arbeitet.

An einer eigenen Blockierung, die ich am Abend des Tages, an dem ich den größten Teil dieses Kapitels geschrieben hatte, erlebte, kann ich dies gut erklären.

.
Mein aktuelles Erlebnis: Ich gehe in der Nacht noch mal mit meinem Hund spazieren, als neben mir ein Wohnmobil hält. Als das Fenster herunter gekurbelt wird, sage ich diensteifrig „sie suchen sicher den Wohnmobilparkplatz". Der Fahrer bejaht, und ich sage, der sei gleich hier in der Nähe, diese Straße bis zum Ende fahren und dann ... „ äh...einen Moment, ich muss mal überlegen, in welcher Höhe diese Straße auf die Querstraße stößt, ... ach ja ... Also diese Straße bis zum Ende, dann einmal links und gleich wieder rechts, dann sieht man den Parkplatz schon."

Das Wohnmobil ist noch nicht außer Sichtweite und ich könnte mich ...
Ich habe den Weg nämlich genau falsch erklärt! Am Ende der Straße rechts und dann links!

Wenn mir der Leser gnädig gestimmt ist, könnte er jetzt sagen, dies sei doch nicht schlimm, das könne doch jedem mal passieren. Aber: Der Parkplatz ist in meiner direkten Nachbarschaft! In der Straße, in der ich gefragt wurde, habe ich zwölf Jahre gewohnt, und jetzt wohne ich nur direkt ums Eck! Der Parkplatz ist keine 400 Meter von meinem Haus und keine 500 Meter von der Stelle entfernt, wo mich der Fahrer nach dem Weg gefragt hat! Ich laufe täglich mehrmals beim Ausführen des Hundes über diesen Parkplatz!

Das Gehirn wird also blockiert, wenn man sich zu viel mit **zweidimensionalen Aktivitäten** (Lesen, Fernsehen, Computer) beschäftigt. Was habe ich denn gestern getan? Stundenlang am Computer geschrieben und dann noch zwei Stunden vor dem Fernseher verbracht.

In der Schule erlebt man diese Art von Blockierungen ständig. Ein Kind, das eigentlich immer ordentlich mitmacht, versaut Diktate oder Mathematikproben regelmäßig. Sagt man den Eltern, das Kind müsse mehr lernen, erhält man zur Antwort, dass es immer ganz fleißig lerne, und dass es zu Hause auch noch alles ganz richtig gekonnt habe. Erhält man als Lehrer öfter solche Auskünfte, neigt man dazu, den Eltern Schutzbehauptungen zu unterstellen, mit denen sie die Faulheit des Kindes oder die eigene Bequemlichkeit vertuschen wollen.

In Wirklichkeit kann durch den Stress der Prüfungssituation die integrierte Arbeitsweise des Gehirns verloren gehen.

Zahlreiche Bewegungs-, Dehnungs-, Energie- und Atemübungen finden Sie in:

Reinhard Dümler: Praxis der pädagogischen Kinesiologie, edition-von-freisleben 2002

Irrweg
Nutzlose Rechtschreibstrategie

Im Bereich Rechtschreiben sieht man in den letzten Jahren in Büchern und Arbeitsheften, auf Postern und an Klassenzimmerwänden immer häufiger eine Einteilung der Lernwörter in drei Kategorien, deren Sinn ich nicht ganz nachvollziehen kann (auch wenn diese Einteilung in amtlichen Lehrplänen verankert ist). Die Schüler sollen die Lernwörter nicht stur pauken (was ja prinzipiell eine gute Idee sein kann), sondern die Wörter nach bestimmten Strategien einteilen, um sie sich dadurch besser einprägen zu können. Ich spreche hier von der Einteilung in „Mitsprechwörter", „ Nachdenkwörter" und „Merkwörter". Um aufzuzeigen, was hinter dieser Einteilung steckt, zitiere ich von einem Poster des Cornelsen Verlags:
Mitsprechwörter sind Wörter, bei denen du beim deutlichen Sprechen jeden Laut hören kannst. Du sprichst sie also genauso, wie du sie schreibst.
Nachdenkwörter sind Wörter, bei denen du über die richtige Schreibweise nachdenken musst, indem du z.B. ein verwandtes Wort suchst oder das Wort verlängerst.
Merkwörter sind Wörter, bei denen du dir besondere Schreibweisen merken musst. Sie werden oft anders geschrieben als gesprochen.

Was ist damit gemeint? *Hase* wäre z.B. ein Mitsprechwort, denn man schreibt es genauso wie man es spricht: H-a-s-e. *Sträucher* wäre ein Nachdenkwort, denn vom Hören her könnte man auch *Streucher* schreiben. Wenn man aber das verwandte Wort *Strauch* kennt, weiß man, dass es mit *äu* geschrieben werden muss. Auch der *Schuh* wäre ein Nachdenkwort, denn durch Verlängerung zu *Schuhe* kann man das vorher stumme *h* hörbar machen. Merkwörter sind alle anderen, bei denen man nicht durch genaues Vorsprechen oder Nachdenkhilfen weiter kommt. Man muss sich einfach merken, dass der *Platz* mit *tz* und die *Pizza* mit *zz* geschrieben wird.

Klingt doch ganz gut - oder? Nein! Diese Einteilung ist aus mehreren Gründen unsinnig:

Unsinn 1: Die Einteilung ist nicht richtig
Bei den so genannten Mitsprechwörtern werden den Kindern viele Wörter präsentiert, die nur vermeintlich so geschrieben werden, wie sie gesprochen werden. Beachtet man die **wirkliche Aussprache** der Wörter, weicht die Schreibung doch ganz deutlich ab: Dies betrifft fast alle Endungen unserer Verben mit ihren „silbischen Konsonanten" am Wortende: *schneiden* wird (außer im Rheinland oder evtl. in der Schule) normalerweise als *schneidn* ausgesprochen. Und wenn es *dunkl* ist, sagt auch kaum jemand, dass es *dunk**e**l* ist. Auch das Mitsprechwort *krank* ist keines, denn ich spreche und höre *k-r-a-ng-k*. Spreche ich den *Hals*, dann höre ich (zumindest in Süddeutschland) eine *Halz*. Die *Familie* kann kein Mitsprechwort sein, denn sonst müsste man *Familje* schreiben, genau wie beim *Radjo*. Da das *r* im Auslaut (außer in wenigen Dialekten, wie z.B. dem der bayerischen Schwaben) als Schwa - Laut (ə) vokalisiert wird, kann man somit auch keine Wörter, die auf *r* enden in die Liste der Mitsprechwörter aufnehmen. Denn die *Mutter* ist keine *Mutte**r***, sondern eine *Muttə*. Mit weiteren Beispielen könnte man Seiten füllen ...

Warum werden Wörter mit *ie* als Nachdenkwörter präsentiert? Durch welches Nachdenken kann man ableiten, dass *fliegen* mit *ie* geschrieben wird, muss man sich das nicht merken?

Zum *h* beim Nachdenkwort *Schuh* kommt man angeblich durch Verlängern des Wortes zu *Schu**h**e*, weil man das *h* dann angeblich hören kann. Dies funktioniert aber auch nur in der Schule, denn im täglichen Leben heißen die *Schuhe Schue* und die *Kühe* heißen *Küe*.

Unsinn 2: Die Einteilung ist nicht konsequent
Warum wird die *Eule* als Nachdenkwort präsentiert. Der Laut /eu/ wird im Deutschen als *eu* verschriftet, auch wenn man dabei eigentlich ein *oi* hört. Aber Schulanfänger lernen das *eu* als solches und können es dann eigentlich auch problemlos anwenden.
Hört man im Deutschen den Laut /f/, kann dieser als *f* oder als *v* verschriftet werden. Worin besteht dann der Sinn, *fein* als Mitsprech- und *vom* als Merkwort einzuteilen. Die Kinder müssen sich bei **beiden** Wörtern merken, wie sie geschrieben werden, denn vom Hören abgeleitet könnte man auch *vein* und *vrisch* schreiben. Somit sind alle Wörter, bei denen der Laut /f/ zu hören ist, Merkwörter!

Unsinn 3: Die Einteilung gilt - wenn überhaupt - nur aus der Sicht des rechtschreibkompetenten Erwachsenen

Wenn man die Dreiteilung genau betrachtet, fällt auf, dass es eigentlich keine Kritikpunkte bei den so genannten Merkwörtern gibt. Dies heißt doch in letzter Konsequenz, dass es für das Kind, das die Rechtschreibung erlernen muss, eigentlich nur Merkwörter gibt. Ich muss mir merken, wie ein Wort geschrieben wird! Die Dreiteilung erscheint auf den ersten Blick aus der Sicht eines rechtschreibkompetenten Erwachsenen sinnvoll. Sie wäre aber nur dann wirklich sinnvoll, wenn sie konsequent eingehalten würde. Dazu müssten die deutschen Ausspracheregeln aber besser berücksichtigt werden. Wenn aber nicht einmal die so genannten Mitsprechwörter wirklich von der Aussprache abgeleitet werden können, die Nachdenkwörter oft nur künstlich erzeugte Nachdenkwörter sind (*Kuh - Küe*), dann bleiben wirklich nur noch Merkwörter übrig. Außerdem: Was soll das mit dem „Nachdenken“? Stellen wir uns ein Kind vor, das ein beliebiges Wort schreiben will: Wenn das Wort automatisiert ist, wird es ohne nachzudenken aufgeschrieben, weil das Bild im Kopf existiert. Fängt das Kind mit dem Nachdenken an, weil es kein Bild von dem Wort hat, wird ihm die Kategorisierung auch nichts nützen, im Gegenteil: Schauen Sie sich Diktate von Drittklässern an: Sie sind voll von Fehlern, die erst durch das Nachdenken entstehen.

Unsinn 4: Viele Lehrer übernehmen die Einteilung kritiklos

Da diese Dreiteilung in vielen Unterrichtsmedien angeboten wird, wird sie von vielen Lehrern kritiklos übernommen. Leider werden dann nicht nur die von den Autoren eingeteilten Wörter (mit all ihren Fehlern) übernommen, sondern auch selbst (fragwürdige) Einteilungen vorgenommen. Dies kann nur die weitere Verwirrung der Kinder fördern.

Ausweg
... einfach weglassen

Wenn schon Lehrer darüber diskutieren müssen, ob ein gegebenes Wort nun ein Nachdenk- oder ein Merkwort ist, dann sieht man, dass diese Einteilung für Schüler nicht besonders hilfreich sein kann. Also sollte man sie einfach weglassen! Grundsätzlich erscheint es gut, von **wirklichen** Mitsprechwörtern auszugehen, damit die Kinder die Lautstruktur unserer Schriftsprache erkennen. Dann muss aber die Erkenntnis folgen: Ich darf nicht jedes Wort schreiben, wie es gesprochen wird, ich muss mir die Wörter **merken**. Dass die Rechtschreibregeln nicht gottgegeben sind, erkennt man ja gerade an der letzten Rechtschreibreform, die ich lieber als ein Reförmchen bezeichnen möchte. Vor zehn Jahren hat man anders geschrieben als heute und vor hundert Jahren war es wieder anders ...[a)]

[a)]So hat der Duden erst 1927 aus der „Wage“ die „Waage“ gemacht, um die Waagen, die man zum Bestimmen von Gewichten braucht, von fahrbaren Wagen zu unterscheiden.

Wir kommen nicht umhin, Rechtschreibung zu üben, zu üben, zu üben, …
Dabei spielt auch das handschriftliche Üben eine wichtige Rolle.
Siehe Kapitel **Zu wenig schreiben**.

Irrweg
Sinnlose Regeln

Um es zwischendurch noch einmal klar zu stellen: Alle von mir aufgezeigten Irrwege müssen nicht für alle Kinder Irrwege sein, ich vermute aber, dass sie vor allem für Kinder mit Problemen beim Lesen und Rechtschreiben zu Irrwegen werden können. Und so vermute ich, dass auch das Lernen und Anwendenwollen von Regeln für viele Kinder ein Irrweg ist.

Da erfahren die Kinder z.B. die Regel: Ein lang gesprochenes *i* wird meist *ie* geschrieben.

Was nützt eine Regel, die mit der Einschränkung „meist“ gilt? Es gibt sehr viele Wörter, in denen ein langes *i* zu hören ist, die aber dennoch nicht mit *ie* geschrieben werden. Diskutiert man dieses Problem, wird man hören, dass eben der Tiger und der Igel die Ausnahmen seien. Verweist man auf Maschine, Krokodil, Medizin, …, wird man hören, dies seien keine deutschen Wörter. Interessiert das den Zweitklässer, der die Rechtschreibung erlernen muss? Ich bin heute (im Alter von 57 Jahren) noch versucht, die Maschine mit *ie* zu schreiben. Wahrscheinlich haben wir in der Grundschule auch mal so eine Regel gelernt oder ich habe die Maschine als Kind falsch geschrieben und musste dann immer überlegen …

Ein weiteres Problem mit der Regel vom „lang gesprochenen *ie*“: Ein rechtschreibschwaches Kind wird wegen seiner fehlenden phonologischen Bewusstheit die Regel gar nicht verstehen oder sie nicht anwenden können, weil es lange und kurze Vokale gar nicht unterscheiden kann. Möglicherweise versteht es überhaupt nicht, worum es hier geht!

Bei den langen Vokalen kommt dann auch noch das so genannte „Dehnungs - h“ in Spiel. Wenn die Schüler etwas von diesem erfahren, sind sie versucht, nach langen Vokalen gerne mal ein *h* einzufügen, weil sie ja gelernt haben, dass das *h* die Vokale lang macht. Aber das *h* ist genauso wenig nötig, um einen Vokal lang zu machen, wie der Doppelkonsonant nötig ist, um einen Vokal kurz zu machen.

Vergleichen Sie mal die Aussprache und Schreibung einiger Wörter:

Sohn - schon
nun - Huhn
kühl - schwül
malen - mahlen
Lied - Lid
Stiel - Stil
Miene – Mine
Biene - Bibel
mir - Bier
dir - Tier
wir - vier
man - dann
Tom - komm
Papa - Pappe
Mama - Manna
nach - nach

Sie verstehen das letzte Beispiel nicht? Ist Ihnen noch nicht aufgefallen, dass dieses kleine Wörtchen nicht nur zwei Bedeutungen, sondern auch zwei Aussprachevarianten hat?

Nach der Schule gehe ich nach Hause. Das erste *nach* wird mit langem, das zweite mit kurzem *a* gesprochen. Zum Glück scheint das noch kein Schulbuchautor bemerkt zu haben, sonst würde auch hierzu eine Übungsseite im Buch auftauchen, um die Schüler vollends durcheinander zu machen. Bisher scheinen sie nämlich das Wörtchen *nach* immer gedankenlos richtig zu schreiben.

Noch ein Beispiel zu langen und kurzen Vokalen und den sinnlosen Regeln:
Nach der Schule fahre ich mit dem Bus, dann bin ich im Garten und hole Holunder.
Müsste man unter Beachtung von Regeln nicht so schreiben, *nahch der Schuhle fahre ich mitt dehm Buss, dann binn ich imm Garten und hohle Hollunder*?

Ausweg
Förderung der phonologischen Bewusstheit

Wenn man sich die Zeit nimmt, findet man unendlich viele Beispiele, dass die Vokallänge weder etwas mit dem *ie*, noch mit einem Doppelkonsonanten, noch mit dem „Dehnungs - h“ zu tun hat. Natürlich gibt es dazu Regeln, aber die Ausnahmen sind so alltäglich, dass es keinen Sinn macht, diese Regeln überhaupt zu erwähnen.

Nun könnte ich, genau wie bei den „nutzlosen Rechtschreibstrategien“ wieder als Ausweg raten: einfach weglassen! Dieser Rat wäre aber auf Dauer unbefriedigend. Denn man muss sich schon fragen, wie denn ein Kind nun zur richtigen Rechtschreibung kommen soll - bei all diesen Verwirrungen:

Der Ausweg kann meines Erachtens nur in einer gut entwickelten phonologischen Bewusstheit liegen. Denn zur phonologischen Bewusstheit gehört nicht nur die Fähigkeit, so genannte Mitsprechwörter richtig aufschreiben zu können, sondern auch das Wissen, dass man viele Wörter eben nicht so schreiben darf, wie man sie hört. Und diese muss man sich merken: Wenn ich das *Huhn* aufschreiben will, höre ich *h - u - n* und ich muss mir merken, dass ich es mit einem nicht hörbaren *h* schreiben muss, egal warum!

Was ist unter der **phonologischen Bewusstheit** zu verstehen?

Klären wir zunächst den Begriff **Phonologie**: Sie ist die Lehre von den Lauten und Lautgruppen hinsichtlich ihrer Funktion für die **Bedeutung** der Wörter. Einige wenige Beispiele hierzu, wobei man sich alle Beispiel **gesprochen** vorstellen muss:

Die Bedeutung kann sich durch den Austausch von *Lauten* ändern: **K**anne - **T**anne.
Die Bedeutung kann sich durch die Vokallänge ändern: Nach der Schule gehe ich nach Hause. Und bei dem Bild hier ist nicht die Rede von Bussen. Durch das lange *u* wird etwas anderes daraus. Beim nächsten Bild würde niemand an Einnässen denken.

Ein Essen wird aber erst daraus, wenn zwischen *ein* und *Essen* ein Glottisschluss kommt. Das heißt, dass die Stimmlippen kurz den Kehlkopf verschließen, so dass das *Essen* dann mit einem harten Stimmeinsatz kommt. Ohne diesen Glottisschluss hätten wir nämlich das *Einnässen*.

Reden wir jetzt aber von Kindern und der Entwicklung der phonologischen Bewusstheit, die auch als *metasprachliche Kompetenz* bezeichnet wird: Es ist die Fähigkeit, Sprache nicht nur als Kommunikationsmittel zu benutzen, sondern die Sprache selbst zu betrachten, zu analysieren, mit ihr zu arbeiten. Dabei muss man weg vom Inhalt, hin zu formalen Kriterien. Man muss Strukturen erkennen: Wörter, Silben, Reime, Laute. Man muss wissen, dass Lauten Buchstaben zugeordnet werden. Und man muss mit all diesen Strukturen sinnvoll umgehen können, z.B. Wörter in Laute zerlegen oder aus Lauten Wörter aufbauen.
Unterschieden wird die phonologische Bewusstheit im weiteren Sinn

- Silben segmentieren (Wörter nach Silben klatschen)
- Silben zusammensetzen
- Endreime identifizieren (Reime erkennen oder ergänzen können)

von der phonologischen Bewusstheit im engeren Sinn

- Anlaute vergleichen
- Endlaute vergleichen
- Phonemanalyse (Wörter in Einzellaute zerlegen)
- Phonemsynthese (aus Lauten Wörter zusammensetzen)

wobei die phonologische Bewusstheit im engeren Sinn für die Entwicklung der Schriftsprache besonders bedeutsam zu sein scheint. Bei aller Euphorie um die Bedeutung der phonologischen Bewusstheit für den Schriftspracherwerb dürfen wir allerdings nicht vergessen, dass es sich dabei um ein wissenschaftliches Konstrukt handelt, und dass zu einem erfolgreichen Schriftspracherwerb sicher noch viel mehr gehört.
Zur Verdeutlichung, was die phonologische Bewusstheit für die Entwicklung des Kindes bedeutet, hier einige Beispiele:

Ein Kind ohne phonologische Bewusstheit würde einen Wurm und eine Ameise nur gegenständlich vergleichen können: Die Ameise ist ein kleines, kurzes Tier, der Wurm ein sehr langes. Mit der Entwicklung der phonologischen Bewusstheit weiß das Kind aber, dass die Ameise zwar ein kleines Tier ist, aber einen langen Namen hat; er wird nämlich dreimal geklatscht: A - mei - se. Der Wurm dagegen ist zwar ein langes Tier, hat aber einen kurzen Namen; er wird nur einmal geklatscht.

Würde man ein Kind ohne phonologische Bewusstheit fragen, womit der Wal anfängt, würde es sicher sagen: mit dem Maul. Hat das Kind phonologische Bewusstheit entwickelt, kann es sagen, dass der Wal mit /w/ beginnt.

Auch würde ein Kind ohne phonologische Bewusstheit kaum Gemeinsamkeiten zwischen dem Wal und dem Wurm erkennen. Mit phonologischer Bewusstheit weiß es aber, dass **beide** mit /w/ beginnen. Es weiß dann auch, dass der Wal zwar ein großes Tier ist, aber nur einen kurzen Namen hat.

Bedenken müssen wir bei der Entwicklung der phonologischen Bewusstheit auch, dass sie zwar eine wichtige **Voraussetzung** für den Schriftspracherwerb ist, dass sie sich aber andererseits erst mit dem Schriftspracherwerb voll entwickeln kann. Ihrer Förderung kommt somit besonders im ersten Schuljahr eine besondere Bedeutung zu!

Empfehlenswerte **Literatur** zur Förderung der phonologischen Bewusstheit:

- Erich Hartmann / Ruth Dolenc: Olli, der Ohrendetektiv (Auer-Verlag)

- Leichter lesen und schreiben lernen mit der Hexe Susi (Auer-Verlag)

Beide Werke können am Ende des Kindergartens und am Anfang der Schulzeit eingesetzt werden, wobei *Olli* auch einen diagnostischen Teil enthält, mit dem entschieden werden kann, ob eine Förderung überhaupt nötig ist.

Irrweg
Vermeintliche Hilfen

Dass es nur eine vermeintliche Hilfe ist, die Lernwörter für das Rechtschreiben in Mitsprech-, Nachdenk- und Merkwörter einzuteilen, habe ich in einem anderen Kapitel ausgeführt. Man trifft aber auch noch auf andere Hilfen und Ratschläge, bei denen man sich fragt, ob sie wirklich helfen.

Wenn als Tipp für richtiges Aufschreiben steht: „spricht ganz deutlich“, dann weiß ich nicht, in wieweit dies helfen soll. Wie bereits im Kapitel über die **nutzlose Rechtschreibstrategie** ausgeführt, gibt es doch nur sehr wenige Wörter, die so geschrieben werden, wie man sie spricht. Wie würde ein Schüler den *Fuchs* schreiben, wenn er deutlich dazu spräche?

Irgendwo habe ich gelesen: „Das *r* hörst du besser, wenn du verlängerst.“ Das klingt zunächst einsichtig. Während ich das *r* bei *Tür* nicht höre, da es je nach Dialekt zum Schwa - Laut oder zu *a* vokalisiert wird (Tüə *oder* Tüa), wird es bei *Türen* tatsächlich ausgesprochen und somit hörbar. Aber: Wenn ein Kind die *Tür* aufschreiben will und nicht weiß, dass sie mit *r* geschrieben wird, dann wird es eben ganz selbstverständlich *Tüa* schreiben (den Unterschied zwischen ə und a kennt es zum Glück nicht - siehe Kapitel **Pseudowissenschaftliche Lerninhalte**), ohne darüber nachzudenken, dass da ein Fehler sein könnte. Wenn es aber schon die Vorstellung hat, dass *Tür* mit *r* geschrieben wird, dann braucht es die Verlängerung nicht. Denkt es aber darüber nach, dass da ein Fehler sein könnte, wird es auch bei anderen Wörtern, die auf *ə* oder *a* enden, ein *r* vermuten und in dieser Übergeneralisierung auch das *Lama* und die *Oma* als *Lamer* und *Omer* aufschreiben. Jetzt würde natürlich der Trick mit dem Verlängern geholfen haben, aber das Kind weiß ja nicht, dass es etwas falsch macht, hat es somit - aus seiner Sicht - gar nicht nötig, den Trick anzuwenden. Wir drehen uns im Kreis. Was ich sagen will: Solche Hilfen „funktionieren“ nur aus der Sicht dessen, der den Vorgang von außen betrachtet, nicht aus der Sicht des Kindes, das gerade etwas schreiben will. Und sagen Sie bitte nicht, *Omer* und *Lamer* seien etwas weit her geholt. Schauen Sie in Schriftstücke von Zweit- oder Drittklässern!

Ähnlich nutzlos, wenn auch sicher gut gemeint, erscheinen mir folgende Ratschläge für richtiges Aufschreiben:

1. Lies genau!
2. Decke das Wort zu!
3. Stell dir das Wort vor!
4. Schreib auf! Sprich dazu!
5. Kontrolliere!

Gegen die ersten zwei Tipps gibt es nichts zu sagen, aber bei Tipp 3 sind wir wieder bei der Diskrepanz zwischen gesprochener und geschriebener Sprache. Wir schreiben im Deutschen nicht so, wie wir sprechen! Im Englischen ist es noch viel krasser, die beste Korrespondenz zwischen gesprochener und geschriebener Sprache gibt es noch (bei den mir persönlich bekannten Sprachen) im Türkischen. Aber bleiben wir beim Deutschen: Ein Zweitklässer, der die Wortbilder noch nicht verinnerlicht hat, möchte den *Fuchs* aufschreiben und berücksichtigt Tipp 3, schon hat er einen *Fuks* oder *Fux* geschrieben.
Auch Tipp 5 hilft - zumindest bei rechtschreibschwachen Kindern - nicht: Wie oft

zeigen Schüler ihre selbst kontrollierten Wörter dem Lehrer und sie sind falsch: „Hast du denn nicht kontrolliert?“ - „Doch, ich habe alles nachgeschaut.“ Selbstgeschriebenes zu kontrollieren ist - auch für Erwachsene - sehr schwer. Eigene Fehler erkennt man nur sehr schlecht, weil man nicht wirklich liest, man hat das Geschriebene ja im Kopf. Der bessere Tipp wäre also: Lass kontrollieren!

Eine mir nicht ganz einsichtige Hilfe beim Lesenlernen ist das „Lesen in Silben“. Den Schülern werden die Wörter mit Abständen zwischen den (Rechtschreib-) Silben oder zweifarbig (nach jeder Silbe wechselt die Farbe) angeboten.

Beispiele: Tel-ler, es-sen, Schlit-ten, Schu-he, Kü-he, Schmet-ter-ling, län-ger, Fritz, Frit-zens.

Wenn die Kinder dann auch so lesen sollen, muss man sich zwei Fragen stellen:
Was ist Lesen? Was sind Silben?

Lesen ist das Übertragen von Schriftsprache in gesprochene Sprache. Ein Schüler, der liest, spricht also. Und Silben sind rhythmisch - artikulatorische Grundeinheiten des Redestroms. Sie haben also etwas mit Aussprache und Betonung zu tun. Wie und vor allem was wird aber ausgesprochen, wenn Wörter, wie in den genannten Beispielen zerhackt ausgesprochen werden? Es werden zwei Konsonanten ausgesprochen, wo nur einer zu sprechen wäre. Auf die Aussprache des eigentlich gar nicht auszusprechenden *h* bei Kühe und Schuhe habe ich an anderer Stelle schon hingewiesen. Beim Beispiel *länger* verschwindet sogar das eigentlich auszusprechende ŋ und es entstehen zwei in diesem Wort gar nicht vorhandene Laute, nämlich ein *n* und ein *g*! Die Sprache der Schüler wird somit nicht nur künstlich, sondern geradezu falsch.

Wie soll das Lesen in Silben außerdem wirklich helfen, wenn einfache Wörter, wie *Ga-bi* gegliedert werden, wohingegen sich der Leseanfänger komplizierte Einsilber (die man nach dieser Methode nicht gliedern kann) wie *Wurst* oder *Sturm* mühsam erlesen muss?

Ausweg
Hilfen und Methoden überdenken

Nach aktuellen wissenschaftlichen Erkenntnissen scheint es gerade für Kinder mit Leseproblemen besonders unangemessen zu sein, sie in Silben lesen zu lassen:

Die Augen gleiten beim Lesen nicht kontinuierlich über den Text, sondern in

Blicksprüngen (Sakkaden). Während dieser Blicksprünge kann man nicht lesen, sondern nur während der Pausen dazwischen. Nun ist aber die Anzahl der Buchstaben, die man pro Sakkade überspringen kann und denen dann noch die entsprechenden Laute zugeordnet werden müssen, von Mensch zu Mensch verschieden. Menschen mit Leseproblemen können besonders wenige Buchstaben gleichzeitig erfassen. „Entsprechend ist es nicht sinnvoll, legasthene Kinder in Silben lesen zu lassen - wie dies oft geschieht. Silben enthalten manchmal mehr, manchmal weniger Buchstaben, als die Kinder gleichzeitig erkennen können. Der erste Fall führt zu Lesefehlern, im letzteren erschwert man das Verständnis des Gelesenen.“[9)]

Für das Lesenlernen empfehle ich nur einen Ausweg: *J. Reichens* Leselehrgang *Lesen durch Schreiben*. Hier haben die Schüler die Möglichkeit, sehr hohe Kompetenzen zu erwerben. Und da sie das Lesen lernen, ohne lesen zu müssen, ist es gerade für Risikokinder eine frustrationsfreie und sichere Methode.

Der Ausweg aus den vermeintlichen Hilfen beim Rechtschreiben ist nicht ganz so einfach, da er nicht so leicht mit einem Generalwegweiser (**diese** Methode, sonst nichts!) zu finden ist.

Natürlich: Hilfen, die nur vermeintlich helfen, sollte man weglassen. Aber was macht man stattdessen? Auffällig ist, dass man zur Zeit in den Grundschulen sehr wenig „stures Üben“ sehen kann. Vor ein paar Tagen konnte ich bei einem Reitturnier auf dem Platz ein Schild sehen: REITEN LERNT MAN DURCH REITEN. Könnte es sein, dass man auch Rechtschreiben durch Schreiben lernt? Und zwar durch häufiges Schreiben? Lesen Sie bitte im Kapitel **Zu wenig schreiben** die „neuen“ Erkenntnisse über das handschriftliche Schreiben nach. Ich denke, es führt - trotz Tipps und Strategien - kein Weg daran vorbei, sich die Rechtschreibung durch mechanisches Training einzuprägen. Wo sieht man noch Kinder, die Wörter auf- und abbauen, um sich das Bild und die Reihenfolge der Buchstaben einzuprägen?

R		R
Re		Re
Rec		Rech
Rech	Oder lieber so:	Recht
Recht		Rechtsch
Rechts		Rechtschr
Rechtsc		Rechtschrei
Rechtsch		Rechtschreib
Rechtschr		Rechtschreibu
Rechtschre		Rechtschreibung
Rechtschrei		
Rechtschreib		
Rechtschreibu		
Rechtschreibun		
Rechtschreibung		

Ausweg: Hilfen und Methoden überdenken

Irrweg
Pseudowissenschaftliche Lerninhalte

Früher - bei den alten Fibellehrgängen - wurde den Kindern gerne ein X für ein U vorgemacht. Man hat die Buchstaben ohne Rücksicht auf phonologische Regeln behandelt. Ein *e* war ein *e*, auch wenn es wie *ä* geklungen hat; man hat die Aussprache halt etwas hingebogen. Das macht man zwar heute auch noch beim Rechtschreiben, z.B. um ein *h* hörbar zu machen, das eigentlich kein Mensch hören kann, weil es überhaupt nicht gesprochen wird: *Schu**h**e* werden im täglichen Leben als *Schue* gekauft, nur in der Schule werden sie mit *h* gesprochen. Natürlich findet man auch noch phonologische Fehler in Verlagswerken oder von Lehrern selbst gemachten Arbeitsmaterialien. Da soll der Schüler ein *r* in der Uhr hören, obwohl dies nicht gesprochen wird, oder er soll ein *d* beim Hund hören, obwohl dies aufgrund der Auslautverhärtung gar nicht zu hören ist. Solche Fehler werden aber immer weniger, denn man hat im Rahmen der Arbeit mit der phonologischen Analyse dazu gelernt. Vor allem die Autoren von Schulbüchern und Arbeitsheften haben dazu gelernt, was jetzt wieder zu seltsamen Erscheinungen führt, sieht es doch so aus, als wollten sie ihre eigenen Erkenntnisse unbedingt an die Schüler weitergeben, egal ob dies nötig ist oder nicht. Beispiele:

In der Erkenntnis, dass ein gesprochener „Buchstabe" kein Buchstabe, sondern ein Laut ist, wird der Begriff des Lautes jetzt ständig überstrapaziert. Die Schüler werden schriftlich gefragt: Welchen Laut hörst du? Die Schüler können lesen: sch und ch sind Laute.

Oder es wird ihnen schriftlich die Frage gestellt: Welche Wörter beginnen mit demselben Laut? Dann können sie lesen: ng klingt wie ein Laut. Die von *Reichen* eingeführte Buchstabentabelle heißt jetzt überall Anlauttabelle, zum Teil sogar An- und Inlauttabelle.

Ausweg
Didaktische Reduktion

Als ich gerade mit dem Aufschreiben der pseudowissenschaftlichen Lerninhalte angefangen hatte, hatte ich zu dem Ausweg noch gar keine Überschrift gefunden. Und plötzlich kam ein Begriff aus meinem Langzeitgedächtnis, den ich seit 34 Jahren (so lange liegt mein erstes Studium zurück) nicht mehr gehört hatte: Didaktische Reduktion!

Die Pädagogen - und auch die Schulbuchautoren - sind doch verpflichtet, den Stoff so zu vermitteln, dass er den Möglichkeiten und auch den Bedürfnissen der Schüler entspricht. Dazu muss er didaktisch reduziert werden, das heißt man kann nicht das gesamte Wissen eines Fachgebietes an die Schüler weitergeben, weil sie damit überfordert wären. Je jünger und schulisch unerfahrener ein Schüler nun ist, desto mehr muss der Stoff didaktisch reduziert werden. Und wer sind die jüngsten und unerfahrensten in der Schule? Die Erstklässer! An die muss man wirklich nicht alle fachlichen Erkenntnisse weitergeben. Es würde reichten, wenn die Autoren und Lehrer darüber Bescheid wüssten:
Auch wenn ich weiß, dass es einen Unterschied zwischen Laut und Buchstabe gibt, reicht es, wenn ich dem Schulanfänger gegenüber von Buchstaben spreche, denn diese braucht er zum Lesen und zum Schreiben.
Die Tabelle, mit der man sich die richtigen Buchstaben zum Schreiben sucht, ist eine Buchstabentabelle und sonst nichts. Es gibt überhaupt keinen Grund, sie als Anlauttabelle oder gar An- und Inlauttabelle zu bezeichnen.
Warum muss ein Schüler **lesen**, sch und ch seien Laute? Geschrieben sind es Buchstaben. Diese stehen zwar für Laute, aber nicht anders als andere Buchstaben für andere Laute stehen.
Warum **klingt** ng wie ein Laut? Der Laut ŋ wird durch die Buchstaben ng verschriftet. Das Kind muss also wissen: wenn ich ŋ höre, schreibe ich ng. Fertig! Im Übrigen ist es beim Lesen nicht ganz so einfach. Während bei der *Angel* tatsächlich nur ein ŋ zu hören ist, wird bei *Angelika* ein zusätzliches *g* gesprochen…

Also: Macht es den Schulanfängern doch nicht künstlich schwer, in dem Ihr Sachen an sie weitergebt, die sie gar nicht brauchen oder die nicht einmal ganz richtig sind! Weniger ist oft mehr.

Irrweg
Lernen im Zeittakt

„Abc-Schützen mit Entwicklungsschwierigkeiten in der phonologischen Bewusstheit geraten leicht in einen Teufelskreis. Zunächst gestaltet sich der Einstieg in den Schriftspracherwerb mühsam. Die Einsicht in das alphabetische Prinzip erfolgt verzögert, und die Aneignung der alphabetischen Lese- und Rechtschreibstrategie wird erschwert. Da der frühe Schriftspracherwerb nicht recht in Gang kommt, wird der rückwirkende Einfluss des Lesen- und Rechtschreiblernens auf die Weiterentwicklung von phonologischer Bewusstheit im engeren Sinn gehemmt. Dadurch fallen die betroffenen Kinder immer mehr hinter die Leistungen von unauffälligen Lernern zurück. Ein solches Auseinaderklaffen der Schere ist jedenfalls zu beobachten, wenn nicht **frühzeitig**

(Hervorhebung R. Dümler) gezielte Fördermaßnahmen eingeleitet werden, um den entwicklungsauffälligen Kindern gezielte Hilfestellungen für das Lesen- und Schreibenlernen geben zu können.“[10]

Die **frühzeitigen** Fördermaßnahmen werden aber im Schulalltag oft durch die Art und Weise des Lesenlernens verhindert. Wenngleich sich das „freie Schreiben“, also das selbständige Aufschreiben mit Hilfe der Buchstabentabelle immer mehr durchsetzt, wird es doch oft nur zum Einstieg oder bestenfalls parallel zur Fibel benutzt. In der Fibel werden aber - ganz wie früher - der Reihe nach Buchstaben eingeführt, die dann im gleichmäßigen Arbeitstakt durchgenommen werden. Dabei spielt es keine Rolle, ob pro Woche nur ein neuer Buchstabe eingeführt wird, oder gleich mehrere. Für das leseschwache Kind wird die Schere immer weiter auseinanderklaffen, egal mit welcher Geschwindigkeit. Das Fatale an dieser Lernstrategie mit der Fibel ist aber, dass sich auch leseschwache Kinder den (meist wenig geistreichen) Inhalt der Fibelseiten merken können. Was ihnen an Lesekompetenz fehlt, werden sie und ihre Eltern durch Fleiß ausgleichen und wenn sie ihre Hausaufgaben vorlesen müssen, können sie dies weitgehend problemlos. Was ist daran fatal - ist es nicht gut, wenn die Kinder ihre Hausaufgaben können? Fatal ist, dass bei dieser Lernstrategie der Lehrer nicht oder erst viel zu spät merkt, dass ein Kind Probleme hat. Dann sind eben keine **frühzeitigen** Fördermaßnahmen mehr möglich.

Zwischenbemerkung: Häufig, wenn ich Drittklässer mit Lernproblemen überprüfen muss, werde ich gefragt: Warum fällt denn erst jetzt auf, dass das Kind Probleme hat? Die Antwort ist (fast) immer die gleiche: Egal ob in Mathematik oder Deutsch: In den ersten beiden Schuljahren können die Kinder mit Fleiß viel kompensieren, so dass entstandene Lücken nicht auffallen. Erst wenn im dritten Schuljahr die Anforderungen steigen und man sich nicht mehr mit Auswendiggelerntem weiterhelfen kann, kommen die fehlenden Arbeitsstrategien oder Fähigkeiten zu Tage.

Wenn aber keine frühzeitigen Fördermaßnahmen mehr möglich sind, wird das Kind ewig hinter den Leistungen seiner Mitschüler herhinken und alle Fördermaßnahmen sind nur noch Flickwerk, weil parallel zur Förderung die Anforderungen immer weiter steigen, so dass die auseinanderklaffende Schere nie mehr geschlossen werden kann.

Gehen wir einmal von einer Klasse mit 25 Schülern aus. Es ist kaum anzunehmen, dass alle Schüler innerhalb der ersten Wochen zum gleichen Zeitpunkt den Einstieg in die Schriftsprache (z.B. das „Zusammenlesen“ von Buchstaben) begreifen werden. Genauso wenig ist zu erwarten, dass alle 25 Kinder sich alle in der Fibel zu lernenden Buchstaben im Gleichtakt (ein Buchstabe/Woche - zwei Buchstaben/Woche) einprägen und merken können.

Noch weniger ist zu erwarten, dass 100 Kinder es schaffen werden, in diesem Gleichtakt zu lernen. Jeder braucht doch hier und da mal etwas länger! Wie komme ich jetzt auf die Zahl 100? Leider ist es in Grundschulen häufig der Fall, dass Parallelklasslehrer ihren Wochenplan gemeinsam machen. Dann ist der Lerntakt nicht nur durch die Fibelseiten, sondern auch durch den gemeinsamen Wochenplan vorgegeben und schon haben wir bei einer mittelgroßen Grundschule 100 Kinder, die im Gleichtakt lernen müssen. Ich wiederhole meinen letzten Absatz mit der neuen Zahl:

Gehen wir einmal von 100 Schülern aus. Es ist kaum anzunehmen, dass alle Schüler innerhalb der ersten Wochen zum gleichen Zeitpunkt den Einstieg in die Schriftsprache (z.B. das „Zusammenlesen" von Buchstaben) begreifen werden. Genauso wenig ist zu erwarten, dass alle 100 Kinder sich alle in der Fibel zu lernenden Buchstaben im Gleichtakt (ein Buchstabe pro Woche - zwei Buchstaben pro Woche) einprägen und merken können.

Dass es bei dieser Arbeitsweise Schüler geben **muss,** die zurückbleiben, egal ob beim Lesen oder beim Rechnen, ist zwingend!

Ausweg
Individuelles Lerntempo

Liebe Kollegen: Denkt einmal an Eueren Führerschein! Hattet Ihr alle die gleiche Anzahl an Fahrstunden bis zur Führerscheinprüfung? Habt Ihr alle gleichviel Stunden zum Einparken, etc. gebraucht, oder musste der Eine mehr hier, der Andere mehr dort üben? Habt ihr alle gleich viel Zeit zum Lernen der Theorie gebraucht?

Also: Verzichtet doch bitte auf gemeinsame Wochenpläne und geht in dem Tempo vor, das Euere eigene Klasse schadlos verträgt!

Beim Einstieg in den Schriftspracherwerb muss es dem Kind möglich sein, sich die Techniken in seinem eigenen Lerntempo anzueignen, auch das Merken der einzelnen Buchstaben darf nicht an den Kalender gebunden sein. Außer den realen Defiziten im Lernstoff kommt für die leseschwachen Kinder nämlich noch ein anderes Problem dazu: Während seine Probleme vom Lehrer möglicherweise noch unbemerkt sind, spürt es selbst Tag für Tag ganz deutlich, dass es eine Leistung vollbringen soll, die es nicht kann. Wenn ein Kind keinerlei Vorstellung hat, wie man Buchstaben „zusammen liest", und dies doch täglich von ihm erwartet wird, dauert es nicht lange, bis jede Motivation dahin schwindet. Statt dessen kommt Verzweiflung auf. Ich empfehle deshalb als Ausweg den Leselehrgang *Lesen durch Schreiben* von *J. Reichen*, weil bei diesem die Kinder selbstgesteuert das Lesen lernen. (Siehe „Auf hilfreiche Methoden verzichten"). Wer sich nicht mit dieser Methode anfreunden kann, hat aber dennoch die Möglichkeit, seinen Kindern bei jedem x-beliebigen Leselehrgang durch möglichst viel Freiarbeit die oben genannten Probleme zu ersparen.

Ich möchte an dieser Stelle noch einige „Gebote des Lernens" von dem Erziehungswissenschaftler *Peter Struck* (Uni Hamburg) zitieren, die ich einer Tageszeitung entnommen habe.

1. Langsam starten und dann Gas geben
2. Selbstlernen statt belehren
3. Lernen durch Handeln und Sprechen
4. Lernen mit neuer Fehlerkultur
5. **Lernen braucht Zeit** (Hervorhebung R. Dümler)
6. Lernen in Partnerschaft
7. Schüler lernen besser, wenn sie zugleich erklären
8. Lernen von Gleichaltrigen

(Main Post vom 2. Februar 2008)

Irrweg
Auf hilfreiche Methoden verzichten

Mancher wird möglicherweise auf eine gute Methode verzichten, weil er auf eine negative Beurteilung in der Literatur gestoßen ist. Aus diesem Grund muss einmal darüber nachgedacht werden, wie Autoren mit Methodenkritik, Primär- und Sekundärliteratur umgehen.

Dazu muss ich etwas ausholen: Zum Zweck der Rezension habe ich mich mit dem „Handbuch Legasthenie" (herausgegeben von Michael Kalmár und Renate Hofmann) beschäftigt. In Hofmanns Beitrag zum Thema Lesenlernen bin ich auf Aussagen über Reichens Lehrgang *Lesen durch Schreiben* gestoßen. Da ich diesen Lehrgang (in abgewandelter Form) jahrelang durchgeführt und auch öffentlich propagiert habe (siehe R. Dümler: leichter lesen lernen, Dortmund 1996), war ich über die Aussagen erstaunt. Ich machte mir die Mühe, den Aussagen in Hofmanns Artikel nachzuforschen:

Hofmann (Handbuch Legasthenie, S. 188): „Die mit der Reichen-Methode geschulten Kinder haben in Lesetests schlechter abgeschnitten als Kinder, die mit herkömmlichen Fibeln geschult wurden (vgl. Valtin 1998). Schründer-Lenzen bestätigt diese Meinung: „Die Methode `Lesen durch Schreiben´ erhöht das Risikopotential lernschwacher Schüler und ist auch für Schüler mit Migrationshintergrund ungeeignet."" … „Sassenroth fasst … zusammen, dass die Forschungsarbeiten eine Überlegenheit des fibelorientierten Unterrichts vor allem für schwächere Schüler nachweisen." (a.a.O., S. 189)

Was merke ich mir als Leser, wenn ich mir (wie von mir selbst getan) die zitierten Stellen bei Hofmann anstreiche? Ich merke mir, dass *Lesen durch Schreiben* für schwächere Schüler und für solche mit Migrationshintergrund nicht geeignet ist. Da die von mir angestrichenen und hier zitierten Aussagen aber im krassen Gegensatz zu meinen eigenen Erfahrungen stehen, wollte ich den zitierten Quellen nachforschen. Die Angabe *Valtin 1998* führt zu einem Web-Link, auf dem Frau Valtin Untersuchungsergebnisse **aus den USA** referiert. Innerhalb dieser Ergebnisse, die mit *Lesen durch Schreiben* **nichts** zu tun haben, kommt Valtin zu der Aussage: „*Wird das freie Schreiben ausschließlich angewendet, lernen die Kinder die Lautanalyse nur bei gesprochenen Wörtern, wenn sie ihre eigenen Wörter verschriften. Studien zeigen aber, dass die Kenntnis der Phonem-Graphem-Verbindungen beim Schreiben sich gerade bei schwachen Kindern nicht automatisch überträgt auf die Kenntnis der Graphem-Phonem-Verbindungen, die beim Lesen erforderlich ist (Dies ist auch ein Einwand gegen die Methode* → \`Lesen durch Schreiben´, *Reichen)*". (Von mir aus der Website durch „kopieren und einfügen" zitiert.) Wer genau hinschaut, wird sehen, dass zunächst die Ergebnisse der amerikanischen Untersuchung berichtet werden, und dann auf *Lesen durch Schreiben* **hingewiesen** wird, aber ohne konkreten Zusammenhang. Klickt man dann auf den Link Lesen durch Schreiben, kommt man zu einer Seite, bei der tatsächlich eine Untersuchung aufgeführt wird, die sich mit einem Vergleich beschäftigt: Verglichen wurden die Leseleistungen von Kindern in der (alten) BRD (gemischte Methoden), der DDR (ein auf einen „Mindestwortschatz" ausgerichteter Lehrgang) und der Schweiz (*Lesen durch Schreiben*). Nun haben in dieser Untersuchung tatsächlich die DDR-Schüler besser abgeschnitten, aber es wird darauf hingewiesen, dass diese auch doppelt so viele Deutschstunden hatten, als die Kinder im Westen. Was also soll dieser Vergleich?

Kommen wir zu den zitierten Aussagen von Sassenroth und Schründer-Lenzen, die ich selbst aber nur bei Sassenroth (Martin Sassenroth: Wenn Ergebnisse der empirischen Forschung unbequem werden ..., im Kongressbericht der ÖGS von 2005) nachgeprüft habe: Sassenroth beschäftig sich dabei mit empirischen Untersuchungen zum Schriftspracherwerb und bezieht sich vor allem auf die Darstellung von Schründer-Lenzen, von der er unter anderem die oben zitierte Kritik an *Lesen durch Schreiben* zitiert. Er schreibt dann: „ Diese Ergebnisse beziehen sich vor allem auf Untersuchungen eines fibelorientierten Anfangsunterrichts im Vergleich zu Formen des sogenannten offenen Unterrichts." (Sassenroth in Meixner/Rosenberger 2005, S. 231) In der Diskussion schreibt Sassenroth dann: „Schade ist allerdings, dass man bei den o.g. Untersuchungen die Methode „Lesen durch Schreiben" als Paradebeispiel für eine entwicklungsorientierte, informelle Vorgehensweise herausstellt. ... Uns Heil- und SonderpädagogInnen war schon länger bewusst, dass unsere besonderen Kinder auch besonders sorgfältiger Unterstützung bedürfen. Wenn ich besondere Unterstützung sage, dann meine ich auch eine systematische Begleitung." (a.a.O., S. 232)

Worum es geht: Lese ich bei Hofmann die Zitate, komme ich zu dem Schluss, dass *Lesen durch Schreiben* für schwächere Schüler nicht geeignet ist. Dahinter steht - wenn ich recherchiere - ein Methodenvergleich „Strukturierter Lehrgang versus Freiarbeit". Nun ist Reichen zwar tatsächlich ein vehementer Verfechter der Freiarbeit, er betrachtet die Anregungen in seinem „Lehrermaterial" aber nur als Vorschläge, die man selbstverständlich abwandeln kann. Das revolutionäre an Reichens Lehrgang war aber nicht die Freiarbeit (die gibt es überall), sondern einerseits die phonologische Analyse (die heute zum Glück weit verbreitet ist, obwohl immer vergessen wird, dabei auf Reichen hinzuweisen) und andererseits der Verzicht auf das Lesen beim Leselehrgang. Gerade dieses Paradoxon ist es aber, was *Lesen durch Schreiben* besonders für schwächere Schüler empfehlenswert macht: Da nie das von ihnen verlangt wird, was ihnen Schwierigkeiten bereitet, fällt der Frustrationsfaktor weg und die Kinder arbeiten mit Freude so lange, bis sie lesen können. Und das gilt besonders für Kinder mit Migrationshintergrund!!! In diesem Sinne ist Reichens Methode auch sehr gut bei Schülern einsetzbar, die schon einen anderen Leselehrgang durchlaufen haben und sich jetzt als LRS-Kinder zeigen. *Lesen durch Schreiben* ist somit auch ein gutes Therapiematerial zur Förderung von „Legasthenikern". Ich selbst habe Reichens Lehrgang an die Erfordernisse von schwächeren Schülern in Diagnose- und Förderklassen angepasst und damit gute Erfolge erzielt. Wenn nun empirische Untersuchungen den Erfolg der einen oder anderen Methode zu widerlegen glauben, möchte ich abschließend nochmals Sassenroth zitieren: „Wenn man von empirischer Forschung spricht, sollte man zwischen quantitativer und einzelfallorientierter…Forschung unterscheiden. … Bei einem Großteil unserer KollegInnen steht aber das einzelne Kind im Blickpunkt des Interesses. … Die quantitativ vorgehende Forschung erfasst natürlich nicht den individuellen Fortschritt, den ein Kind vielleicht gemacht hat, sondern misst, ob eine angenommene Norm erreicht worden ist oder eben nicht." (a.a.O., S. 233, f.)

Schlussbemerkung: Wenn Fibel-Lehrgänge tatsächlich bessere Ergebnisse bringen würden, dürften in unseren Regelgrundschulen wohl kaum so viele Legastheniker „produziert" werden.

Literatur zu diesem Kapitel:

- Hofmann, Renate: Lesenlernen, in: Hofmann, Renate; Kalmár, Michael (2006): Handbuch Legasthenie, Wien
- Sassenroth, Martin: Wenn Ergebnisse der empirischen Forschung unbequem

werden, in: Meixner, Friederike; Rosenberger, Katharina (2005): Sprachheilpädagogik up to date, Wien

- Valtin, Renate, zitiert nach Grießhaber (2004): Didaktik: Amerikanische Erfahrungen (Valtin 1998), kopiert aus der Website http://spzwww.uni-muenster.de/~griesha/eps/els/lesen/did-valtin98.html

Ausweg
Methoden ausprobieren

Zwei Möglichkeiten gibt es, diesen Irrweg zu vermeiden:

- Aus der Literatur nur das herausholen, was sie auch wirklich hergibt, also nichts hineininterpretieren, was gar nicht drinsteht!
- Eine Methode, die man nicht kennt, einfach einmal ausprobieren!

Da ich die Methode *Lesen durch Schreiben* sehr erfolgreich angewandt habe, kann ich sie **jedem** dringend empfehlen. Hier ein Auszug aus einer früheren Veröffentlichung von mir:

Lesen durch Schreiben

Die Probleme des Fibel-Lehrganges

Einen herkömmlichen Fibel-Lehrgang zum Lesenlernen halte ich schon in einer Regelklasse für problematisch: In gleichmäßigen Abständen werden den Schülern neue Buchstaben vorgesetzt, welche sie sich im gleichmäßigen Zeittakt einprägen müssen. Schüler, die beim Lesenlernen keine Probleme haben, schaffen dies sicher recht gut. Die Kinder, die Schwierigkeiten egal welcher Art beim Lesenlernen haben, bleiben auf der Strecke. So werden LRS - Schüler gemacht! (LRS = Lese-Rechtschreibschwäche, sog. Legasthenie) Trotz guten Willens kann es dem Lehrer kaum noch gelingen, den Problemschülern zu helfen, da der Abstand zur Klassennorm fast täglich wächst. Sehr bald stellt sich dann die Angst vor dem Lesen, ja sogar vor dem Lesebuch ein, da vom Kind ständig eine Aufgabe verlangt wird, die es nicht beherrscht.

Ein weiteres Problem von Fibel-Lehrgängen ist der eingeschränkte Wortschatz, mit dem dort gearbeitet wird (methodisch bedingt gearbeitet werden muss), was eintönige, oft geistlose Übungssätze ergibt. Kinder, die mit dem Erlernen des Lesens Schwierigkeiten haben, merken sich diese Sätze leicht auswendig, wodurch der Lehrer oft viel zu spät den Förderbedarf (die Hilfsbedürftigkeit) einzelner Schüler erkennt.

Es stellt sich hier die Frage, ob das eigentlich so sein muss, oder ob es nicht Alternativen dazu gibt!?!

Ich selbst bin vor Jahren zufällig an den Leselehrgang Lesen durch Schreiben gekommen, den ich seither anstelle von herkömmlichen Fibeln benutze.

Das Konzept von Lesen durch Schreiben

Die Methode

Mit Lesen durch Schreiben liegt ein Leselehrgang vor, der die eben beschriebene Problematik vermeidet, und meiner Meinung nach durchaus als „stressfreier" Leselehrgang bezeichnet werden kann, da er sich in seiner methodischen Konzeption grundsätzlich von anderen gängigen Lehrgängen unterscheidet. Der Autor dieses Konzepts ist J. Reichen aus der Schweiz. Reichen weist darauf hin, dass bereits die Schreibschulen der alten Griechen und Römer zeigten, dass man das Lesen durch Schreiben lernen kann. Laut Reichen wurde diese Methode von keiner geringeren als Maria Montessori wieder entdeckt. Es ist dabei aber zu beachten, dass mit Schreiben nicht die motorische Handfertigkeit gemeint ist, sondern die Fähigkeit, gesprochene Sprache in der Schrift festzuhalten. Es handelt sich also um keine manuelle, sondern um eine geistige Leistung. Der Schüler muss hierzu lernen, gesprochene Sprache in Schriftzeichen umzusetzen. Nach Reichens Aussage stellt sich dann nach einem halben Jahr des Schreibenlernens das Lesen als Begleit- oder Folgeprodukt ein. Das zentrale Ziel bei dieser Methode ist es, den Schüler zu befähigen, ein beliebiges Wort in seine Lautabfolge zu zerlegen, und danach phonetisch (= in seinem Lautbestand) vollständig aufzuschreiben. Auf die orthographische Richtigkeit kommt es dabei (zunächst) nicht an, da ja Lesen und nicht Rechtschreibung gelernt werden soll. Reichen weist allerdings darauf hin, dass Kinder, die auf diese Weise das Lesen gelernt haben, später weniger zu Rechtschreibschwierigkeiten neigen. Im Mittelpunkt des Unterrichts steht von Anfang an also die Bemühung, dem Schüler Einsicht in das Prinzip unserer Lautsprache zu vermitteln, und ihn zu befähigen, durch „Abhören" die Lautstruktur von Wörtern zu erkennen. Dazu muss er lernen, Laute zu erkennen und zu unterscheiden. Um einem gehörten Laut dann den entsprechenden Buchstaben zuzuordnen, steht dem Schüler eine Buchstabentabelle zur Verfügung, die ihm von Anfang an den gesamten Buchstabenbestand (dieses Lehrganges) in die Hand gibt. Somit steht auch von Anfang an ein uneingeschränkter Wortschatz zum Lernen zur Verfügung. Der Schüler vergleicht den jeweils gehörten Laut mit den Anlauten der dargestellten Abbildungen und kann somit feststellen, wie der Laut als Buchstabe aufzuschreiben ist. Es sollen aber nicht nur einzelne Wörter, sondern von Anfang an möglichst auch ganze Sätze aufgeschrieben werden. Im Sinne eines Werkstattunterrichts sollen die Schüler weitgehend selbständig lernen.
Im Rahmen dieser Methode wird der Schüler nie zum Lesen gezwungen. Der Lehrer kann warten, bis der Schüler selbst liest. Hierzu wird er quasi nebenbei durch Über-

schriften auf Arbeitsblättern, und durch zusätzlich angebotenes Lesematerial verführt. „Der Lehrgang geht von der Annahme aus, dass der Erwerb eines kompetenten Umgangs mit der Schrift, d.h. also das Lernen von Lesen und Schreiben, eine komplexe Leistung von Sprach-, Wahrnehmungs- und Denkprozessen darstellt. Entsprechend enthält der Lehrgang neben eigentlichen Lernangeboten zum Schreiben und Lesen auch solche im Bereich von Sprache, Denken und Wahrnehmung" (Reichen, 1982, S. 9), das heißt, das ganze Lehrgangsmaterial ist so gestaltet, dass immer viele Denk- und Sprechanlässe gegeben werden.

Reichen stellt im Lehrerkommentar zu Lesen durch Schreiben ausführlich die theoretischen Grundlagen seines Konzeptes dar, indem er lerntheoretische Grundlagen und aktuelle Forschungsergebnisse anführt. Diese hier weiter auszubreiten würde Sinn und Rahmen dieses Buches überschreiten.

Wichtiger scheint mir, einige Fragen zu beantworten, die sich der Leser nach der kurzen Information über diese Methode wahrscheinlich stellen wird:

Die wichtigste Frage, die ich mir selbst gestellt hatte, bevor ich Reichens Lehrgang zum ersten Mal benutzte, war: ***Geht das denn wirklich, dass Kinder das Lesen lernen ohne zu lesen?*** *(Und ich gestehe nebenbei, dass ich bei meinem ersten Versuch hochgradig aufgeregt war.) Die Antwort auf diese Frage ist recht einfach: Es geht wirklich, und es geht genauso, wie Reichen es beschreibt, und es macht den Schülern Spaß, und dem Lehrer auch, und es ist nie langweilig, und die Schüler fangen wirklich von selbst zu lesen an. Da ich meine Schulanfänger in der Diagnose und Förderklasse immer drei Jahre lang habe, konnte ich den Lehrgang bisher „nur" viermal benutzen, aber es hat immer wieder funktioniert.*

Merken sich die Schüler nichts Falsches, wenn auf Rechtschreibung zunächst kein Wert gelegt wird?
Sicher ist es für viele Lehrer ein Problem, Falsches nicht zu korrigieren, und einfach stehen zu lassen. Für die Schüler ist dies aber kein Problem. Und sie nehmen sich das Geschriebene auch nicht her, um es auswendig zu lernen. Was geschrieben ist, hat seinen Zweck erfüllt, wenn es der Lehrer oder ein anderer Adressat gesehen hat; dann kann es vergessen werden. „Falsches" (bei dem der Schüler eigentlich schon unheimlich viel richtig gemacht hat) wird ja nicht eingeübt. Und oft wird auf eine kleine Tafel geschrieben, und dann ist es so und so bald wieder verschwunden.

Wie gelingt den Schülern der Umgang mit der Buchstabentabelle?
Die Schüler arbeiten gern mit der Tabelle. Sie haben dadurch ein Handwerkszeug, auf dessen stetige Benutzung sie richtig stolz sind. Die Bilder sind eine wichtige Merkhilfe

für die Laute, und oft sagen die Schüler sogar Affe wenn sie eigentlich a meinen, oder Hexe, wenn sie h meinen. Dies verwirrt außenstehende Personen, die dies hören. Es verliert sich aber bald wieder, weshalb sich der Lehrer nicht daran zu stören braucht. Je intensiver die Bilder auf der Tabelle bearbeitet werden, je mehr Orientierungsübungen man auf der Tabelle macht, desto schneller erübrigt sich die direkte Arbeit mit ihr, da sich die Schüler die Buchstaben relativ schnell selbst merken.

Wie kommen die Eltern mit diesem Lehrgang zurecht?
Trotz einer Anleitung an einem speziellen Elternabend fällt es den Eltern (als Nichtfachleuten) natürlich schwer, damit umzugehen. Offensichtlich wird zuhause immer wieder buchstabiert, anstatt lautiert (be statt b, el statt l). Dies führt dazu, dass die Kinder mit dem Erkennen von Vokalen die größten Schwierigkeiten haben (da sie ja bei den Konsonanten schon dabei sind). Außerdem können viele Eltern anscheinend nicht akzeptieren, dass ihre Kinder falsche oder verstümmelte Wörter aufschreiben. Als Folge bekommt der Lehrer Hausaufgaben vorgesetzt, die so richtig geschrieben sind, dass sie gar nicht vom Kind selbst sein können. Auf Hausaufgaben kann somit am Anfang weitgehend verzichtet werden, da sie kaum einen Sinn haben.

Wie kommen schwache Schüler mit dem Lehrgang zurecht?
Auch schwache Schüler haben bei diesem Lehrgang ihre Erfolgserlebnisse. Entweder der Lehrer unterstützt sie stark beim Auflautieren (Aufbauen) der Wörter, oder der Lehrer akzeptiert auch sehr falsch geschriebene Wörter. Auf jeden Fall profitieren diese Schüler vom gemeinsamen Aufbauen der Wörter, da sie von den anderen Schülern lernen. Und es bleibt ihnen die ständige Frustration erspart, die sie bei einem herkömmlichen Leselehrgang haben, wenn sie täglich eine Leistung vollbringen sollen, zu der sie noch gar nicht in der Lage sind.

Wie kommen Kinder mit Sprechfehlern mit dem Lehrgang zurecht?
Können Schüler mit einer phonematischen Differenzierungsschwäche (Probleme beim Unterscheiden von Sprachlauten) mit dieser Methode arbeiten?
Durch das ständige Lautieren wird die Unterscheidungsfähigkeit für Sprachlaute enorm gefördert, so dass gerade Schüler mit Differenzierungsproblemen davon profitieren. Auch das Erlernen der richtigen Aussprache von Lauten wird dadurch unterstützt, so dass auch sprachtherapeutische Maßnahmen durch den Lehrgang gefördert werden.

Wie kommen fremdsprachige Schüler mit dem Lehrgang zurecht?
Diese Schüler können etwas ganz besonderes erleben: Sie können auch etwas in ihrer Muttersprache aufschreiben, selbst wenn der Lehrer diese Sprache nicht beherrscht. Beispiel: Meine Schüler sollen erzählen und aufschreiben, was sie in der Pause gegessen haben. Ein Aussiedlerkind aus Russland sagt, er wisse nicht, wie das, was er

gegessen hat, deutsch heißt. Ich frage ihn, wie es denn russisch heiße, und er sagt „Piraschok". Zum Aufschreiben aufgefordert schreibt er „Piraschok". Ich habe keine Ahnung, wie dieses Gebäck wirklich heißt, aber der Junge hat das, was er erzählt hat, richtig aufgeschrieben, und ich kann ihm sein Aufgeschriebenes vorlesen. Er hat ein enormes Erfolgserlebnis!

Wie werden Fehler korrigiert?

Fehler gibt es zunächst recht wenig, denn wenn z.B. ein Schüler in der Anfangsphase den Kasper als Ksp aufschreibt, hat er auch schon sehr viel richtig gemacht. Ist er nämlich durch seine Eltern das Buchstabieren gewöhnt, kann das Ksp für ihn durchaus so etwas wie Kaspä bedeuten, und somit ist es ja fast richtig (da außer in einigen Dialekten ein r im Auslaut nirgends mehr gesprochen wird). Der Lehrer muss also auf Fehler sehr flexibel reagieren, und immer versuchen, sich in die aktuellen Fähigkeiten des Kindes einzudenken. Zeigt ein schwacher Schüler, der Wurst schreiben wollte, dem Lehrer das Wort Wscht, so ist dies lobend zu akzeptieren, denn dieser Schüler hat viel geleistet. Bei einem leistungsfähigeren Schüler würde man diese Form evtl. nicht mehr akzeptieren, ihm das Wort noch einmal deutlich vorsprechen, und ihn um einen erneuten Versuch bitten. Schriebe er allerdings Woscht oder Wuast, so müsste man dies wiederum akzeptieren, da es schon exakt der möglichen Aussprache dieses Wortes entspricht.

Wie entwickelt sich die Rechtschreibung?

*Bleiben wir für diese Erklärung etwas bei der Wurst. Während die Woscht oder Wuast als Schülerprodukt so stehen bleiben darf, schreibe ich sie so natürlich nicht an die Tafel, wenn mir die Schüler „helfen", ein Wort aufzuschreiben. Ich spreche dann selbst ganz deutlich die Wurst vor, und schon hören auch die Schüler, dass da ein r hineingehört, das man beim „normalen" Sprechen eigentlich nie hört. Sagen mir die Kinder, wie ich Spielzeug an die Tafel schreiben soll, dann schreibe ich zunächst das, was sie mir auflautieren, nämlich Schpilzeuch. Dann folgen einige Erklärungen: „Wenn man **Schp** hört, muss man nur **Sp** schreiben", wobei ich das **ch** durchstreiche. „Wenn man am Ende eines Wortes **ch** hört, muss man dies oft als **g** schreiben", wobei ich die Buchstaben austausche. Dann schreibe ich das Wort noch einmal orthographisch richtig daneben. Insgesamt erhalten die Schüler beim Lesen durch Schreiben eine wesentlich höhere rechtschriftliche Kompetenz, als andere Leseanfänger, da sie ab einer gewissen Leistungsstufe ständig erfahren, dass vieles ganz anders geschrieben wird, als es sich anhört. Anderen Leseanfängern wird dagegen vorgemacht, dass die Buchstaben im Wort so ausgesprochen werden, wie man sie isoliert spricht. Man bringt den Schülern das **g** bei und lässt sie ohne jede Erklärung **Könich** lesen. Wenn sie in der zweiten Klasse dann wirklich **Könich** schreiben, wundert man sich über die schlechte Rechtschreibung. Oder man verlangt später im Diktat, dass der Schüler das Wort **Kind** hinschreibt, obwohl der Lehrer doch ganz deutlich **Kint** gesprochen hat…*

Wie geht man mit Fremdwörtern um?

Dies ist recht einfach. Man muss den Kindern einfach erklären, dass in fremden Sprachen die Wörter ganz anders geschrieben werden, als sie sich für uns anhören. Dies ist für sie nichts Neues, da sie ja ständig erleben, dass man auch bei uns vieles anders schreiben muss, als es sich anhört. Schreibt ein Kind ein Fremdwort so auf, wie es für uns klingt, muss es der Lehrer akzeptieren, und wenn bei der gemeinsamen Erarbeitung ein solches Wort vorkommt (was ja bei Eigennamen sehr häufig der Fall ist), dann muss der Lehrer einfach erklären, dass man den Tschowani als Giovanni schreiben muss.

Das Material

Das Lehrgangsmaterial ist eingeteilt in so genanntes Basismaterial und vier begleitende Rahmenthemen. Es liegt nicht in Form eines Buches vor, sondern besteht aus geleimten Einzelblättern, so dass der Lehrer in der Reihenfolge des Einsatzes frei ist. Die Rahmenthemen sind ausgearbeitete Unterrichtsvorschläge, mit chronologisch geordneten Lern- und Übungsmöglichkeiten. Innerhalb dieser Rahmenthemen lernt der Schüler an Situationen, die er aus seinem eigenen Leben als Schulanfänger kennt. Bei der Begegnung mit dem Lesematerial erlebt er den ersten Schultag der Kinder Nadja, Franz, Manuela und Wolfgang. Diese Kinder begleiten den Schüler auch bei den anderen Rahmenthemen, in denen es um den weiteren Tagesablauf (Hausaufgaben, Spielen, Abendbrot, Nacht) oder um einen Schulausflug geht.

Das Basismaterial ist nicht chronologisch geordnet, es kann somit unabhängig von den Rahmenthemen nach individuellen Gesichtspunkten eingesetzt werden. Reichen empfiehlt im Sinne des Werkstattunterrichts, das Basismaterial den Kindern zur Verfügung zu stellen, so dass sie einzeln oder in Gruppen die Lern- und Übungsangebote selbst aussuchen können. Das Basismaterial unterteilt sich in Wahrnehmungsübungen und Lernangebote für Schüler. Außerdem sind einige thematisch geordnete Leseheftchen dabei. Zusätzliche Übungsmöglichkeiten stehen mit dem Selbstlerntrainer „SABEFIX“ zur Verfügung. Dies ist ein Kontrollgerät, mit dem der Schüler lehrerunabhängig arbeiten kann.

Sowohl Basismaterial als auch Rahmenthemen enthalten Übungen zur Schulung der Wahrnehmung, der Aufmerksamkeit und Konzentration, sowie Aufgaben zum Verständnis von Anweisungen und zur Förderung des logischen Denkens. Selbstverständlich bieten sich überall vielfältige Schreibanlässe, die teils dem Material selbst, teils der Fantasie von Lehrern oder Schülern entspringen.

Reichen liefert zu seinem Lehrgang ausführliche Lehrerkommentare mit Hinweisen auf die theoretischen Grundlagen seiner Methode, Durchführungsvorschlägen für die

Rahmenthemen, sowie ausführlichen Hinweisen zu den sonstigen Übungen. Der Lehrerkommentar ist nach Reichen in allen Fällen nur als Anregung gedacht, er versteht sich nicht als Vorschrift, die von A bis Z abgehandelt werden soll. Bei der Vielschichtigkeit des Materials empfiehlt es sich aber, den Kommentar häufig zu Rate zu ziehen, vor allem, wenn man den Lehrgang zum ersten Mal durchführt. Mit dem Lehrermaterial werden Kopiervorlagen für zusätzliche Arbeitsblätter und für Spiele mitgeliefert.[11)]

Das hier beschriebene Material wird allerdings heute nicht mehr angeboten. Das Schülermaterial wurde völlig neu erarbeitet. Informationen dazu bei: Verlag Heinevetter, Hamburg.

Irrweg
Rechtschreibung überbewerten

Ist es ein typisch deutsches Phänomen, dass wir auf eine 100% richtige Rechtschreibung Wert legen? Ich glaube, man kann diese Frage bejahen. Selbst wenn es noch andere Völker gibt, die genau so viel Wert darauf legen, dann gehören wir doch wahrscheinlich zur Spitzengruppe der Rechtschreibfanatiker. Ich schließe dies aus einigen Beobachtungen:

Ich habe einmal einen Satz gehört (leider habe ich vergessen, von wem er war), der mich nachdenklich gestimmt hat: Es ist kein Wunder, dass den Deutschen das Dritte Reich „passiert“ ist; ein Volk, das sich schon von seiner Rechtschreibung unterdrücken lässt, ist prädestiniert für eine Diktatur.

In England habe ich in einem Museum eine Schulklasse im Hauptschulalter beobachtet. Um sich Notizen zu machen, hatten sie Clipboards und Bleistifte dabei. Bei einer solchen Situation in Deutschland hätte sich jeder Schüler mit seinem Füller abmühen müssen. Wie kann man sich stehend oder gehend Notizen machen, wenn man mit der einen Hand schreiben und mit der anderen die Verschlusskapsel halten muss? Im Zusammenhang mit dieser Beobachtung und mit den Mühen, die viele Schüler anfangs mit dem Füller haben, frage ich mich, woher dieser Zwang kommt, mit dem Füller schreiben zu müssen. Wäre es nicht viel einfacher, bis zum Ende der Schulzeit mit dem Bleistift zu schreiben? Man könnte ja durchaus die Schüler mit verschiedenen unterschiedlichen Schreibgeräten bekannt machen, aber das grundsätzliche Schreiben mit dem Bleistift könnte doch viel Stress vermeiden. Warum also der Zwang zum Füller? Ich kann es mir nur so erklären, dass die Schüler dadurch zum richtigen Schreiben gezwungen werden sollen. Den Bleistift kann man problemlos radieren, der Füller ist permanent, man **muss** also richtig schreiben. Ist Ihnen schon einmal aufgefallen, wie erstaunt oder bewundernd man einen Erwachsenen betrachtet, der mit dem Füller schreibt? Der ist etwas ganz Besonderes, Exotisches. Warum also die Schüler zu einem Schreibgerät zwingen, das kaum ein Erwachsener benutzt?

Haben sie schon einmal beobachtet, wie sich Lehrer verhalten, die irgendein Schriftstück, z.B. das Rundschreiben des Elternbeirates, in die Hand bekommen? Zuerst werden die Rechtschreibfehler gesucht und über jeden wird herzhaft gelacht. Ich nehme mich von solchen Reaktionen (leider) auch selbst nicht aus. Während eines Englandurlaubs aß ich in einem Fischrestaurant eine Scholle, die im Englischen *plaice* heißt. Bezahlen musste man an der Kasse mit einem Zettel, auf den die Bedienung handschriftlich das Verzehrte notiert hatte. Auf dem Weg zur Kasse habe ich gelesen, dass die Bedienung statt Scholle Platz, also *place* geschrieben hatte. Kopfschüttelnd habe ich den Zettel meiner Frau gezeigt: „Die Fischbedienung weiß nicht mal, wie man *plaice* schreibt." Heute ist mir diese Reaktion selbst peinlich, obwohl die Bedienung gar nichts davon gemerkt hat.

Wenn man bedenkt, wie viel Zeitaufwand in der Schule für das Rechtschreiben betrieben wird, muss man sich fragen, ob das gerechtfertigt ist. Ist es wirklich nötig, eine perfekte Rechtschreibung zu haben, oder würde es nicht genügen, die richtigen Strategien zur Kontrolle zu haben, wenn man wirklich etwas schreiben muss. Bleiben die kommunikativen Funktionen des Schreibens nicht weit hinter den formellen Anforderungen zurück? Mich erinnert das an den Fremdsprachenunterricht zu meiner eigenen Schulzeit. Nach Jahren des Französischunterrichts konnte man ganz gute Diktate schreiben, man konnte brauchbar vorlesen oder übersetzen. Aber bei meinem ersten Frankreichurlaub war ich fast nicht in der Lage, ein paar Lebensmittel einzukaufen.

Ausweg
Rechtschreibung entkrampfen

Den Ausweg aus der Überbewertung der Rechtschreibung kann eigentlich nur die Gesellschaft als Ganzes schaffen. Aber wie soll es die Gesellschaft schaffen, wenn nicht jeder Einzelne damit anfängt? Möglicherweise ist die Gesellschaft aber schon auf einem flexiblen Weg: Die Schreibweisen und Abkürzungen, die bei SMS und E-Mails benutzt werden, gehen schon weg vom Zwang zur 100%igen Rechtschreibung. Wichtig ist, dass die Bootschaft ankommt, ohne dass sich jemand über die beiden o mokiert.

Natürlich muss die Schule die richtige Rechtschreibung vermitteln, aber den Zwang, alles **immer** richtig machen zu müssen, kann man durch einfache Maßnahmen entkrampfen:

- Schiefer- oder Plastiktafeln zum Aufschreiben und Üben benutzen lassen: Das Geschriebene ist flüchtig, Fehler belasten nicht.
- Bleistift statt Füller benutzen lassen: Fehler sind schnell wieder verschwunden.
- Die Mehrzahl der Arbeitsblätter nach der Übung vernichten, anstatt alles im Ordner zu sammeln und den Kindern immer wieder die alten Fehler vorzuführen.
- Den Schülern die Art ihrer Fehler erklären (siehe Kapitel Fehler zählen), anstatt ihnen die Anzahl vorzurechnen.
- Nicht die Anzahl der Fehler, sondern die Anzahl der richtigen Wörter betonen.
- Sich selbst und den Schülern klar machen, dass Rechtschreibung kein Naturgesetz ist, sondern auf Konventionen beruht, die sich auch mal ändern.
- Als Lehrer an der Tafel auch selbst einmal Fehler machen!
- Schüler auch einmal in „eigener Rechtschreibung", also nach selbst erfundenen Regeln schreiben lassen.
- Frühzeitig die Arbeit mit Wörterbüchern trainieren. (Warum wurde bei der „Rechtschreibreform" das Training eigentlich nicht zum Träning gemacht?)
- Nicht alle Arbeiten der Schüler rechtschriftlich korrigieren, sondern nur Arbeiten, bei denen es wirklich um die Rechtschreibung geht.
- Nicht immer mit dem geliebten Rotstift korrigieren. Durch bunte Farben können Fehler auch markiert werden, sie verlieren aber vielleicht ihren Schrecken.

Irrweg
Üben, was Schwierigkeiten bereitet

Beginnen wir mit einem Beispiel aus der Mathematik: Bei einem Kalender-Quiz musste eine Zweitklässerin beantworten, wie viel Tage ein Jahr hat. Sie schrieb auf einen Zettel: 310056.

Würde man die Lösung nur lesen, könnte man die Zahl kaum verstehen. Da ich direkt dabei war, habe ich sie gefragt, wie diese Zahl heißt - und sie sagte: 365! Schauen wir die Zahl des Mädchens noch einmal an und sprechen ganz langsam dazu: drei - hundert - fünf und sechzig, geschrieben 3 - 100 - 5 - 6. Sie hat also genau das aufgeschrieben, was sie sich im Geiste vorgesprochen hat. Würde man diesen Fehler nun ganz naiv betrachten, müsste man mit dem Mädchen das Aufschreiben von Zahlen üben: aufschreiben, aufschreiben, aufschreiben. Analysiert man den Fehler, wird man feststellen, dass in dieser falschen Zahl zwei Probleme stecken: Sie hat die Stellenschreibweise des Dezimalsystems noch nicht verstanden und sie verwechselt die

Zehner- und Einerstellen, weil diese im Deutschen ja falsch herum gesprochen werden. Statt des Zahlenaufschreibens muss man mit ihr also die Unterscheidung von Zehnern und Einern und das System der Zehnerbündelung üben.

Was hat dieses Beispiel mit Lesen und Rechtschreiben zu tun? Immer wieder müssen Kinder, die Probleme haben, genau das üben, was sie nicht können und man erwartet sich davon einen Lerneffekt. Woher soll dieser aber kommen? Wie kann man seine Leistungen verbessern, wenn man genau das übt, was man **nicht** kann?

Immer wieder wird den Eltern geraten, das Kind zu Hause mehr lesen zu lassen, wenn es beim Lesen Probleme hat. Natürlich lernt man das Lesen durch lesen, aber wenn es an einer Stelle hakt, muss man eben einen Schritt zurückgehen, und erst dort trainieren, wo noch Sicherheit besteht. Wenn ich nicht genug Ausdauer habe, um einen Berggipfel zu erwandern, werde ich es nicht fünfmal hintereinander versuchen und jedes Mal verzweifeln, ich werde lieber in flacheren Gefilden meine Ausdauer trainieren und den Gipfel erst anstreben, wenn ich fit bin.

Eltern kaufen für ihre Kinder Diktatbücher, um ein Diktat nach dem anderen zu üben, in der Hoffnung, die Rechtschreibung würde sich verbessern. Mir kommt dies vor, als wenn man einen unsicheren Autofahrer heute durch die Innenstadt von München und morgen durch Rom schicken würde, in der Hoffnung, dass er dadurch seine fahrerischen Grundfertigkeiten verbessern würde.

Ausweg
Kompetenzen für das Rechtschreiben stärken und aufbauen

Um die Rechtschreibung zu verbessern, muss man - neben vielen anderen Maßnahmen, die in diesem Buch beschrieben sind - die rechtschreibspezifischen Kompetenzen des Kindes dort stärken, wo es noch Sicherheit, oder nur wenig Probleme hat, um dann neue Kompetenzen aufzubauen. Um zu sehen, wo das Kind steht, kann man die Übersicht benutzen, die ich im Kapitel **Fehler zählen** aufgestellt habe:

Kompetenzen	**ja/nein**
phonologische Kompetenzen	
kann das Kind einzelne Wörter im Satz unterscheiden und erkennen?	
kann das Kind Wörter nach Silben segmentieren?	
kann das Kind gehörten Lauten die richtigen Buchstaben zuordnen?	
kann das Kind aus Einzellauten Wörter zusammensetzen?	
handschriftliche Kompetenzen	
kann das Kind alle Buchstaben formgetreu schreiben?	
kommt es beim Schreiben zu rechts / links - Verwechslungen?	
stimmen die Schreibbewegungen von der Richtung her?	
werden die Buchstaben richtig verbunden?	
können die Zeilen eingehalten werden?	
kommt das Kind mit seinem Schreibgerät zurecht?	
rechtschriftliche Kompetenzen	
erkennt das Kind phonologische Regeln? • manches muss man anders schreiben als man es hört • manche Wörter enthalten Buchstaben, die man nicht hören kann • Buchstaben werden manchmal unterschiedlich ausgesprochen (ä - e)	
merkt sich das Kind Besonderheiten in der Phonem - Graphem - Zuordnung? • /scht/ wird st geschrieben • /schp/ wird sp geschrieben • /ks/ kann ks, x, chs geschrieben werden • /kw/ wird qu geschrieben • /w/ kann w oder v geschrieben werden • /f/ kann f oder v geschrieben werden	
wird die Groß - Klein - Schreibung sicher unterschieden?	
werden Lernwörter mit rechtschriftlichen Besonderheiten gemerkt? • Doppelkonsonanten • ie • h • abgeleitete Wörter (a - ä / au - äu)	
korrektive Kompetenz	
werden logische Fehler durch Übergeneralisierung gemacht?	
kann das Kind eigene Fehler erkennen und korrigieren?	
kann das Kind selbständig mit Lernhilfen (Karteikarten, Wörterbuch) arbeiten?	

Jeder Kompetenzbereich verlangt nach bestimmten Fragen, aus denen sich bei Problemen bestimmte Übungsanleitungen ergeben. Außerdem steckt in den Kompetenzen eine gewisse Rangfolge: Phonologische und handschriftliche Kompetenz sind wohl die Voraussetzungen für die rechtschriftliche Kompetenz, während sich die korrektive Kompetenz erst nach den drei anderen entwickelt. Insofern müssen auch phonologische und handschriftliche Kompetenz erst gefestigt sein, bevor die rechtschriftliche Kompetenz trainiert werden kann.

Fragen und **Antworten**

Kann das Kind einzelne Wörter im Satz unterscheiden und erkennen?

Wenn eine Zweitklässerin im Diktat statt *darf er* nur *dafer* schreibt, zeigt dies, dass sie noch nicht alle Wörter eines Satzes heraushören kann. Für einen Erwachsenen, dem die Schriftsprache geläufig ist, scheint es kein Problem zu sein, einzelne Wörter zu identifizieren. Dies ist eben aber erst mit dem Erreichen von schriftsprachlichen Kompetenzen möglich. Wer nicht liest und schreibt, sondern nur hört und spricht, erkennt keinen Abstand zwischen den Wörtern. Im natürlichen Sprechfluss werden die Wörter verschliffen, erst wenn man sie aufschreibt, erkennt man die Abstände. Ein Kind muss erst während der Entwicklung der phonologischen Bewusstheit lernen, was ein einzelnes Wort ist.

Hier einige Übungen zum bewussten Erkennen von Wörtern:

Das Kind sitzt auf einem Stuhl und wir erzählen ihm eine beliebige Geschichte, in welcher öfter sein eigener Name vorkommt. Anweisung: Immer wenn du deinen Namen hörst, stehst du auf!
Das Kind sitzt auf einem Stuhl und wir erzählen ihm eine beliebige Geschichte, in welcher öfter ein bestimmter Name vorkommt. Anweisung: Immer wenn du den Namen XY hörst, stehst du auf!
Das Kind erhält einen Regenschirm. Wir erzählen ihm eine Geschichte von jemandem, der spazieren geht, dann in einen Regen kommt. Zum Glück hat er einen Regenschirm dabei. Als der Regen stärker wird, macht er seinen Regenschirm auf. Dann geht er in ein Geschäft und stellt seinen Regenschirm in den Schirmständer. Als er weiter geht, merkt er, dass es immer noch regnet und er seinen Regenschirm im Geschäft vergessen hat. Er geht zurück, ...
Anweisung: Immer wenn du **Regenschirm** hörst, öffnest du deinen Schirm!

Solche Geschichten können wir in unendlicher Vielfalt spielen. Die Geschichte, um die es geht, muss aus dem Erlebnis- und Interessensbereich des Kindes sein. Eine dazu passende Spielhandlung macht Freude und das Kind merkt überhaupt nicht, dass es um sprachliche Förderung geht. Mögliche Themen sind:

Wovon die Geschichte handelt	Was das Kind beim Hören des Wortes tut
Auto	hupen
Eisenbahn	pfeifen
Fahrrad	klingeln
Hund	bellen
Kochtopf	klappern
Wasser	planschen
Stechmücke	klatschen
Telefon	Hörer abnehmen
u.s.w.	u.s.w.

(Übungen aus meinem Buch: *Ich sag doch Lollmops*)[12)]

Kann das Kind Wörter nach Silben segmentieren?
Wenn eine Drittklässerin im Diktat *forsik* statt *vorsichtig* schreibt, zeigt dies in diesem Zusammenhang, dass sie die Anzahl der Silben im Wort nicht erfasst hat. Das Silbenklatschen wird zwar im Kindergarten ausführlich geübt, für manche Kinder scheint es aber nicht ausreichend zu sein. Außerdem ist es eine ganz andere Leistung, im Sprachfluss eines Satzes alle Wörter durchgliedern zu können, als spielerisch einzelne Wörter

nach Silben zu klatschen. Übungen zum Silbensegmentieren sind in der (auch unten genannten) Literatur zuhauf vorhanden, hier noch einige spielerische Varianten:

> *Mutter, wohin darf ich reisen?* Die Kinder stehen in einer Reihe, ein Erwachsener steht gegenüber. Ein Kind fragt: Mutter, wohin darf ich reisen? Der Erwachsene sagt: nach *Mün-chen*, woraufhin das Kind zwei Schritte vorgeht. Bei *Re-gens-burg* werden drei Schritte gegangen, usw. Anstelle von Orten kann man auch die Namen anwesender Personen nehmen: Zur *O-ma*, ...
> *Nach Silben essen:* Es liegt geschnippeltes Obst und Gemüse auf dem Tisch. Ich esse von der *Ba-na-ne* (drei Stückchen), vom *A-pfel* (zwei Stückchen), von der *Ka-ro-tte*.
> Diese Anregung geht natürlich auch mit Süßigkeiten oder den trockenen Bestandteilen vom Müsli. Auch mit Formen ausgestochene Plätzchen können sich gut eignen: Ich esse den *Stern* (ein Plätzchen), den *Stie-fel* (zwei Plätzchen), den *Ni-ko-laus* (drei Plätzchen), ...
> *Bilder* von Tieren oder Gegenständen (aus Katalogen, Prospekten, Zeitungen, ...) werden nach der Anzahl der Silben zerschnitten und wieder zusammengesetzt. Dabei dürfen auch neue Tiere oder Gegenstände entstehen: *Kro-ko-fant*. Vorsicht: Da Kinder noch kein Schriftbild von den Wörtern im Kopf haben, fällt ihnen das Zusammensetzen von gesprochenen Silben zu neuen Wörtern schwerer als uns Erwachsenen; man muss bei diesem Spiel aufpassen, dass kein sinnloser Klamauk daraus wird. Lieber auf dieses Spiel verzichten, als das Kind zu überfordern!
> (Spiele aus meinem Buch: *Ich sag doch Lollmops*)

Kann das Kind gehörten Lauten die richtigen Buchstaben zuordnen?
Wenn eine Zweitklässerin *gochen* statt *kochen* schreibt, ist sie in der Zuordnung von gehörtem oder gesprochenem Laut zum richtigen Buchstaben noch unsicher. Ebenso, wenn sie *Foier* statt *Feuer* schreibt. Sie hat das /eu/ noch nicht als eigenen Laut identifiziert, der eben nicht mit *oi*, sondern mit *eu* zu verschriften ist. Dasselbe Problem liegt zugrunde, wenn Kinder aus russischsprachigen Familien ein gehörtes *h* als *ch* verschriften, weil sie es von zuhause gewöhnt sind, immer ein *ch* anstelle eines *h* zu hören.

Um die Laut- Buchstabenzuordnung zu trainieren, gibt es drei Varianten oder Schwierigkeitsstufen:

1. Erkennen und Unterscheiden von Lauten, wie sie in der (unten genannten) Literatur zu finden sind. Da es dort wirklich genug Übungsmaterial gibt,

möchte ich hier auf Beispiele verzichten.

2. Spiele mit der Buchstabentabelle, z.B. eine Art *Mensch ärgere dich nicht*, wobei immer auf jedem Feld überdeutlich zu verbalisieren ist, mit welchem Laut der abgebildete Gegenstand beginnt.
3. Analysieren und aufschreiben von einfachen, lautgetreuen Wörtern, wobei wir hier im Übergang zur nächsten Frage sind. Da dies eine gute Übung für die Laut- Buchstabenzuordnung ist, kann sie aber auch gut an dieser Stelle verwendet werden.

Kann das Kind aus Einzellauten Wörter zusammensetzen?
Wenn ein Kind *Hans* schreiben soll, und nur *Has* zu Papier bringt, kann es wahrscheinlich das Wort noch nicht so exakt durchgliedern, dass es alle Laute heraushört. Ihm fehlt somit die höchste Kompetenz in diesem Bereich, nämlich das „Zusammensetzen von Wörtern aus Einzellauten", also das Aufschreiben von Wörtern, nachdem man sie deutlich vorgesprochen hat. Hierzu ist als Handwerkszeug unbedingt eine Buchstabentabelle zu verwenden, um Buchstaben, die noch nicht im Gedächtnis gespeichert sind, gegenwärtig zu haben. Auch wenn manche Buchstabentabellen (Anlauttabellen) von recht zweifelhafter Qualität sind, empfiehlt es sich, die Buchstabentabelle zu benutzen, die das Kind aus dem Anfangsunterricht gewöhnt ist, damit keine neuen Bilder und Wörter für die Laut- Buchstabenverbindung verankert werden müssen. Um sicheres Aufschreiben trainieren zu können, muss anfangs natürlich mit lautreinen Wörtern geübt werden, also mit Wörtern, die man genauso schreibt, wie man sie spricht.[b)]

Kann das Kind alle Buchstaben formgetreu schreiben?
Es geht dabei nicht um die Schönheit, sondern um die Unterscheidbarkeit der Buchstaben. Nur wenn jeder Buchstabe richtig geschrieben ist, kann er auch richtig gelesen werden. Gerade im Übergang vom zweiten zum dritten Schuljahr werden die Schülerschriften zusehends nachlässiger, wobei dann Rechtschreibfehler entstehen, die gar keine sein müssten. Siehe hierzu auch die Kapitel zu **Druckschrift**, **Schreibschrift** und **Schreiberziehung**.

Kommt es beim Schreiben zu rechts / links - Verwechslungen?
Dieses Problem tritt zwar in erster Linie bei der Druckschrift auf, es kommt aber auch noch vereinzelt bei Schreibschriftbuchstaben vor. Um an diesem Problem zu arbeiten, lesen Sie bitte die Kapitel **Druckschrift** und **Ignorieren von Lateralitätsstörungen**. Auch zusätzliche Arbeitsblätter zur Rechts- Linksunterscheidung, wie sie von pädagogischen Verlagen angeboten werden, können hilfreich sein.

Stimmen die Schreibbewegungen von der Richtung her?
Dies ist ein Problem der Schreibschrift. Oft wird es übersehen, da man es nur erkennt,

[b)]**Vorsicht**: Viele Übungsmaterialien enthalten Wörter, die eben nicht lautgetreu zu verschriften sind, was dann die Kinder verwirrt und den Lernerfolg blockiert.

wenn man das Kind direkt beim Schreiben beobachtet. Falsche Richtungen bei der Schreibbewegung führen zu unökonomischen Bewegungen und falschen oder unmöglichen Buchstabenverbindungen. Das Schreiben wird zu einer mühevollen Angelegenheit. Es automatisiert sich schlechter und verbraucht dabei gedankliche Kapazität, die für etwas anderes (nämlich die Richtigkeit des Wortes) gebraucht würde. Siehe hierzu das Kapitel über die **Schreibschrift.**

Werden die Buchstaben richtig verbunden?
Falsche Buchstabenverbindungen resultieren entweder aus falschen Bewegungsabläufen oder aus Unaufmerksamkeiten beim Schreiblehrgang, woraus falsche Gewohnheiten entstehen. Natürlich sind auch beide Ursachen gleichzeitig möglich. Auch falsche Verbindungen machen die Schrift unökonomisch. Wortbilder können sich nicht flüssig einschleifen. Hier gibt es keinen weiteren Rat, außer dass die Verbindungen geübt werden müssen. Bei allen Übungen, die die Schrift verbessern sollen, gilt übrigens: Die Übungen sind nur einzeln oder in der Kleinstgruppe sinnvoll, da das Kind strengstens zu kontrollieren und bei falschen Bewegungen sofort zu unterbrechen ist.

Können die Zeilen eingehalten werden?
Kinder mit feinmotorischen Problemen haben oft Schwierigkeiten, die Schreibzeilen einzuhalten. Dies liegt an den Problemen der Kinder, aber auch an den Schreibzeilen selbst, die einerseits recht eng, andererseits durch die Linien für Ober- und Unterlängen recht verwirrend sind. Erleichterung erhalten die Kinder erst in der dritten Klasse, wo die Zeilen nur noch aus dem Mittelband bestehen. Siehe hierzu auch das Kapitel über die **Schreibschrift**. Sinnvollerweise sollte man schon Schreibanfänger nur mit solchen Zeilen arbeiten lassen, weil dann auch die Bewegungen nicht unnötig eingeengt werden. Wenn Kinder Probleme mit dem Einhalten der Zeilen haben, empfiehlt es sich, Drittklässerzeilen von A5 auf A4 oder von A4 auf A3, also ca. um den Faktor 1,5 zu vergrößern. Dies ist eine erhebliche Erleichterung. Auch Viertklässer, die ja nur noch einfache Linien zur Verfügung haben, sollte man bei Schriftproblemen zu den Drittklässerzeilen zurückführen.

Kommt das Kind mit seinem Schreibgerät zurecht?
Rechtschreibschwache Schüler haben oft Probleme mit ihrem Schreibgerät. Eine falsche Haltung des Bleistifts verdeckt die Buchstaben, so dass sie nicht mehr richtig gesehen werden können. Hier können spezielle (dreieckige oder knubbelige) Stifthalter eingesetzt werden, welche die Kinder zur richtigen Stifthaltung zwingen. Ältere Schüler haben oft Probleme mit dem Füller. Die Lösung ist einfach: Zurück zum Bleistift. Siehe hierzu auch das Kapitel **Rechtschreibung überbewerten**.

Erkennt das Kind phonologische Regeln?
Merkt sich das Kind Besonderheiten in der Phonem - Graphem - Zuordnung?
Diese Fragen hätte man auch unter den phonologischen Kompetenzen einreihen können. Da es jetzt aber um das richtige **Schreiben** geht, habe ich sie bei den rechtschriftlichen Kompetenzen eingeordnet. Beide Fragen können gemeinsam besprochen werden. Es geht um die Beachtung von Erkenntnissen, welche die Schüler zwar nicht expressis verbis wissen, jedoch anwenden können müssen. Es handelt sich dabei um die Regelhaftigkeiten, wie sie im Anhang unter **Phonologische Fehler …** beschrieben wurden. Und um besondere Laut- Buchstabenzuordnungen, wie sie in der Tabelle aufgelistet sind. Für das Kind handelt es sich um die Erkenntnis, dass man viele Wörter nicht so schreiben darf, wie man sie hört. Obwohl ich *Hunt* höre, muss ich *Hund* schreiben. Bei der *Kuh* muss ich am Ende einen Buchstaben schreiben, den ich gar nicht hören kann. Die *U*ə enthält gleich zwei Buchstaben, die ich nicht höre, ich muss *Uhr* schreiben. Wenn ich ein Wort mit /ä/ höre, kann es als *ä* (wie bei *spät*) oder als *e* (wie bei *sprechen*) geschrieben werden. Wenn ich ein /f/ höre, kann ein *f* oder ein *v* gemeint sein. Höre ich ein /w/, kann es ein Wort mit *w* oder aber eines mit *v* sein. Wenn ich /scht/ höre, schreibe ich *st*, …

Solche Wörter werden sich einprägen, wenn der Lehrer immer die Schreibung kommentiert: Wir hören…, aber wir müssen … schreiben. Und die Wörter müssen eben auch eingeübt werden! Dass man nicht immer schreiben kann, wie man die Wörter hört, wird den Kindern auch leichter einsichtig, wenn der Lehrer auf eine künstliche „Schulsprache“ verzichtet. Viele Lehrer haben sich angewöhnt, viele Wörter so zu sprechen, wie sie geschrieben aber im realen Leben nicht gesprochen werden: Schu**h**e für Schue, zwanzi**k** für zwanzi**ch**, Es**e**l für Esl, … Dadurch wächst bei den Schülern das Vertrauen in eine Schreibung, die dem Gehörten entspricht. Und dieses Vertrauen wird dann natürlich enttäuscht.

Wird die Groß - Klein - Schreibung sicher unterschieden?
Welche Fehler machen rechtschreibschwache Kinder mit der Groß - Klein - Schreibung? Am wenigsten Fehler werden bei den Eigennamen gemacht. Dann aber schreiben sie Wörter groß, die eigentlich klein geschrieben werden müssten, sie schreiben „Namenwörter“ klein und vergessen die Großschreibung am Satzanfang. Welche Kompetenzen müssen wir also stärken und aufbauen?

- Satzgrenzen erkennen
- Wortarten unterscheiden

ZUMERKENNENDERSATZGRENZENGIBTESINDENÜBLICHEN ARBEITSMATERIALIENÜBUNGENOHNESATZZEICHENDIEKINDER MÜSSENDASSATZENDEERKENNENUNDDENPUNKEINFÜGEN.

Diese dürften für den „Normalschüler“ gute, ja lustige Übungen sein, rechtschreibschwache Kinder sind damit sicher überfordert. Da meist auch noch die Abstände zwischen den Wörtern fehlen, ist die Überforderung garantiert. Was können wir anbieten?

Man könnte mit Übungen im mündlichen Bereich anfangen und genau so üben, wie bei der obigen Frage: Kann das Kind einzelne Wörter im Satz unterscheiden und erkennen? Nur muss das Kind jetzt seine Aufmerksamkeit nicht auf ein einzelnes Wort richten, sondern auf einen kurzen Satz, der aus dem Redefluss heraus zu hören ist.

Dabei müssen die Schlüsselwörter natürlich im Laufe des Redeflusses auch in andere Sätze eingebettet sein, so dass das Kind gezwungen ist, nicht nur auf die Schlüsselwörter, sondern auf den ganzen vereinbarten Satz zu hören.

Wovon die Geschichte handelt	Was das Kind beim Hören des Satzes tut
Das Auto hupt.	hupen
Die Eisenbahn pfeift.	pfeifen
Das Fahrrad klingelt.	klingeln
Der Hund bellt.	bellen
Der Kochtopf klappert.	klappern
Das Wasser plätschert.	planschen
Die Stechmücke summt.	klatschen
Das Telefon klingelt.	Hörer abnehmen
u.s.w.	u.s.w.

Dann: Geschichten mit **kurzen** Sätzen erzählen. Satzenden durch Sprechmelodie und kurze Pausen überdeutlich machen. Das Kind muss für jeden gehörten Satz einen Spielstein aufstellten. Wenn Sicherheit besteht, Pausen bis hin zu normalem Sprechtempo verkürzen. Das Spiel auch mit vertauschten Rollen spielen, damit das Kind selbst merkt, wann es am Satzende ist.

Dann: Schriftliche Übungen, wie oben beschrieben, aber unter Beachtung der Großschreibung: *Zum Erkennen der Satzgrenzen gibt es in den üblichen Arbeitsmaterialien Übungen ohne Satzzeichen Die Kinder müssen das Satzende erkennen und den Punkt einfügen Dies ist auch ein Übergang zum Unterscheiden der Wortarten Nicht vor jedem groß geschriebenen Wort muss ein Punkt stehen Das Kind muss überlegen warum ein Wort groß geschrieben wird Dabei muss es immer wieder die Namenwörter erkennen*

Rechtschreibschwache Kinder sind anfangs mit der Unterscheidung der Wortarten (Namenwörter, Tunwörter, Wiewörter) überfordert, weshalb es sinnvoll erscheint, bei Übungen nur Namenwörter heraus suchen zu lassen.

Werden Lernwörter mit rechtschriftlichen Besonderheiten gemerkt?

Wie im Kapitel **Sinnlose Regeln** aufgezeigt, denke ich, dass das Lernen nach Rechtschreibregeln für Grundschüler eher verwirrend ist. Dass ich in meiner Tabelle dennoch einige „Rechtschreibfälle“ aufgezeigt habe, hilft nur der Systematik, um Probleme (oder aber Kompetenzen!) festhalten zu können. Natürlich werden solche „Rechtschreibfälle“ im Unterricht durchgenommen und es dürfte auch kaum schaden, ein Kind in einer Übungsstunde mit vielen Wörtern aus solch einer Kategorie zu „traktieren“. Wenn ich aber davon ausgehe, dass das Lernen nach Regeln nichts nützt und andererseits meine, dass man sich einfach jedes Wort merken muss, dann kann ich auch davon ausgehen, dass die gehäufte Konfrontation mit bestimmten Wörtern nur einen minimalen Lerneffekt haben dürfte. Um den Umgang mit solchen „besonderen“ Wörtern zu erleichtern sind einerseits alle oben genannten phonologischen Kompetenzen nötig. Andererseits braucht das Kind die nachfolgend genannten korrektiven Kompetenzen. Was zeigt, dass zum Umgang mit den „Rechtschreibfällen“ eigentlich gar keine eigenen Maßnahmen nötig sind.

Werden logische Fehler durch Übergeneralisierung gemacht?

Normalerweise ermöglichen es Kompetenzen, **keine** Fehler zu machen. Bei der hier angesprochenen Frage ist es aber umgekehrt. Gerade die Kompetenz, Regeln (egal ob phonologischer oder orthographischer Natur) zu erkennen, führt zu Fehlern. Das Kind merkt sich Regeln oder erkennt diese unbewusst, überträgt sie dann und hat einen Fehler gemacht, weil man Regeln eben nicht immer anwenden kann. Beispiel aus dem Diktat einer Drittklässerin: Sie schreibt *Tearter* statt *Theater*. Klar ist, dass sie sich das nötige *h* nicht gemerkt hat. Woher kommt aber das *r* im Wortinneren? Überlegen wir, wie *Theater* ausgesprochen wird. Eigentlich hört man am Wortende einen Schwa-Laut, der aber heute im Rahmen der „Preußifizierung“[c)] immer mehr wie ein *a* klingt. Für das Kind hört sich *Theater* also wie *Te-a-ta* an. Jetzt hat es sich (unbewusst) gemerkt, dass man ein *a* am Ende des Wortes mit *er* verschriften muss und wendet diese Regel auch auf das *a* im Wortinneren an. Und schon haben wir ein *Tearter*.

Warum machen nun gerade rechtschreibschwache Kinder mehr Fehler durch Übergeneralisierung als sichere Rechtschreiber? Wahrscheinlich weil sie sich eben die Wörter nicht einprägen, und dadurch auf das Anwenden von Regeln angewiesen sind. Gerade vom „guten“ Schüler müsste man doch erwarten, dass er sich Regeln gut merkt und diese gut anwendet. Gerade bei ihm müssten dann besonders häufig Übergeneralisierungen auftreten. Ist es nicht paradox, dass schlechte Rechtschreiber Regeln anwenden,

[c)] immer mehr unserer süddeutschen Kinder haben eine norddeutsch gefärbte Aussprache. So hört man *Mutta, Vata, Tüsch, Füsch, ...* Ich vermute, dies kommt vom exzessiven Fernsehkonsum, da in den Sendungen ja eine „preußisch“ gefärbte Aussprache dominiert.

die Guten jedoch nicht? Dieses Paradoxon ist ein weiterer Beweis, der gegen das Regellernen in der Grundschule spricht!

Wie können wir dem Kind aus diesem Problemkreis heraus helfen? Wir müssen einerseits - wie oben schon beschrieben - Wörter immer wieder kommentieren und auch „stur“ handschriftlich einüben. Andererseits müssen wir die nachfolgenden Kompetenzen stärken, damit das Kind lernt, dass es sich nicht auf das von ihm Geschriebene verlassen kann.

Kann das Kind eigene Fehler erkennen und korrigieren?
Kann das Kind selbständig mit Lernhilfen (Karteikarten, Wörterbuch) arbeiten?
Ich habe die beiden Fragen zusammengestellt, da die erste Kompetenz nicht ohne die zweite möglich ist. Da zum Erreichen der zweiten Kompetenz nicht viel zu sagen ist, beginne ich mit ihr: Kinder müssen **von Anfang an** lernen, selbständig mit Lernhilfen umzugehen. Basta!

Das Korrigieren dessen, was man selbst geschrieben hat, ist wohl die höchste rechtschriftliche Kompetenz. Dies schaffen Schulkinder nicht, es schaffen auch Autoren nicht, und wer dies nicht glaubt, muss nur einmal kritisch seine Tageszeitung lesen. Korrekturlesen ist eine Leistung, die nur ganz wenige Menschen gut beherrschen. Man muss nämlich einerseits lesen, ohne auf den Inhalt zu achten, damit man sich auf einzelne Wörter konzentrieren kann. Und doch muss man wiederum den Sinn des Geschriebenen mitverfolgen, weil man ja sonst Fehler, die aus grammatischen Gründen entstanden sind, übersehen würde. Eine fast unmögliche Aufgabe, weshalb ich mich an dieser Stelle bei allen bedanken möchte, die meine Texte korrigieren!

Ich darf also nicht vom rechtschreibschwachen Kind erwarten, dass es beim Durchlesen eines längeren Textes seine Fehler selbst findet. Ich kann das Fehlerfinden nur auf einzelne Wörter beschränken: Der Lehrer schreibt ein Wort, das Kind kontrolliert, ob es richtig oder falsch ist. Das Kind schreibt ein Wort und kontrolliert selbst, ob es richtig ist: Mit dem Wörterbuch oder bei der Arbeit mit Karteikarten, womit wir wieder am Anfang dieses Kapitels wären.

Ausweg
Kompetenzen für das Lesen stärken und aufbauen

Eigentlich wollte ich dem Irrweg der **Überbetonung des „schönen" Vorlesens** ein eigenes Kapitel widmen. Da die Beschreibung dieses Irrwegs eine sehr kurze ist, baue ich sie hier mit ein: Meines Erachtens wird in der Schule viel zu viel Wert auf das schöne, gut betonte Vorlesen (Lesefertigkeit) gelegt, während das sinnerfassende Lesen (Lesefähigkeit) in den Hintergrund rückt. Immer wieder trifft man auf angeblich leseschwache Schüler, die eine längere Geschichte leise für sich durchlesen und deren Inhalt dann relativ lückenlos wiedergeben können. Das schöne Vorlesen ist ein netter Zeitvertreib, z.B. bei Schülerwettbewerben, nötig ist es nicht. Der Mensch muss verstehen, was er liest. Vorlesen muss er nur können, wenn er Nachrichtensprecher werden will. Aber davon gibt es nicht allzu viele.

Nähern wir uns den für das Lesen nötigen Kompetenzen zunächst scherzhaft. Scherzhaft deswegen, weil ich den folgenden Text einmal als Fun-Mail erhalten habe:

Können Sie lesen?

Afugrnud enier Stidue an der elingshcen Cmabrdige Unvirestiät ist es eagl, in wlehcer Rienhnelfoge die Bcuhtsbaen in eniem Wrot sethen, das enizg wcihitge dbaei ist, dsas der estre und lzete Bcuhtsbae am rcihgiten Paltz snid. Der Rset knan ttolaer Bölsdinn sien, und man knan es torztedm onhe Porbelme lseen.
Das ghet dseahlb, wiel das mneschilche Geihrn nciht jdeen Bchustbaen liset sodnern das Wrot als Gnaezs.

Wzou aslo ncoh Rehctshcrieberfromen??

Wenn der kompetente Leser Wörter angeblich ganzheitlich aufnimmt, müssen wir aber fragen, welche Kompetenzen der Leseanfänger braucht, um dorthin zu kommen. Wie funktioniert das Lesen eigentlich?

Beim Blick in eine aktuelle neuropsychologische Veröffentlichung fällt auf, dass bei Erklärungen gerne Wörter, wie *möglicherweise* und *scheinen* benutzt werden. Trotz Magnetresonanztomographie kann die Wissenschaft das Lesen immer noch nicht sicher erklären. Mit einigen Textauszügen können wir uns den notwendigen Fähigkeiten aber dennoch nähern:

„ Dazu muss man wissen, dass unsere Augen beim Lesen **nicht kontinuierlich** wie eine Filmkamera über den Text gleiten. Sie hüpfen vielmehr mit schnellen Sprüngen von einem Fixationspunkt zum nächsten. **Während dieser Blicksprünge oder >Sakkaden< können wir nichts lesen**, nur während der dazwischenliegenden Phasen, in denen die Augen unbewegt sind."

„Viele Menschen, denen das Lesen schwerfällt, brauchen sehr lange, bis sie die richtige **Lautfolge im Gedächtnis** gefunden haben. Bei ihnen entstehen Lesefehler oft dadurch, dass sie ihrem Gehirn nicht die nötige Zeit dazu geben. Da sie sich bemühen, einigermaßen flüssig zu lesen, beginnen sie bereits zu sprechen, bevor ihr Gehirn die richtige Lautfolge gefunden hat. Selbst wenn diese Personen leise für sich lesen, springen sie mit den Augen regelmäßig **zu früh zum nächsten Wort.**"

„Um den Inhalt eines Textes zu verstehen, ist das Gehirn neben dem Lesen noch anderweitig gefordert: Es muss die Lautfolgen der Wortsegmente im **Kurzzeitgedächtnis** speichern und dann zu Wörtern und Sätzen zusammenfügen. … Zum Schluss muss die **Bedeutung** des Wortes aus dem Gedächtnis abgerufen werden." (*Reinhard Werth*: Die Wurzeln der Legasthenie. *Gehirn & Geist* 7-8 2008, Hervorhebungen von R. Dümler)

Aus den von mir in den Zitaten hervorgehobenen Passagen lassen sich Kompetenzen ableiten, die es beim leseschwachen Kind zu festigen und/oder zu entwickeln gibt:

Phonologische Kompetenz:
Damit das Kind die während der Sakkaden überflogenen Buchstaben in Laute umwandeln kann, braucht es eine gut entwickelte phonologische Bewusstheit. Diese **muss** vorhanden sein. Was dazu gehört, wurde weiter oben erwähnt. Literaturempfehlungen finden sich weiter unten.

Taktische Kompetenz:
Der oben zitierte Autor trainiert die beschriebenen Fähigkeiten mit einem Computerprogramm. Da in der Schule nicht jeder Förderer mit so einem Programm arbeiten kann, müssen wir uns „Krücken" überlegen, mit denen wir eventuell ähnliche Ergebnisse erzielen können. Damit das Kurzzeitgedächtnis bei der Übertragung der Buchstaben in Laute nicht überfordert wird und der Leser nicht zu früh zum nächsten Wort springt, empfiehlt sich die Verwendung des altmodischen **Lesepfeils**, der von Wort zu Wort weiter geschoben wird und nachfolgende Wörter abdeckt. Auch empfiehlt sich der Rat, dass das Kind ein zu lesendes Wort erst dann ausspricht, wenn es **ganz** erfasst ist. Also nicht *Haus - tür - schlüs - sel* oder gar *H-au-s-t-ü-r-sch-l-ü-ss-e-l*, sondern **leise erlesen** und dann in einem Zug *Haustürschlüssel* sprechen. Beim lauten Erlesen besteht nämlich wirklich die Gefahr, dass es am Ende gar nicht mehr weiß, womit es angefangen hat und dann gar kein Wort mehr zum Aussprechen zur Verfügung hat.

Lexikalische Kompetenz

Wenn laut *Werth* zum Schluss die Bedeutung des Wortes aus dem Gedächtnis abgerufen werden muss, dann muss allerdings das Gedächtnis vorher mit Bedeutungen gefüllt worden sein. Wenn Zweitklässer nicht wissen, was ein Mantel oder Quark ist, liegt dies zum Teil an einem mehrsprachigen Hintergrund. Es gibt aber auch einheimische Kinder, die mit neun Jahren nicht wissen, was ein Müller ist! Zum Lesetraining gehört also auch unbedingt die **Erweiterung des Wortschatzes** und zwar durch

- Bilderbücher
- Kinderlexika
- Spiele
- Dinge benennen
- gelesene Wörter erklären
- sprechen - sprechen - sprechen / erklären, erklären, erklären

Da für all diese Bereiche in der Schule wahrscheinlich nicht die nötige Zeit zur Verfügung steht, müssen diese Maßnahmen mit einem Appell an ihre Wichtigkeit an die Eltern delegiert werden.

Literarische Kompetenz

Hiermit ist die so genannte *Literacy* gemeint, für die es bisher leider kein deutsches Wort gibt. Sorry!

Es geht dabei um das Hineinwachsen der Kinder in unsere Lese- und Schreibkultur. Dieses beginnt mit dem Betrachten von Bilderbüchern. Wenn Eltern den Kindern etwas vorlesen, erfahren sie, dass man aus Büchern Informationen heraus holen kann. Es entsteht Freude am Umgang mit Büchern. Beim schulischen Schriftspracherwerb lernen die Kinder selbst lesen und schreiben, das heißt sie können dann auch selbst mit Kinderliteratur umgehen, und dadurch ihre literarische Kompetenz selbst ausbauen. Dabei darf nicht übersehen werden, dass es wichtig ist, Kinder auch selbst Texte verfassen zu lassen, da das Schreiben ja die andere Seite der „Lesemedaille“ ist. Wie Texte funktionieren lernt ein Kind nur, wenn es selbst etwas aufschreibt. Bei Kindern mit Leseschwierigkeiten ergibt sich nun leider ein Teufelskreis: Da sie nicht oder nicht gut lesen können, meiden sie die Literatur, wodurch ihnen die zusätzliche Förderung (Zuwachs an Wortschatz, Grammatik, Sachwissen, Erweiterung der Lesekompetenz) fehlt. Stattdessen bevorzugen sie es, sich mit audiovisuellen Medien zu beschäftigen. Ein zusätzlicher Problemkreis ergibt sich dadurch, dass häufig in den Familien der leseschwachen Kinder auch Eltern und Geschwister kaum oder nicht lesen. Hierdurch fehlt die Vorbildfunktion und die aktive Anregung. Für solche Kinder ist der Umgang mit Literatur nicht selbstverständlich und das „Lesenmüssen“ ist ein ständiger Zwang.

„Das Lesen verträgt – so wie das Lieben und das Träumen – keine Befehlsform, betont der französische Schriftsteller Daniel Pennac in seinem Buch >Wie ein Roman<. Und man kann ihm wohl darin zustimmen, dass man den Imperativ von >lesen< zwar bilden kann, es aber zweifelhaft ist, ob dieser auch Früchte zeigen wird. Pennac entwirft in der Folge das Bild eines Jungen, der – in sein Zimmer verbannt – sich Seite für Seite durch ein Buch quält, ohne dessen Inhalt wirklich aufzunehmen, während die Eltern den gemeinsamen Abend vor dem Fernseher immer wieder unterbrechen, um nachzusehen, ob der Bub in seinem Zimmer auch brav liest.“ (*Monika Obrist*, Sprach_info Nr. 5 – Februar 2007) Wie kann man nun die **Literacy fördern?**

- Bilderbücher betrachten und vorlesen
- Einkaufszettel, Notizen („komme gleich wieder, ...“), Postkarten und Briefe schreiben
- Nicht zum Lesen zwingen
- Vorbildfunktion von Eltern, Geschwistern, Freunden nutzen
- Bibliotheken besuchen
- Über Bücher sprechen
- SMS und E-Mails schreiben
- Fernsehen und Video in Maßen akzeptieren, aber mit Nachbesprechung
- Hörbücher einsetzen, um Interesse zu wecken
- Comics akzeptieren
- Kinder bei ihrem momentanen Stand oder Interesse abholen

Zur Förderung der **phonologischen Kompetenzen** gibt es einige Angebote aus der Literatur, wobei man nicht alle Bereiche üben muss, sondern nur diejenigen, bei denen das Kind Schwierigkeiten hat.

Beispiele:

- Erich Hartmann / Ruth Dolenz: Olli, der Ohrendetektiv, Auer-Verlag
- Maria Forster /Sabine Martschinke: Leichter Lesen und Schreiben lernen mit der Hexe Susi, Auer-Verlag
- Reinhard Dümler / Margit Jäcklein: Ich sag doch Lollmops, Kösel-Verlag
- Ministerium für Bildung, Wissenschaft, Forschung und Kultur des Landes Schleswig-Holstein: Förderung der Phonologischen Bewusstheit zur Vorbeugung von Lese-Rechtschreib-Schwierigkeiten. Bezug: Druckerei Joost, Eckernförder Str. 239, 24119 Kronshagen
- Michael Kalmár: Kommentierte Wortliste zur Lautschulung in:
  Renate Hofmann - Michael Kalmár: Handbuch Legasthenie, Wien 2006

Irrweg
Entwicklungsverzögerungen übersehen

Aufgrund von

- Wohnungsenge
- Fernseh- und Videokonsum
- Beschäftigung mit dem Computer
- Leistungsdenken schon im Kindergarten (früher Vorschulmappen, heute Förderprogramme)
- Terminüberlastung der Kinder
- Entsinnlichung des Lernens (Wissen wird nicht mehr erfahren, sondern nur verbal oder multimedial vermittelt)

fehlen vielen Kindern

- körperliche Erfahrungen
- Bewegungsraum
- Raum zum Spielen,

das heißt, ein Teil der sensomotorischen Entwicklung findet heute nicht mehr statt.
Die Folgen davon sind

- Probleme bei visueller und auditiver Wahrnehmung
- grob- und feinmotorische Störungen
- reduziertes Reaktionsvermögen
- Hypo- oder Hyperaktivität
- Mangel an Konzentration und Ausdauer
- fehlendes Sozialverhalten

Kinder, die mit solchen Defiziten in die Schule kommen, sind auch prädestiniert für Probleme beim Schriftspracherwerb. Ihnen fehlen auch sprachliche Erfahrungen, sie haben einen reduzierten Wortschatz, verwenden unverstandene Worthülsen und ihre Grammatik ist oft durch eine „Ghettosprache" mit reduziertem Satzbau geprägt. (Gehst du Kindergarten? - Darf ich ein Eis?)

Nun wird die Grundschule sicher überfordert sein, all diese Probleme bei jedem einzelnen Kind im Detail aufzudecken. Bei gravierenden Fällen wurden Entwicklungsverzögerungen sicher schon im Vorschulalter oder bei der Einschulungsdiagnostik erkannt, so dass spezifische Fördermaßnahmen eingeleitet werden konnten.

Ausweg
Rhythmik und Bewegungserziehung

Ein möglicher Ausweg, bei allen Kindern die genannten Entwicklungsverzögerungen zu kompensieren, ist eine gezielte Rhythmik- und Bewegungserziehung. Diese kann im Kindergarten, in der ersten Klasse oder auch zu Hause durchgeführt werden.

Rhythmik:
Grundlegende Funktionen des Lebens, Handlungen, Bewegungen, Empfindungen werden vom Rhythmus bestimmt. Der Rhythmus darf nicht mit den musikalischen Begriffen Metrum (= Geschwindigkeit eines Musikstückes) und Takt (Betonung der einzelnen Schläge) verwechselt werden. Der Rhythmus ist zwar auch ein entscheidender Faktor in der Musik, er ist aber etwas viel grundlegenderes. Unsere Zeit lebt vom Tag-Nacht-Rhythmus, das Jahr wird durch den Rhythmus der Jahreszeiten bestimmt, letzten Endes liegt dem ganzen Universum ein Rhythmus zugrunde, die ewige Schwingung zwischen den Gegensätzen: oben - unten, plus - minus, warm - kalt, männlich - weiblich, fröhlich - traurig, usw. Dieses System wird in der taoistischen Philosophie durch das Yin und das Yang ausgedrückt, welche aus der Einheit des Universums entstehen, und Grundlage für alle weiteren Entwicklungen sind.

Die praktischen Erfahrungen in der Pädagogik zeigen, dass bei vielen entwicklungsverzögerten Kindern auch Ausfälle in Rhythmus und Melodie auffallen. Dies wird auch durch zahlreiche fachpädagogische Untersuchungen belegt. Oft kommt auch noch eine verzögerte Entwicklung der Motorik (Bewegung) hinzu. Die Koordination der Bewegungen kann gestört sein, ebenso die Entwicklung der Lateralität (Seitigkeit, insbesondere Händigkeit). Hinzu kommen Probleme der räumlichen Orientierung, die auf Schwierigkeiten mit dem eigenen Körperbild basieren können. Wer seine eigenen Körperteile nicht unterscheiden kann, wer oben und unten, hinten und vorn am eigenen Körper nicht unterscheiden kann, wird sich sicher auch nicht besonders gut im Raum orientieren können.

Ein weiteres Problem in diesem Bereich ist die gestörte Figur-Grund-Wahrnehmung. Was ist darunter zu verstehen? Wenn ich einen Stuhl inmitten von vielen anderen Möbeln erkennen will, muss mein Gehirn aus all den optischen Eindrücken, die ihm vom Auge geschickt werden, den gemeinten Stuhl von all dem Nichtgemeinten unterscheiden. Es muss ausfiltern, die Figur (das Gemeinte, das Wichtige) vom Hintergrund (dem Unwesentlichen, dem Nichtgemeinten) trennen. Wenn ich auf einer Party bin und mir jemand etwas erzählt, muss mein Gehirn von allem, was das Ohr sendet, genau das herausfiltern, was der Erzähler spricht. Das Reden der anderen Leute muss in den Hintergrund „geschaltet“ werden, obwohl es möglicherweise viel lauter ist, als das, was ich eigentlich hören möchte.

Bedenkt man, dass das Lesenlernen eine sprachliche Funktion ist (nämlich der Erwerb der Schriftsprache), und dass die Ausbildung der kindlichen Bewegungsfertigkeit eine wichtige Grundlage der Sprachentwicklung ist, erkennt man die Notwendigkeit der Förderung in den Bereichen Rhythmik und Bewegungserziehung, die sich zum Teil überschneiden oder ergänzen.

Bewegungserziehung:
Die Entwicklung der Intelligenz, des seelischen Gleichgewichtes und der sozialen Anpassung eines Kindes sind in den ersten beiden Lebensjahren eng mit der Entwicklung der Körperkontrolle und der Fortbewegung verknüpft. Somit kann Bewegung als erste Kommunikationsform des jungen Menschen betrachtet werden. Tast- und Bewegungsempfindungen sind die frühesten Sinneseindrücke, die ein Mensch wahrnehmen kann.

Wie schon im Bereich Rhythmik erwähnt, haben viele sprach- und entwicklungsverzögerte Kinder auch Schwächen im motorischen Bereich, also in der Entwicklung der Bewegungsfähigkeit. Eine gezielte Bewegungserziehung erhält dadurch besondere Bedeutung in zweierlei Hinsicht: Einerseits sollen die Bewegungsrückstände ausgeglichen werden, andererseits sollen Sinneskanäle erschlossen werden, welche die ebenfalls meist verzögert entwickelten Sinne für Hören und Sehen unterstützen können. Dies sind die Sinne für Bewegung, Tasten, Gelenkstellung, Muskelspannung. Es ist nämlich zu erwarten, dass sich alle geförderten Sinne gegenseitig aktivieren.

Die genannten Zusammenhänge weisen darauf hin, dass ein Kind, bei dem Leseschwierigkeiten zu erwarten sind, nicht isoliert im Bereich Lesen zu fördern ist, sondern dass das ganzheitlich angelegte Kind auch ganzheitlich zu fördern ist. Durch gezielte Bewegungserziehung kann sich das Kind seiner eigenen Körperlichkeit und Identität bewusst werden. Dabei werden nicht nur Fortbewegungsmöglichkeiten ausdifferenziert, sondern die Leistungen aller Sinne gesteigert. Nur wenn auf früheren Stufen der Entwicklung die Umwelt mit vielen Sinnen gleichzeitig erfasst werden kann, besteht später die Chance, Gegenstände oder Zusammenhänge mit einem Sinn allein wahrzunehmen.

Die Bewegungserziehung kann die körperliche, geistige und seelische Entwicklung des Kindes positiv beeinflussen. Für sie ergeben sich im Detail folgende Aufgaben: Sie

- gibt dem Kind Gelegenheit zu Aktivität, Spontaneität und Kreativität
- befriedigt die vitalen motorischen Bedürfnisse des Kindes
- ermöglicht die Integration in Gruppen
- baut Leistungsunsicherheit ab und fördert Selbstvertrauen

- koordiniert die Leistungen aller Sinne
- fördert das Körperbewusstsein
- steigert Ausdauer und Belastbarkeit
- verschafft Freude am eigenen Tun
- baut Kontaktschwierigkeiten, Kommunikationsstörungen und Verhaltensauffälligkeiten ab.

Ausgearbeitete Übungsvorschläge für Rhythmik und Bewegungserziehung finden sich im **Anhang**. Die Ausführungen zu Rhythmik und Bewegungserziehung basieren auf dem „Handbuch zur Vorschulischen Erziehung sprachbehinderter Kinder" (Staatsinstitut für Schulpädagogik und Bildungsforschung, München - unveröffentlichtes Manuskript - Erstveröffentlichung in: R. Dümler: leichter lesen lernen, Dortmund 1996)

Irrweg
Frühkindliche Reflexe übersehen

Als einmal ein Arzt des Gesundheitsamtes meine Schulanfänger schulärztlich untersuchte, hat er dabei auch überprüft, ob bei den Kindern der ***asymmetrisch - tonische Nackenreflex*** auslösbar war. Wenn dies der Fall war, wurde es protokolliert, besondere Maßnahmen wurden nicht ergriffen. Ich selbst habe dieser Beobachtung damals keine weitere Bedeutung beigemessen. Später habe ich die Bedeutung dieses Reflexes genauer kennen gelernt und 1997/98 auch eigene Untersuchungen dazu durchgeführt. Die Untersuchungen bezogen sich zwar in erster Linie auf sprachauffällige Kinder. Da dieser Reflex aber sicher auch Auswirkungen auf Lesen und Schreiben hat, möchte ich meine damalige Untersuchung hier doch detailliert vorstellen:

„Einleitung

In einem edu-kinestetischen Kurs mit *Dr. Paul E. Dennison* erlebte ich, dass die tonischen Nackenreflexe bei vielen Erwachsenen noch subtil auslösbar sind. Diese Reflexe stören die Bewegungssteuerung, wodurch es zu Haltungsschäden, Gesundheitsproblemen und Lernstörungen kommen kann. Ich erlebte in diesem Kurs auch, wie man diese Reflexe löschen kann. Da *Dennison* die Bedeutung des asymmetrischen tonischen Nackenreflexes für die Entwicklung des Sprachzentrums beim Säugling betont, machte ich den Umkehrschluss, und vermutete, dass das Persistieren dieses Reflexes **die weitere Entwicklung des Sprachzentrums hemmen kann**. **Somit müsste der Reflex bei Sprachauffälligen häufiger nachweisbar sein, als in der übrigen gleichaltrigen Population**. Ich beschloss einerseits, die Literatur zu sondie-

ren, andererseits eine eigene Untersuchung mit sprachbehinderten und nichtsprachbehinderten Kindern durchzuführen. Außerdem bat ich einige Fachleute (Ärzte, Dozent für Sprachheilpäd.) um ihre Erfahrungen, um zusätzliche Informationen zu erhalten. Der Blick in die Literatur war zunächst frustrierend, da die tonischen Nackenreflexe selbst in neurologischer Fachliteratur z.T. keine Erwähnung finden. Dort wo sie erwähnt werden, sind die Ausführungen meist sehr knapp.
Interessant erschien mir nebenbei noch die Frage, was Kollegen über diese Reflexe wissen. Ich formulierte einen einfachen Fragebogen, und ließ ihn bei einer Konferenz von Fachleuten spontan und anonym ausfüllen. Anwesend waren Grundschullehrer, Sonderschullehrer, Heilpädagogen, etc.

Umfrage

Beruf: Datum:

Frage 1
Wie heißen die beiden tonischen Nackenreflexe?

Fragen 2-5
Wird die Motorik von den Nackenreflexen gefördert? Ja /nein
Wird die Motorik von den Nackenreflexen gehemmt? ja /nein
Wird die Sprachentwicklung von den Nackenreflexen angeregt? ja /nein
Wird die Sprachentwicklung von den Nackenreflexen gehemmt? ja /nein

Frage 6
Was können Sie in wenigen Worten über diese Nackenreflexe und ihre Bedeutung in der Sonderpädagogik sagen?

Hier die Ergebnisse der Befragung:
Zahlreiche Kollegen haben den Fragebogen unbearbeitet zurückgegeben. Insgesamt 49 Personen haben ihn ausgefüllt.

VON	WAREN OHNE WISSEN	HATTEN VERMUTUNGEN	HATTEN WISSEN ÜBER DIE REFLEXE	KONNTEN DIE REFLEXE BENENNEN
10 Sonderschullehrern	3	4	3	1
5 Grundschullehrern	2	3	-	-
14 Heilpädagogen	5	9	-	-
6 Erzieherinnen	4	2	-	-
4 Sonstigen	2	1	-	1
10 Personen ohne ....Berufsangabe	5	5	-	-

Bei den „Sonstigen" handelte es sich um Fachlehrer, Sozialpädagogen, etc., die aber auch schon lange an der Sprachheilschule arbeiten. Die Personen ohne Berufsangabe sind ebenfalls Kollegen, die aber im Fragebogen vergessen haben, ihren Beruf einzutragen.

Diese Umfrage zeigt deutlich, dass die meisten Kollegen auch nicht mehr über diese Reflexe wissen als ich, und dass somit ein deutlicher Forschungsbedarf besteht.

Beschreibung der tonischen Nackenreflexe

Ein Reflex ist eine unwillkürliche Muskelreaktion. Diese entsteht als Antwort auf einen afferenten Reiz, welcher im Gehirn oder Rückenmark ankommt, und über efferente Bahnen eben diese Muskelreaktion bewirkt. Reflexe dienen dem reibungslosen Zusammenspiel einzelner Teile des Organismus und der Anpassung des Organismus an seine Umwelt.

Die Motorik eines neugeborenen Kindes wird von zahlreichen Reflexen gesteuert. Außerdem ermöglichen die Reflexe dem Neugeborenen, sich mit seiner Umwelt auseinander zu setzen. Im Allgemeinen verschwinden die infantilen Reflexmechanismen im ersten oder zweiten Lebensjahr, bzw. sie werden von den Willkürbewegungen des Kindes überdeckt. Zum Verschwinden der Reflexe kommt es durch ihren natürlichen Gebrauch oder durch passive Stimulation. Außerdem durch das Reifen übergeordneter Bewegungsmuster, wie Stell- und Gleichgewichtsreaktionen. Auffällig werden Reflexe bei Reifungsstörungen oder zerebralen Schädigungen, da sie dann entweder fehlen, zu früh, zu spät oder gesteigert auftreten. Oder aber, weil sie dann nur verzögert oder gar nicht verschwinden. Somit sind Reflexe einerseits gute Indikatoren für eine normale Entwicklung, wenn sie im richtigen Alter physiologisch auftreten. Andererseits sind sie aber auch die Indikatoren für Retardierungen oder Schädigungen, wenn sie pathologisch, also außerhalb des erwünschten Zeitraumes auftreten.

Der asymmetrische tonische Nackenreflex (auch asymmetrischer tonischer Halsreflex, Magnusreflex, tonischer Drehreflex, im Folgenden ATNR abgekürzt) tritt physiologisch im Alter von 1 bis 5 Monaten auf: Der Säugling befindet sich in Rückenlage. Wird der Kopf zur Seite gedreht, bewirkt der Reflex, dass die Extremitäten der Gesichtsseite gestreckt werden, während die Extremitäten der Hinterhauptseite gebeugt werden. Gleichzeitig erfolgt eine minimale Verkürzung des Rumpfes auf der Gesichtsseite.

Dieser Reflex wird in der Literatur unterschiedlich exakt beschrieben. Während manche Quellen nur von der Reaktion der oberen Extremitäten berichten, wird meist auch die Reaktion der unteren Extremitäten beschrieben. Die gleichzeitige Verkürzung des Rumpfes wird meist nicht berichtet.

Dass sich Extremitäten und Rumpf nach einer Kopfdrehung bewegen, liegt daran, dass die Regulation des Muskeltonus nicht nur über die Rezeptoren in den Muskeln, Sehnen und Gelenken gesteuert wird, sondern auch durch das Vestibulärsystem mit seinen Verbindungen zum Gehör und zu den Augen.

Beim symmetrischen tonischen Nackenreflex befindet sich das Kind in der Bauchlage. Bei einer Beugung des Kopfes werden die Beine gestreckt, während die Arme im Ellbogengelenk gebeugt werden. Bei einer Streckung des Kopfes werden die Beine gebeugt und die Arme gestreckt.

Da der asymmetrische tonische Nackenreflex möglicherweise bedeutungsvoll für die Sprachentwicklung ist, möchte ich mich hier auf diesen Reflex beschränken. Es wäre aber sicher auch sinnvoll, den symmetrischen tonischen Nackenreflex in ähnlicher Weise zu untersuchen.

Bedeutung des asymmetrischen tonischen Nackenreflexes

„Die Verhaltenscharakteristika des Neugeborenen zeigen, dass sie unter der Dominanz subkortikaler Kerne stehen. Diese reifen eher als die Hirnrinde. ... Mit zunehmender Hirnreifung werden diese primitiven Verhaltensmuster gehemmt. ... Am deutlichsten kann dieser Prozess am Auftreten und verschwinden von Reflexen ... gezeigt werden, ... (*Flehmig* 1987, Seite 12). Im Laufe der motorischen Entwicklung müssen also tiefliegende Hirnzentren gehemmt und höher integrierte Zentren stimuliert werden. Die höher integrierten Muster sind aber ohne die primitiven nicht denkbar. Es handelt sich bei dieser Entwicklung um eine verbindliche Reihenfolge.

Während das Neugeborene anfangs meist mit total gebeugten Extremitäten liegt, löst der ATNR dann die Streckung der Extremitäten auf der Gesichtsseite aus. Verschwindet diese Primärreaktion, erlangt das Kind die Fähigkeit, unabhängig von Haltung und Bewegung des Kopfes Streck- und Beugebewegungen der Extremitäten durchzuführen. Dadurch können später die Hände zum Greifen und die Beine zum Stehen gebraucht werden. Die beim jungen Säugling vorhandenen Einflüsse des ATNR müssen bis zum 5. oder 6. Lebensmonat abgebaut sein, da sie sonst die freie Bewegungskoordination behindern. Persistiert der ATNR, wird die Hand-Auge-Koordination behindert. Bei zerebral bewegungsgestörten Kindern ist dieses Persistieren des Reflexes zu finden.

(a.a.O. Seite 21 und 32) Bei normaler Entwicklung schreibt *Flehmig* für den fünften Lebensmonat: „Alle tonischen Haltemuster, ... und andere primäre Reaktionen der frühen Säuglingszeit sind verschwunden." (a.a.O. Seite 178)

Interessant ist, dass der ATNR anscheinend nicht bei allen Säuglingen auslösbar ist. *Flehmig* zitiert eine Untersuchung, nach welcher der ATNR im Alter von einem Monat bei 67% der Kinder auftritt. Im zweiten Lebensmonat tritt er dann bei 90% und im dritten Monat nur noch bei 50% auf. Danach reduziert sich das Auftreten weiter, bis er im sechsten Monat nur noch bei 11% der Kinder auftritt, um im siebten Monat ganz zu verschwinden.

Ayres betont, dass der Arm des Kindes durch den ATNR die **Tendenz** (Hervorhebung von mir) zur Extension hat, d.h. dass sich diese Reaktion nicht immer beobachten lässt. Der Reflex spielt während der ersten Lebensmonate eine wichtige Rolle, um Armbewegungen zu verursachen. Bei Kindern mit schlechter sensorischer Integration ist der Reflex oft überschießend vorhanden. (*Ayres* 1984, Seite 23) Bei vielen Kindern mit Hirnfunktionsstörungen bleibt der ATNR auch im späten Kindesalter erhalten, anstatt in übergeordnete Funktionen des Gehirns integriert zu werden. (a.a.O. Seite 255)

Nach *Dennison* hilft der ATNR dem Säugling, seine Seitigkeit und Gehirnorganisationsmuster zu entwickeln, insbesondere die Linkshirndominanz für das Sprachzentrum, welche in den ersten sechs bis neun Lebensmonaten ausgebildet wird. Während dieser asymmetrischen Periode verbringt das Kind nach *Dennison* 80% seiner Zeit mit nach rechts gedrehtem Kopf, und wegen des ATNR extendierten rechten Extremitäten. Vielen Kindern gelingt es nicht, die Nackenreflexe voll reifen zu lassen, wodurch sie dann nicht erfolgreich gelöscht würden. Folglich behalten die tonischen Nackenreflexe überall im Leben des Kindes eine Vorrangstellung bei den neuronalen Bahnen, wodurch sie die normale kognitive Entwicklung stören.(*Dennison* 1997, Seite 6) Auch die motorische Steuerung wird dadurch gestört, da immer wieder Reflexe in die Willkürbewegungen hineinschießen.

Da mich diese Aussagen *Dennisons* zu meiner Hypothese (dass der ATNR bei Sprachbehinderten möglicherweise häufiger nachweisbar ist) und zu dieser Arbeit inspiriert haben, habe ich diese einigen Fachleuten zur Stellungnahme vorgelegt. Diese hielten die Aussage, dass der ATNR für die Entwicklung des Sprachzentrums von großer Bedeutung sei, für eine unbewiesene Hypothese. Vor allem die Tatsache, dass der ATNR nur wenige Monate im Leben eines Menschen physiologisch wirksam ist, mache diese Bedeutung unwahrscheinlich. Auch dass ein Säugling 80% seiner Zeit mit nach rechts gedrehtem Kopf verbringe sei nicht zu bestätigen. Einerseits hänge die bevorzugte Seitenwendigkeit von äußeren Umständen ab (befindet sich eine Wand rechts neben dem Bett, wird der Kopf häufiger nach links gewendet), andererseits würde es leicht zu Veränderungen an der Wirbelsäule führen, wenn ein Kind ständig in der selben einseitigen Position liege.

Schilling (in *Remschmidt/Schmidt* 1981, Seite 98) schreibt, dass bereits in den ersten Lebenswochen beim Säugling eine bevorzugte Seite bei der Kopfwendigkeit zu sehen ist. Im Alter von 7 bis 8 Monaten zeigen sich deutliche Seitenbevorzugungen bei Willkürbewegungen. Bezüglich der Kopfwendigkeit spricht auch *Flehmig* bereits vom ersten Lebensmonat an von einer „Lieblingsseite", meist der rechten. (*Flehmig* 1987, Seite 113 ff)

Springer/Deutsch erwähnen den ATNR zwar nicht expressis verbis, schreiben jedoch im Zusammenhang mit der Lateralitätsentwicklung, dass Studien gezeigt haben, dass Säuglinge, die erst ein paar Tage alt sind, eine ausgeprägte Vorliebe dafür haben, den Kopf nach rechts zu drehen. Obwohl die Bedeutung dieser Präferenz nicht feststeht, gibt es doch die vorläufige Hypothese, dass sie etwas mit der späteren Handpräferenz zu tun haben könnte.

Eine Forschergruppe hat über eine statistisch signifikante, wenn auch nicht sonderlich hohe Korrelation zwischen der Drehrichtung des Kopfes im Säuglingsalter und der Händigkeit im Alter von sieben Jahren berichtet. Für diesen Zusammenhang bieten sich mindestens zwei mögliche Erklärungen an. Die erste geht davon aus, dass die Vorliebe für eine bestimmte Drehrichtung des Kopfes im Kleinkindalter die spätere Entwicklung der Handpräferenz beeinflusst. So sehen beispielsweise diejenigen Säuglinge, die ihren Kopf vorzugsweise auf die rechte Seite drehen, häufiger ihre rechte Hand als ihre linke; dies könnte zu einer besseren Koordination zwischen Auge und rechter Hand führen und das wiederum dazu, dass diese Hand beim visuell gesteuerten Greifen bevorzugt wird. Zweitens wäre es möglich, dass die Bevorzugung einer Kopfdrehrichtung und die spätere Handpräferenz deshalb zusammenhängen, weil beide durch dieselben Gehirnmechanismen festgelegt werden.
(Springer/Deutsch 1995, Seite 248*)*

Ayres schreibt, dass der ATNR den Muskeltonus in den Armen das ganze Leben über beeinflusst, dass er aber nach dem sechsten Lebensjahr nur noch eine zu vernachlässigende Rolle spielen sollte. (*Ayres* 1984, Seite 23)

Interessant ist eine wissenschaftliche Hausarbeit von *Gillitzer*, die 80 Kinder an einer Schulvorbereitenden Einrichtung für Sprachbehinderte auf reflexhafte Motorik überprüft hat: Bei ihrer Untersuchung war der ATNR bei 36 dieser 80 Kinder auslösbar! Leider fehlt in diesem Zusammenhang eine Untersuchung an gleichaltrigen Nichtsprachbehinderten. (*Gillitzer* 1989, Seite 10)

In dem in der Einleitung erwähnten Seminar von *Dennison* konnte ich erleben, dass der ATNR bei vielen Menschen auch zeitlebens den Tonus im viereckigen Lendenmuskel (musculus quadratus lumborum) beeinflusst. Dies hat fatale Folgen, da es zu einem scheinbar längeren Bein führt, was zu Störungen im gesamten Bewegungsapparat und zu weitreichenden gesundheitlichen Problemen führen kann. Da die Störung des Quadratus lumborum zum Nachweis des subtil vorhandenen ATNR benutzt werden kann (siehe nächstes Kapitel), erscheint es sinnvoll, diese Zusammenhänge näher zu beschreiben:

Der Musculus Quadratus lumborum entspringt am oberen Rand des Beckenknochens. Ein Teil des Muskels setzt an der zwölften Rippe an, andere Teile setzen an den Fortsätzen der ersten drei Lendenwirbel an. Durch diesen Ansatz kann der Muskel die zwölfte Rippe senken und an der Seitbeugung des Rumpfes mitwirken. (*Platzer* 1991, Seite 94) Wenn wir bedenken, dass beim ATNR nach *Flehmig* gleichzeitig mit der Extension der Extremitäten eine Verkürzung des Rumpfes zu beobachten ist (*Flehmig* 1987, Seite136), wird der Zusammenhang zum Quadratus lumborum offensichtlich, da eine Verkürzung des Rumpfes einer Beugung zur anscheinend kürzeren Seite entsprechen muss.

Bleibt der ATNR über das physiologische Stadium hinaus weiterhin auslösbar, und wird er nur bei der Kopfdrehung nach einer Seite ausgelöst, so kommt es bei jeder Kopfdrehung zu dieser Seite zu einer Erhöhung des Muskeltonus im gleichseitigen Quadratus lumborum. Mit der Zeit wird dieser Muskel verspannt, was zu Blockierungen von Wirbelgelenken („Hexenschuss“) oder einer Schiefstellung des Beckens führen kann. Durch eine Beckenschiefstellung erscheint ein Bein zu kurz (obwohl die Beine anatomisch gleich lang sind), was zu Problemen im gesamten Bewegungsapparat führen kann. Diese Probleme brauchen wir an dieser Stelle nicht weiter zu verfolgen, wichtig ist nur, sich zu verdeutlichen, dass im Falle eines nicht gelöschten ATNR ständig unphysiologische, reflektorische (also nicht willkürlich steuerbare) Einflüsse auf den Lendenmuskel ausgeübt werden. Ein anscheinend zu kurzes Bein kann somit als Indikator für einen nicht gelöschten ATNR betrachtet werden. Aber selbst wenn die Beine gleich lang sind, kann dennoch bei vielen Menschen der ATNR durch den direkten Test des Quadratus lumborum nachgewiesen werden.

Überprüfung der tonischen Nackenreflexe

Überprüfung beim Säugling:

Der ATNR wird beim Säugling im Liegen überprüft: Der Säugling befindet sich in Rückenlage. Wird der Kopf zur Seite gedreht, bewirkt der Reflex, dass die Extremitäten der Gesichtsseite gestreckt werden, während die Extremitäten der Hinterhauptseite gebeugt werden. Gleichzeitig erfolgt eine minimale Verkürzung des Rumpfes auf der

Gesichtsseite.

Überprüfung bei älteren Kindern:
Bei Kindergarten- oder Schulkindern wird der Reflex gewöhnlich im Vierfüßlerstand geprüft: Das Kind steht auf Händen und Knien. Wird der Kopf zur Seite gedreht, bewirkt der Reflex, dass der Arm auf der Hinterhauptsseite durch die Beugung und das Körpergewicht einknickt.

Überprüfung mit dem Quadratus-lumborum-Test nach *Dennison*:
Zunächst muss die Funktionstüchtigkeit des viereckigen Lendenmuskels (Quadratus lumborum) ohne Reflexauslösung überprüft werden, da sichergestellt sein muss, dass dieser Muskel keine Schwäche hat, die das spätere Testergebnis verfälschen würde. Zum Test des Quadratus lumborum liegt der Proband auf dem Rücken. Der Testleiter umfasst beide Beine und bringt sie zur Seite. Test: Während der Testleiter versucht, die Beine wieder in Mittellage zu bringen, versucht der Proband, sie in der Seitstellung zu belassen. Ist der Quadratus lumborum funktionstüchtig (stark), so kann der Proband seine Beine gegen den Druck des Testleiters in der Seitstellung halten. (Der Test wird wiederholt, indem die Beine zur anderen Seite gebracht werden, da es ja einen Quadratus lumborum auf beiden Seiten der Wirbelsäule gibt.) Hat der Quadratus lumborum eine Schwäche, kann der Testleiter die Beine trotz der Bemühung des Probanden in die Mittellage zurückführen. Zeigt sich der Quadratus lumborum bei diesem Vortest als „schwach", muss er zunächst durch manuelle Beeinflussung (Massagezonen und Haltepunkte für den Dickdarm-Meridian) gestärkt werden. Nach dieser Maßnahme wird der Quadratus lumborum erneut geprüft. Er wird sich in der Regel jetzt „stark" zeigen.

Zur Überprüfung des ATNR wird nun der Kopf des Probanden nach einer Seite gedreht. Danach wird der Quadratus lumborum erneut getestet (einmal Beine nach links, einmal nach rechts). Zeigt sich der Quadratus lumborum jetzt „schwach" ist dies ein Beweis dafür, dass der ATNR ausgelöst wurde, denn die Schwächung des Quadratus lumborum wurde ja durch die Kopfdrehung bewirkt. Anschließend wird der Kopf des Probanden zur anderen Seite gedreht und der Quadratus lumborum wird erneut getestet.

Interessant ist eine Erfahrung, die ich schon vor Beginn der nachfolgend beschriebenen Untersuchung machen konnte: Bei vielen Kindern, die bei der herkömmlichen Überprüfung (Kopfdrehung im Vierfüßlerstand) keinen ATNR zeigen, ist der Reflex über den Test des Quadratus lumborum nachweisbar. Andererseits gibt es Kinder, bei denen der ATNR zwar im Vierfüßlerstand auslösbar ist; der Quadratus lumborum bleibt aber durch die Kopfdrehung unbeeinflusst. Somit erscheint es notwendig, bei der Untersuchung beide Testverfahren anzuwenden.

Tonische Nackenreflexe bei sprachbehinderten und nichtsprachbehinderten Kindern

Ich habe in der Einleitung die Hypothese aufgestellt, dass der ATNR bei Sprachbehinderten häufiger nachweisbar sein müsste, als bei der gleichaltrigen übrigen Population. Zur Überprüfung dieser Hypothese habe ich 42 sprachauffällige und 43 nichtsprachauffällige **Erstklässer** im Vierfüßlerstand und mit dem oben beschriebenen Test des Quadratus lumborum überprüft. Als Kriterium für die Sprachauffälligkeit galt der Besuch der *Schule zur individuellen Sprachförderung*. Das Kriterium für die nicht vorhandene Sprachauffälligkeit bei der Kontrollgruppe war der Besuch der regulären Grundschule. Eine sprachliche Überprüfung dieser Kinder wurde nicht vorgenommen, was durch die gute Früherfassung Sprachbehinderter in unserer Region gerechtfertigt erscheint.

Die Überprüfung der Testgruppe wurde von Oktober bis November 1997 durchgeführt. Die Schüler gehören zu den Geburtsjahrgängen 90/91; sie waren somit zum Überprüfungszeitpunkt 6 bis 7 Jahre alt, ein Schüler war bereits 8 (geb. im Oktober 89).
Die Überprüfung der Kontrollgruppe wurde von Dezember 1997 bis Januar 1998 durchgeführt. Die Schüler gehören zu den Geburtsjahrgängen 90/91; sie waren somit zum Überprüfungszeitpunkt 6 bis 7 Jahre alt.

Testanordnung:

1. Überprüfung des Quadratus lumborum „im Klaren", also ohne Kopfdrehung
2. Überprüfung des ATNR im Vierfüßlerstand
3. Kopfdrehung nach rechts, danach Test des Quadratus lumborum
4. Kopfdrehung nach links, danach Test des Quadratus lumborum

Quantitative Auswertung:

	QUADRATUS LUMBORUM IM KLAREN STARK	ATNR IM VIERFÜßLERSTAND AUSLÖSBAR	QUADRATUS LUMBORUM SCHWACH BEI KOPF **RECHTS**	QUADRATUS LUMBORUM SCHWACH BEI KOPF **LINKS**
Testgruppe	42	30	30	23
Kontrollgruppe	43	8	4	3

Von den 42 Kindern der **Testgruppe** waren 13 Mädchen und 29 Jungen. Bei 30 dieser Kinder war der ATNR im Vierfüßlerstand auslösbar, bei 12 dieser Kinder war der ATNR im Vierfüßlerstand nicht auslösbar, was aus der Tabelle ersichtlich ist. Nicht ersichtlich (aber beim intra-individuellen Vergleich im Protokollbogen nachlesbar) ist, dass bei 7 dieser Kinder der ATNR dann aber mit dem Quadratus-lumborum-Test auslösbar war. Das wiederum heißt, dass bei nur 5 von 42 Kindern der ATNR überhaupt nicht auslösbar war. Anders gesagt: **Bei 37 von 42 sprachauffälligen Kindern war der ATNR auslösbar**. Dies entspricht einem Anteil von **88%**! Interessant ist, dass in der Testgruppe bei **allen** Kindern, die den ATNR im Vierfüßlerstand zeigten, immer auch der Quadratus lumborum schwach testete, das Auftreten des Reflexes zeigte sich also immer an den Arm- **und** den Lendenmuskeln. Bei 21 dieser Kinder wurde der Quadratus lumborum schon bei der Kopfdrehung in **eine** Richtung schwach. Bei 16 Kindern wurde der Quadratus lumborum bei der Kopfdrehung nach links **und** nach rechts schwach.

Von den 43 Kindern der **Kontrollgruppe** waren 23 Mädchen und 20 Jungen. Bei 8 dieser Kinder war der ATNR im Vierfüßlerstand auslösbar, bei 35 dieser Kinder war der ATNR im Vierfüßlerstand nicht auslösbar, was aus der Tabelle ersichtlich ist. Nicht ersichtlich (aber beim intra-individuellen Vergleich im Protokollbogen nachlesbar) ist, dass bei 1 dieser Kinder der ATNR dann aber mit dem Quadratus-lumborum-Test auslösbar war. Das wiederum heißt, dass bei 34 von 43 Kindern der ATNR überhaupt nicht auslösbar war. Anders gesagt: **Bei 9 von 43 nichtsprachauffälligen Kindern war der ATNR auslösbar**. Dies entspricht einem Anteil von **21%**! Interessant ist, dass bei den Kindern der Kontrollgruppe, die den ATNR im Vierfüßlerstand zeigten, der Quadratus lumborum **nicht** immer schwach testete, das Auftreten des Reflexes zeigte sich also manchmal an den Arm- **und** den Lendenmuskeln, manchmal aber nur an einer der beiden Muskelgruppen. Bei 1 dieser Kinder wurde der Quadratus lumborum schon bei der Kopfdrehung in **eine** Richtung schwach. Bei 3 Kindern wurde der Quadratus lumborum bei der Kopfdrehung nach links **und** nach rechts schwach.

Interessant wäre noch, Zusammenhänge zwischen der Händigkeit und der Blickrichtung beim Auslösen des ATNR zu erforschen, was aber aus dem Rahmen dieser Untersuchung gefallen wäre.

Zusammenfassung: Der ATNR tritt in dieser Untersuchung bei sprachbehinderten Kindern **viermal** häufiger auf, als bei nichtsprachbehinderten Gleichaltrigen.

Qualitative Auswertung:
Obwohl der ATNR meiner Hypothese entsprechend bei den Sprachauffälligen deutlich häufiger nachzuweisen war, als bei den Grundschülern, erschien mir die Zahl der Grundschüler mit auslösbarem ATNR gefühlsmäßig relativ hoch. Ich entschloss mich daher noch zu einer nachträglichen Befragung:

Da bei den meisten sprachauffälligen Kindern der ATNR auslösbar war, wurden diese von mir als für die Testgruppe „typisch“ eingestuft und es stellte sich für mich die Frage, ob die 5 „atypischen“ Schüler der Testgruppe auch im Unterricht irgendwie aus dem Rahmen fallen. Hierzu wurden die Lehrkräfte nachträglich schriftlich von mir befragt:

Bei der Überprüfung des ATNR zeigte sich, dass dieser Reflex bei den meisten sprachauffälligen Kindern noch auslösbar war.
Bitte geben Sie an, ob sich die Kinder, bei denen der Reflex **nicht** auslösbar war, in irgendeiner Weise vom Rest der Klasse unterscheiden (Sprache, Leistung, Persönlichkeit, Verhalten, ...)!
Vorname:
Auffälligkeiten im Vergleich zur restlichen Klasse:

Zu den 5 „atypischen“ Kindern der Testgruppe erhielt ich allerdings keine Angaben, die sie irgendwie signifikant vom Rest ihrer Mitschüler unterscheiden.

Da bei den meisten Kindern der regulären Grundschule der ATNR nicht auslösbar war, wurden diese von mir als für die Kontrollgruppe „typisch“ eingestuft und es stellte sich für mich die Frage, ob die 9 Schüler mit auslösbarem ATNR auch im Unterricht irgendwie aus dem Rahmen fallen. Hierzu wurden die Lehrkräfte nachträglich schriftlich von mir befragt:

Bei der Überprüfung des ATNR zeigte sich, dass dieser Reflex bei den meisten Kindern der Grundschule <u>nicht</u> auslösbar war.
Bitte geben Sie an, ob sich die Kinder, bei denen der Reflex **doch** auslösbar war, in irgendeiner Weise vom Rest der Klasse unterscheiden (Sprache, Leistung, Persönlichkeit, Verhalten, ...)!
Vorname:
Auffälligkeiten im Vergleich zur restlichen Klasse:

Zu den 9 „atypischen“ Kindern der Kontrollgruppe erhielt ich folgende Angaben, die ich in Stichworten wiedergebe:

- **Marco:** Sehr unruhig, Probleme mit der Mengenerfassung, Linkshänder, IQ im unterdurchschnittlichen Bereich; Überprüfung auf sonderpädagogischen Förderbedarf ist geplant.
- **Jan-Martin:** Hatte am Anfang des Schuljahres Probleme mit Überkreuzbewegungen.
- **Peter:** Beim Lesen Probleme mit der Synthese, Konzentrationsprobleme.
- **Stefan:** Zappelig, große emotionale Probleme, Schwierigkeiten beim Zusammenlesen und bei der Unterscheidung mathematischer Operationen.
- **John:** Artikulationsprobleme (r), Begabungsdefizit, Überprüfung auf sonder-

pädagogischen Förderbedarf ist angefordert.
- **Josepha:** Leseprobleme (Synthese).
- **Kathrin:** Spricht nur Wortfetzen, Leseprobleme bei Analyse und Synthese, Probleme in Mathematik.
- **Chantal:** Unauffällig.
- **Lisa:** Unauffällig.

Es zeigt sich hier ganz deutlich, dass fast alle Schüler der Kontrollgruppe (Grundschule) mit auslösbarem ATNR auch im Unterricht Problemkinder sind, die einen erhöhten Förderbedarf - häufig im (schrift)sprachlichen Bereich - haben.

Interpretation
Meine in der Einleitung formulierte Vermutung, dass das Persistieren des ATNR die Entwicklung des Sprachzentrums hemmen kann, ist durch diese Untersuchung zwar nicht bewiesen, sie ist aber doch in den Bereich größerer Wahrscheinlichkeit gerückt. Noch mal erinnern möchte ich an die Aussagen von *Schilling* und *Springer/Deutsch*, wo der Zusammenhang zwischen Seitenbevorzugung bei der Kopfwendigkeit des Säuglings und späterer Handpräferenz aufgezeigt wird. Mit der Handpräferenz sind wir ja gleichzeitig bei der Hemisphärendominanz für Sprache.

Die von mir aufgestellte Hypothese, dass der ATNR bei Sprachauffälligen häufiger nachweisbar sein müsste, als in der gleichaltrigen übrigen Population, ist durch die Untersuchung deutlich verifiziert. Es ist nun einerseits möglich, dass für den persistierenden ATNR **und** für die Sprachauffälligkeit die selbe Ursache zugrunde liegt, oder aber dass der persistierende ATNR tatsächlich die Sprachentwicklung behindert. Diese Vermutung sollte für weitere Forschungen als Arbeitshypothese herangezogen werden. Durch weitere Forschungen wäre zu klären, ob sich bei sprachauffälligen Vorschul- und Schulkindern die therapeutischen Fortschritte beschleunigen, wenn der zuvor auslösbare ATNR in der Therapie integriert wird. Diese Forschung kann jedoch nicht von einer einzelnen Person geleistet werden, da zur Bildung von Versuchs- und Kontrollgruppen eine größere Population benötigt würde. Hier wären die Universitäten gefragt!

Da ein persistierender ATNR auf jeden Fall unphysiologisch ist, und bei älteren Kinder dann wahrscheinlich die Schreibmotorik negativ beeinflusst, sollte es das Ziel jeder therapeutischen Förderung im Vorschulalter (und später erst recht!) sein, den ATNR möglichst rasch zu integrieren.“[13)]

Literatur zu diesem Kapitel:

- Ayres, A.J.: Bausteine der kindlichen Entwicklung, Berlin/Heidelberg 1984
- Brand/ Breitenbach/ Maisel: Integrationsstörungen, Würzburg 1985
- Bronisch, F.W.: Die Reflexe, Stuttgart 1979
- Dennison, P.: Total Core Repatterning, Freiburg 1997
- Flehmig, I.: Normale Entwicklung des Säuglings und ihre Abweichungen, Stuttgart 1987
- Gillitzer, B.: Das Auftreten überdauernder Primitivreflexe ... Schriftliche Hausarbeit 1989
- Platzer, W.: Taschenatlas der Anatomie, Band 1, Stuttgart 1991
- Remschmidt/Schmidt: Neuropsychologie des Kindesalters, Stuttgart 1981
- Springer / Deutsch: Linkes Rechtes Gehirn, Heidelberg/Berlin 1995
- Touwen, B.: Die Untersuchung von Kindern mit geringen neurologischen Funktionsstörungen, Stuttgart 1982

Ausweg
Frühkindliche Reflexe diagnostizieren und integrieren

Wenn einem die Bedeutung des ATNR bewusst wird, muss man es als Irrweg oder zumindest als nicht gegangenen Weg betrachten, wenn Schulanfänger nicht auf einen persistierenden ATNR überprüft werden. Die Überprüfung (die oben beschrieben wurde) bleibt natürlich wirkungslos, wenn keine Therapie folgt:

„Beschäftigen wir uns nun mit einer Übung zur Integration des **asymmetrischen tonischen Nackenreflexes – ATNR**.
Brand/Breitenbach/Maisel empfehlen zur Integration des ATNR das Einnehmen bestimmter Positionen bei Bewegungsspielen auf „Rollbrettern, Balken, Plattformschaukeln, Balancierbrettern usw. Wichtig ist wieder der Beginn aller Übungen im Vierfüßlerstand, später erst als Erschwerung im Stand, eventuell zusätzlich gekoppelt mit Gleichgewichtsübungen. Die Therapie dauert oft Wochen und Monate, ... (*Brand/Breitenbach/Maisel* 1985, Seite 155).

Zu dieser Übungsanleitung möchte ich mir einige kritische Anmerkungen gestatten.
Da frühkindliche Reflexe durch ihren natürlichen Gebrauch oder durch das Reifen höherer Bewegungsmuster (wie Stell- und Gleichgewichtsreaktionen) verschwinden, erscheint es sinnvoll, die reflexauslösenden Stellungen einzunehmen und auch noch Gleichgewichtsübungen dazu zu nehmen. Dies scheint aber als Therapie nicht besonders intensiv zu wirken, und *Brand/Breitenbach/Maisel* schreiben ja selbst, dass die

Therapie oft Monate dauert. Die lange Therapiedauer darf aber eigentlich nicht verwundern, denn wenn der ATNR beim gegebenen Klienten durch das bloße Einnehmen einer reflexauslösenden Stellung integrierbar wäre, wäre er schon auf natürliche Weise längst integriert, da das Kind die Kopfdrehung, die zum ATNR führt, zeitlebens sicher schon häufiger ausgeführt hat, als es sie in der Therapie je ausführen wird. Und warum sollen die Übungen zuerst im Vierfüßlerstand durchgeführt werden? Diese Stellung hat physiologisch mit dem ATNR nichts zu tun. Sie ist lediglich für die Überprüfung des Reflexes wichtig, da durch das Körpergewicht die Beugung des Armes besser zu beobachten ist.

In dem weiter oben erwähnten Seminar mit *Dennison* konnte ich erleben, wie der ATNR schlagartig integriert werden kann. Die dort gezeigten Methoden können allerdings nicht von jedermann sofort nachgemacht werden, da sie eine gründliche Erfahrung mit dem Arbeiten mit Muskeltests voraussetzen (42 verschiedene Muskeln werden mindestens 4 mal getestet, also 168 Muskeltests in einem Übungsablauf!). Ich möchte dennoch versuchen, die Abläufe zumindest im Prinzip zu erläutern", eine „Light-Version" mit 14 Muskeln kann man sich eventuell durch die Lektüre meines Buches ***Praxis der pädagogischen Kinesiologie*** aneignen, wo das Testen dieser Muskeln beschrieben ist. Sinnvoller wäre allerdings, das Testen der entsprechenden Muskeln in einem ***Touch-For-Health-Kurs*** (Zweitages-Kurs) zu erlernen.

„Im Prinzip wird auch hier der Reflex dadurch gelöscht, dass höhere Bewegungsmuster, wie Stellreaktionen oder Willkürbewegungen, provoziert werden. Vereinfacht könnte man sagen, das Nervensystem vergisst bei der herkömmlichen Therapie die neuronalen Bahnungen wieder, wodurch der Reflex wieder aktiv werden kann. Mit der kinesiologischen Methode werden die richtigen Bahnungen aber dauerhaft im Körper programmiert. Sie werden durch zahlreiche Muskeltests verankert, d.h., das Nervensystem „merkt" sich diese Bahnungen. Durch diese Verankerung auf einer höheren Ebene können die Bewegungen nicht mehr durch einschießende Reflexe gestört werden.

Der Übungsablauf im Detail:

1. Auslösen des ATNR durch Kopfdrehung
2. Überprüfung von 14 Muskeln, protokollieren („vorher"), welche stark, welche schwach sind
3. Überkreuzbewegungen machen, dabei an ein X denken
4. Überprüfung von 14 Muskeln, protokollieren („nach X-Bew."), welche stark, welche schwach sind
5. Homolaterale Bewegungen machen, dabei an parallele Linien (II) denken
6. Überprüfung von 14 Muskeln, protokollieren („nach II-Bew."), welche stark, welche schwach sind

7. Mit Muskeltest abfragen, ob das Kind bereit zu einer Veränderung ist (Formulierung: „Dieses System ist bereit für eine Veränderung“ – muss mit starkem Muskel quittiert werden)
8. Auswahl aus einer Reihe von Neubahnungsmethoden, ich beschreibe hier die passive Neubahnung der Kernmuskeln (die Kernmuskeln sind die Rumpfmuskeln, die nicht der Bewegung der Extremitäten dienen)
9. Das Kind richtet die Augen nach oben (links oder rechts – wird zuvor ausgetestet) und summt; ich drücke auf linke Schulter und rechte Hüfte, danach auf rechte Schulter und linke Hüfte; ich drücke auf Hüfte und Schulter links, dann auf Hüfte und Schulter rechts; ich ziehe gleichzeitig an linker Schulter und rechter Hüfte, danach an rechter Schulter und linker Hüfte; ich ziehe an Hüfte und Schulter links, dann an Hüfte und Schulter rechts.
10. Das Kind faltet die Hände
11. Überkreuzbewegungen machen, dabei Blick in alle Richtungen
12. Überprüfung von 14 Muskeln, alle müssen stark sein
13. Homolaterale Bewegungen machen, dabei Blick in alle Richtungen
14. Überprüfung von 14 Muskeln, alle müssen schwach sein
15. ATNR provozieren, darf nicht mehr auslösbar sein

Zu versuchen, die Vorgänge während dieser Neubahnung zu interpretieren, würde den Rahmen dieses Buches sprengen. Wer mit dieser Methode arbeiten will, muss sie ausprobieren und wird dann sehen, **dass** sie wirksam ist.

Wer das Muskeltesten nicht beherrscht, sollte die Integration des ATNR an einen Ergotherapeuten, Physiotherapeuten oder Krankengymnasten delegieren.

Zur ***Wirksamkeit*** dieses Verfahrens: Ich habe mit meinen Schulkindern (im Alter von ca. 8 Jahren) mit dieser Methode gearbeitet und bei fast allen den ATNR nachhaltig integriert.

	ATNR integriert	nachgeprüft Febr. 98	nachgeprüft Juli 98
J.K.	20.6.97	o.B.	o.B.
P.K.	25.4.97	o.B.	auslösbar
E.X.	15.4.97	o.B.	o.B.
M. E.	nicht auslösbar		
M. T.	25.7.97	o.B.	o.B.
V. P.	nicht auslösbar		
K. H.	nicht auslösbar		
S. G.	29.4.97	o.B.	o.B.
G. A.	nicht auslösbar		
I. X.	8.4.97	o.B.	o.B.
C. B.	2.5.97	o.B.	o.B.

Man sieht in der Tabelle deutlich, dass ein einmal integrierter ATNR (fast) nicht mehr auftritt!!!

Nur bei einem der oben gezeigten Beispiele ist der ATNR wieder aufgetreten, und zwar nach über einem Jahr. Es handelt sich hierbei um ein Kind mit minimaler cerebraler Dysfunktion.

Leser, die sich (in einem Touch-For-Health-Kurs) in die Arbeit mit 42 Muskeln eingearbeitet haben, können das beschriebene Prozedere natürlich auch mit den 42 Testmuskeln durchführen. Die Wirkung wird dann noch intensiver sein, als bei der Arbeit mit nur 14 Muskeln. Im **Anhang** wird ein Protokollblatt für die Arbeit mit 42 Muskeln abgebildet. Die fettgedruckten Muskeln sind unsere 14 Indikatormuskeln, auf deren Beschreibung ich mich weiter oben beschränkt habe. Die Reihenfolge der Muskeln geht nicht nach ihren korrespondierenden Meridianen, sondern nach ihrer räumlichen Nähe, um eine größtmögliche Ökonomie beim Testablauf zu erreichen. (Der Tester muss nicht vom Arm zum Bein und dann wieder zurück hüpfen – es geht immer schön Stück für Stück weiter.)“[14)]

Irrweg
Ignorieren von Lateralitätsstörungen

Wenige Wochen vor dem Schreiben dieser Zeilen wurden mir zwei Drittklässerinnen vorgestellt, die ich wegen ihrer Rechtschreibprobleme überprüfen sollte. Bei der einen fiel mir auf, dass sie das Blatt beim Schreiben um 45° kippte, bei der anderen war eine extreme Seitenneigung des Kopfes beim Schreiben zu beobachten. Beide Beobachtungen ließen mich sofort an Lateralitätsstörungen denken, weshalb ich in dieser Richtung weiter überprüfen musste. Ich werde später auf die beiden Mädchen zurückkommen.

Da nach meiner Meinung, nach meiner Erfahrung, ja nach meiner tiefen Überzeugung Lateralitätsstörungen als Grundstörung hinter vielen Problemen (Sprachstörungen, Lernstörungen, Verhaltensauffälligkeiten) stehen, erscheint es mir nötig dieses Thema hier etwas weiter auszubreiten (als Ruheständler - wenn ich die nötige Zeit habe - werde ich versuchen, das Thema auch empirisch weiter zu erforschen):

Zunächst zitiere ich aus einem Patientenmerkblatt der *Deutschen Akademie für Akupunktur und Aurikulomedizin*, welches den Titel ***Probleme mit der Händigkeit*** trägt:

„Beim gesunden Menschen besteht eine harmonische Zusammenarbeit beider Hirnhälften, also eine stabile Lateralität (lateral = seitlich). Diese Harmonie kann durch

Krankheit, Erschöpfung, Überlastung, Stress oder Schock beeinträchtigt werden. Wir nennen diesen Zustand auch Lateralitätsinstabilität.

Sowohl beim Rechtshänder als auch beim Linkshänder kann eine Instabilität der Lateralität bestehen. Eine solche Instabilität tritt auf, wenn die harmonische Zusammenarbeit der beiden Hirnhälften vorübergehend oder dauerhaft gestört ist. Wird ein Linkshänder bezüglich seiner Händigkeit umerzogen, dann wird er durch den chronischen Gebrauch der rechten Hand für Schreibarbeiten etc. die „falsche", nämlich seine linke Hirnhälfte benutzen und sie damit überfordern. Er wird lateralitätsinstabil.

Auch beim Rechtshänder kann eine Überlastung der Hirnhälften auftreten, wenn z.B. beidhändig differenzierte Arbeiten ausgeführt werden müssen (z.B. Maschinenschreiben, Klavierspielen). Auch gewisse Störfaktoren wie tote Zähne, Narben oder Kieferhöhlenprobleme können zu einer Lateralitätsinstabilität führen. Wir nennen diese Störfaktoren Störfelder.

Eine angeborene Instabilität findet man bei Rechtshändern, die Linkshänder in der Familie haben. Linkshänder selbst fallen häufig auch dann als instabil auf, wenn sie nicht umerzogen wurden. Außerdem kennt man die Instabilität als Reifungsproblem, z.B. Legasthenie, Stottern oder Bettnässen.

Auswirkungen einer Lateralitätsinstabilität
Durch eine Lateralitätsinstabilität wird allgemein die Anfälligkeit für körperliche und auch psychische Erkrankungen erhöht. Bereits bestehende Erkrankungen können verschlimmert werden oder lassen sich insgesamt viel schlechter behandeln. Häufig werden z.B. das Bettnässen bei Kindern oder auch Allergien, Ekzeme, Milchschorf (Neurodermitis), Asthma bronchiale oder Heuschnupfen durch eine Lateralitätsinstabilität unterhalten oder sind dadurch schlecht behandelbar. Auch Suchtkranke sind in der Regel lateralitätsinstabil. Sie „stabilisieren" sich für kurze Zeit mit einer Zigarette, mit Essen, Alkohol etc.."

Zwischenbemerkung zum Thema Rechtschreibung: Warum wird die Zigarre mit zwei, die Zigarette jedoch nur mit einem *r* geschrieben?

Ich möchte das Thema **Lateralität** noch weiter ausbreiten:

„Erscheinungsformen der Lateralität

„Unter Lateralität oder Seitigkeit verstehen wir die Ausprägung in Bau und Funktion von Paarorganen bzw. zweier in spiegelbildlicher Anordnung auftretender Bereiche eines unpaarigen Organs, welche sich auf die rechte und linke Körperhälfte verteilen. ... Demnach sind morphologische und funktionelle Lateralität zu berücksichtigen." (*Ullmann*: Psychologie der Lateralität)

In Bezug auf die Seitigkeit spielen die funktionellen Asymmetrien eine wesentlich wichtigere Rolle als die morphologisch-anatomischen, denn sie fallen bereits bei der Verrichtung alltäglicher Tätigkeiten stark ins Auge. „Tatsache ist, dass nur sehr wenige Aktivitäten, welche eine Interaktion mit unserer Umwelt verlangen, von uns ohne den bevorzugten Gebrauch einer Seite des Körpers durchgeführt werden können." (Ebenda)

Mit dem Begriff der **Dominanz** kann die Überlegenheit einer Seite sowohl im zentralen als auch im peripheren Bereich bezeichnet werden.

Im Folgenden werden nur die wesentlichsten Erscheinungsformen der Lateralität beschrieben. Auf Lateralitätserscheinungen wie Zungen- oder Stimmbanddominanz, bzw. auf die anatomischen Erscheinungsformen wird nicht eingegangen.

Händigkeit

Wird bei der Durchführung von Tätigkeiten eine Hand bevorzugt gebraucht, so kann von **Händigkeit** oder **Handdominanz** gesprochen werden. Diese Bevorzugung ist sowohl bei einhändigen Tätigkeiten (eine Hand wird häufiger herangezogen) als auch bei beidhändigen Verrichtungen (eine Hand leitet, die andere unterstützt) zu beobachten.

Neben der Häufigkeit der Handbevorzugung kann auch die relative Geschicklichkeit, mit der bestimmte manuelle Verrichtungen durchgeführt werden, als Indiz für Händigkeit betrachtet werden.

Auch beim Zeichnen und Schreiben zeigen sich unterschiedliche Leistungsausprägungen der beiden Hände. Die führende Hand ist oft auch durch größere Kraft gekennzeichnet.

Aufgrund der unterschiedlichen Auftretens- und Ausprägungsformen manueller Dominanz kann man von **Rechtshändigkeit**, **Beidhändigkeit** und **Linkshändigkeit** sprechen. Die Einteilung in eine der Kategorien ist dann jeweils eine Definitionsfrage. Betrachtet man (rein von der Erscheinungsweise, nicht von der zentralen Organisation her!) Linkshändigkeit als Spiegelbild der Rechtshändigkeit, und umgekehrt, so genügt es, hier eine der Erscheinungsformen zu definieren, um die andere gleich mitzubestimmen. Die Abgrenzung soll hier am Beispiel der Linkshändigkeit aufgezeigt werden.

Bei *Kramer* werden die Sichtweisen verschiedener Autoren zusammengestellt:

Wegener betrachtet einen Menschen dann als Linkshänder, wenn „dessen linke Hand für die Ausführung komplizierter Bewegungen besser disponiert ist als die rechte." „*Littre* definiert den Linkshänder als einen Menschen, der sich gewöhnlich seiner linken Hand bedient, anstelle seiner rechten." „Nach *Bloede* ist Linkshänder derjenige, der sich mit Vorliebe der linken Hand bedient, für alle Arbeiten, die Kraft und Präzision verlangen, und für alle Gesten, welche den Ausdruck erleichtern." *Kramer* selbst unterscheidet in ihrer Definition drei Faktoren, „nämlich bessere Leistungen mit der linken als mit der rechten Hand, oder Bevorzugung der linken Hand bei Tätigkeiten, die a) hohe Präzision und gute Koordination der Bewegung verlangen; b) vor allem Kraft beanspruchen; c) bei denen das Tempo beschleunigt ist." (*Kramer*: Linkshändigkeit)

Lässt sich keine deutliche Bevorzugung einer Hand im o.g. Sinne erkennen, spricht man von Beidhändigkeit oder Ambidextrie.

Beinigkeit

Für die Beschreibung der Beinigkeit bzw. Füßigkeit übernimmt *Kramer* die Definition von *Ludwig*, der darunter eine „angeborene Disposition zur Bevorzugung eines Beines bei allen Tätigkeiten, die einbeinig sind ..., oder bei denen ein Bein eine führende Rolle innehat ..." versteht. (Ebenda)

Die Beinigkeit ist im Vergleich zur Händigkeit wenig untersucht. Zwischen den beiden Beinen treten beim Gehen, Laufen und Schwimmen kaum unterschiedliche Leistungen in Bezug auf Kraft, Geschicklichkeit und Bewegungsfrequenz auf. Insgesamt sind bei den Beinen weniger asymmetrische Tätigkeiten als bei den Händen zu beobachten. Und selbst wo solche Tätigkeiten auftreten, hat das augenscheinlich passive Bein oft recht komplizierte, aber eben unauffällige Aufgaben (z.B. Gleichgewicht halten) zu verrichten. Deutliche Beindominanz zeigt sich bei Sportlern (Spielbein, Sprungbein). Das bevorzugte Bein muss aber nicht unbedingt stärker sein. Es kann durch größere Geschicklichkeit und bessere Leistungskoordination hervortreten.

Bei der Aufgabe, einen Ball zu stoßen, lassen sich deutliche Unterschiede zwischen den Beinen erkennen, da hier Geschicklichkeit und Kraft zum Ausdruck kommen.

Äugigkeit

Das Auge, welches bei einäugigem Sehen bevorzugt herangezogen wird, bzw. welches die Seheindrücke des anderen Auges hemmt, wird allgemein als dominant bezeichnet. Das monokulare Sehen tritt aber nicht nur bei solchen Vorgängen auf, zu denen nur ein Auge herangezogen werden kann, sondern auch bei Sehvorgängen, bei denen beide Augen geöffnet sind, trotzdem aber nur eines benutzt wird. Äugigkeit kann auch nach dem Konzept der Richtungsdominanz gesehen werden. Dieses besagt, dass das dominante Auge die Richtung bestimmt, in der man ein Objekt sieht. Zur Ermittlung des dominanten Auges gibt es diverse Experimente, die hier nicht weiter beschrieben werden sollen, denn manche Autoren „lehnen eine dominierende Äugigkeit überhaupt ab, ... Ihrer Auffassung nach ist Augendominanz ein Artefakt von Untersuchungsbedingungen.“ (*Ullmann*: Psychologie der Lateralität)

Ohrigkeit

Unter Ohrendominanz ist die funktionelle Überlegenheit eines Ohres zu verstehen, die weder pathologisch noch milieubedingt zu ihrer Ausprägung kommt.
Die Bevorzugung eines Ohres zeigt sich, wenn Personen eine Geräuschquelle ausfindig machen wollen, und sich dieser mit einem Ohr nähern, oder wenn sie sich einem von hinten kommenden Geräusch nach einer bestimmten Richtung hin zuwenden. Soll an einer Uhr gelauscht werden, wird diese häufig an das bevorzugte Ohr gehalten.
In Laborsituationen kann Ohrendominanz für verschiedene akustische Stimuli auch beim dichotischen Hören (bei dem der Testperson über Kopfhörer in die beiden Ohren zur selben Zeit unterschiedliche Sachen eingespielt werden) beobachtet werden.

Gekreuzte Lateralität

Kramer spricht von einer Kreuzung, wenn nicht Hand, Bein und Auge der selben Seiten dominant sind. Sie zitiert *Ahrens*, der schreibt, dass Äugigkeit nicht mit Händigkeit und Füßigkeit gekoppelt ist. In einer Untersuchung fand er folgende Häufigkeiten:

- 43,2 % Kreuzungen zwischen Auge und Hand
- 40,4 % Kreuzungen zwischen Auge und Fuß
- 31,5 % Kreuzungen zwischen Hand und Fuß

Nach Kramers eigener Erfahrung besteht aber angeblich doch eine gewisse Korrelation zwischen den einzelnen Lateralitätsformen. Sie zitiert weiter eine Untersuchung von Leisler-Eggert, die folgende Kreuzungshäufigkeiten aufzeigt:

- Normale 13 %
- Minderbegabte 33 %
- Psychotiker 30 %
- Normal begabte, jedoch emotional labile Schulkinder 55 %

Die Kreuzung der Lateralität dürfte in den meisten Fällen angeboren sein. Konflikte können sich aber ergeben, wenn eine Kreuzung durch Umerziehung (von Linkshändigkeit zu Rechtshändigkeit) entsteht. Als Folge wird z.B. Legasthenie angeführt. (*Kramer*: Linkshändigkeit)

Lateralität in der Edu-Kinestetik

Dennison, der Begründer der Edu-Kinestetik, verwendet den Begriff der Lateralität weitläufiger. Für ihn ist Lateralität auch eine *Dimension der Intelligenz*. In der Dimension der Lateralität hat der Mensch „die Fähigkeit, die Mittellinie zu kreuzen, im Mittelfeld zu arbeiten und linearen symbolischen, geschriebenen Code von links nach rechts und von rechts nach links zu verarbeiten.“ Diese Fähigkeit „ist grundlegend für den schulischen Erfolg.“ Die Unfähigkeit, die Mittellinie zu kreuzen, führt zu Lernstörungen und Leseschwäche. (*Dennison*: Lehrerhandbuch Brain Gym)

Die Sichtweise *Dennisons* steht allerdings in keinerlei Gegensatz zu der oben genannten, basieren die lateralen Fähigkeiten doch auf einer optimalen Kommunikation zwischen rechter und linker Hemisphäre, die für jeweils unterschiedliche Funktionen zuständig sind.

Die Fähigkeit, die Mittellinie zu kreuzen, hat sowohl motorische als auch sensorische Ausprägungen: Auf motorischer Ebene ist es die Möglichkeit, Überkreuzbewegungen ohne bewusste Anstrengung der logischen Hemisphäre durchzuführen, und - auf schulische Fähigkeiten bezogen - stressfrei zu schreiben. Auf sensorischer Ebene sind die Funktionen von Augen (Blick in alle Richtungen, Augenfolgebewegung, Lesen) und Ohren (gleichwertiger „Empfang“ über beide Ohren, denken, erinnern) betroffen.

Funktionelle Differenzierung der Großhirnhemisphären

Nach der Beschreibung der Erscheinungsformen der Lateralität, beziehungsweise der Dominanz eines von zwei paarig veranlagten Organen, erscheint es nun notwendig, die Hintergründe dieser Erscheinungen näher zu betrachten.

Die Leistungsfähigkeit der Organe ist natürlich nicht nur von ihnen selbst abhängig, sondern von der Leistungsfähigkeit der entsprechenden Areale, aus denen sie im Gehirn gesteuert werden. In Bezug auf Bewegung würde dies bedeuten, dass die qualitativ bessere Hemisphäre eine höhere Leistungsfähigkeit des Bewegungsapparates auf der gegenüberliegenden Körperseite bedingt. Bei einem Rechtshänder wäre demnach die linke Hemisphäre leistungsfähiger. Wird nun aber die höhere Leistungsfähigkeit des Bewegungsapparates durch eine leistungsfähigere Großhirnhemisphäre bedingt, oder wird die Leistungsfähigkeit der Hemisphären durch den Bewegungsapparat beeinflusst? Dass die Händigkeit eines Menschen sehr frühzeitig angelegt wird, konnte man in der Zeitschrift *FOCUS* (16/1998) lesen. Hier wird von einer Untersuchung an der Queen´s University in Belfast berichtet, die davon spricht, dass bereits bei zehnwöchigen Embryonen eine eindeutige Links- oder Rechtshändigkeit nachgewiesen werden konnte. Zu diesem frühen Zeitpunkt sei das Gehirn aber noch nicht genügend ausgebildet, um so differenzierte Bewegungen kontrollieren zu können. Man folgert aus den Beobachtungen an 87 Embryonen, dass die pränatalen Bewegungen das Wachstum des Gehirns viel stärker beeinflussen, während man früher mehr davon ausging, dass das Gehirn die Bewegungen beeinflusst.

Zu welchen unterschiedlichen Leistungen sind nun die beiden Hemisphären fähig? Ältere Autoren sprechen noch pauschal von einer dominanten und einer nichtdominanten Hemisphäre, wobei manchmal behauptet wird, dass die Hemisphären anatomisch gleich seien, und dass die Dominanz erst während der Schulzeit zustande käme. Wir wären dann in der Situation, dass wir von zwei anatomisch gleichwertigen Hälften nur die eine voll funktionell ausnützen würden. Nach anderen Autoren gibt es aber doch anatomische Unterschiede zwischen den Hirnhälften. So schreibt *Poeck*, dass beim erwachsenen Rechtshänder der Bereich der linken Hemisphäre, in dem das Sprachzentrum sitzt, größer ist, als der entsprechende Bereich in der rechten Hemisphäre. Dieser anatomische Unterschied sei häufig auch schon bei Embryonen nachweisbar. (*Poeck*: Neurologie)

Springer/Deutsch schreiben im Zusammenhang mit der Lateralitätsentwicklung, dass Studien gezeigt haben, „dass Säuglinge, die erst ein paar Tage alt sind, eine ausgeprägte Vorliebe dafür haben, den Kopf nach rechts zu drehen. Obwohl die Bedeutung dieser Präferenz nicht feststeht, gibt es doch die vorläufige Hypothese, dass sie etwas mit der späteren Handpräferenz zu tun haben könnte.

Eine Forschergruppe hat über eine statistisch signifikante, wenn auch nicht sonderlich hohe Korrelation zwischen der Drehrichtung des Kopfes im Säuglingsalter und der Händigkeit im Alter von sieben Jahren berichtet. Für diesen Zusammenhang bieten sich mindestens zwei mögliche Erklärungen an. Die erste geht davon aus, dass die Vorliebe für eine bestimmte Drehrichtung des Kopfes im Kleinkindalter die spätere Entwicklung der Handpräferenz beeinflusst. So sehen beispielsweise diejenigen Säuglinge, die ihren Kopf vorzugsweise auf die rechte Seite drehen, häufiger ihre rechte Hand als ihre linke; dies könnte zu einer besseren Koordination zwischen Auge und rechter Hand führen und das wiederum dazu, dass diese Hand beim visuell gesteuerten Greifen bevorzugt wird. Zweitens wäre es möglich, dass die Bevorzugung einer Kopfdrehrichtung und die spätere Handpräferenz deshalb zusammenhängen, weil beide durch dieselben Gehirnmechanismen festgelegt werden.“ (*Springer/Deutsch*: Linkes/Rechtes Gehirn)

Heute geht man davon aus, dass jede der Hirnhälften Aufgaben hat, für die die andere nicht zuständig ist, es also keine generelle Dominanz gibt.

Vorsicht ist also bereits mit dem eben verwendeten Begriff Sprachzentrum geboten. Wenn hier von den anatomischen Unterschieden gesprochen wird, beziehen sich diese sicher nur auf einen Teil der sprachlichen Funktionen. Sagt man nämlich pauschal (was häufig geschieht), beim Rechtshänder sei das Sprachzentrum in der linken Hemisphäre, so sind in dieser Aussage schon zwei mögliche Fehler: Erstens muss dies im Einzelfall nicht zutreffen und zweitens sind unterschiedliche sprachliche Funktionen in unterschiedlichen Hemisphären lokalisiert. Der Hirnbereich, der gewöhnlich mit Sprachzentrum bezeichnet wird, enthält nämlich nur die logischen sprachlichen Funktionen. Gefühlsmäßige sprachliche Funktionen werden nämlich aus der gegenüberliegenden Hemisphäre gesteuert. Wenn z.B. ein Rechtshänder nach einer Verletzung in der linken Hemisphäre nicht mehr richtig sprechen kann, so ist er aber dennoch in der Lage zu fluchen. Das Fluchen ist nämlich etwas Emotionales, was wie eben gesagt, auf der anderen Seite repräsentiert ist. Man kann auch nicht generell sagen, das Sprachzentrum sei beim Rechtshänder in der linken Hemisphäre! Was man sagen kann, ist dass bei Rechtshändigkeit häufig das (für logische Aufgaben zuständige) Sprachzentrum in der linken Hemisphäre liegt. Es kann aber auch in der rechten Hemisphäre liegen. Beim Linkshänder ist der Schluss, dass das (logische) Sprachzentrum in der rechten Hemisphäre liegt, noch weniger zulässig, da sehr viele Linkshänder sprachlich im Gehirn genauso organisiert sind, wie Rechtshänder. In der Realität haben nämlich nur 30% der praktizierenden Linkshänder (nicht jeder, der als Linkshänder geboren wird, kann seine Linkshändigkeit auch leben) , also 3% der Gesamtbevölkerung ihr (logisches) Sprachzentrum auf der rechten Seite. (*Peschanel*: Linkshänder sind besser)

Nach dem eben Gesagten scheint es sinnvoll, nicht mehr von dominanter und untergeordneter Hemisphäre zu sprechen, und auch den Begriff Sprachzentrum nur sehr vorsichtig zu benutzen. Nach der Erkenntnis, dass von der einen Hemisphäre mehr die logischen Aufgaben gesteuert werden, von der anderen dagegen die emotionalen (ganzheitlichen), erscheint es sinnvoller von einer ***logischen Hemisphäre*** auf der einen und der ***Gestalthemisphäre*** auf der anderen Seite zu sprechen. Da die logischen sprachlichen Funktionen aber meist im Vordergrund des Interesses stehen, hat es sich auch eingebürgert, vom ***Sprachgehirn*** auf der einen, und dem ***Gestaltgehirn*** auf der anderen Seite zu sprechen.

Eine Gegenüberstellung der Arbeitsweisen der Hemisphären zitiert *Peschanel* aus dem Englischen, wobei die Hemisphären hier sehr personifiziert dargestellt werden. Wir können uns anstelle der Hemisphären aber auch tatsächlich verschiedene Menschen vorstellen, die eben zum einen stark aus der linken, zum anderen stark aus der rechten Hemisphäre gesteuert werden. Ich zitiere (aus *Peschanel*: Linkshänder sind besser) leicht gekürzt:

LINKS	**RECHTS**
intellektuell	*intuitiv*
bevorzugt verbale Anweisungen	*bevorzugt Vorführungen*
experimentiert systematisch	*experimentiert offen für Zufälle*
Problemlösung durch Zerlegung	*Problemlösung durch Blick auf das Ganze*
beurteilt objektiv	*beurteilt subjektiv*
ist geplant und strukturiert	*ist fließend und spontan*
bevorzugt sichere Information	*bevorzugt unsichere Information*
analytischer Leser	*die ganze Situation vor sich aufbauender Leser*
denkt und erinnert sprachlich	*denkt und erinnert bildlich*
bevorzugt zu reden und zu schreiben	*bevorzugt zu malen und Objekte zu gestalten*
hat kontrollierte Gefühle	*hat freien Umgang mit Gefühlen*
bevorzugt akustische und visuelle Reize	*bevorzugt kinästhetische Reize*
tut sich schwer, Körpersprache zu verstehen	*gut im Verstehen von Körpersprache*
reagiert auf Ereignisse in der Außenwelt	*im Wesentlichen aus sich selbst heraus handelnd*
Benutzt selten Wortbilder und Analogien	*Benutzt oft Wortbilder und Analogien*
Logische Problemlösungen	*intuitive Problemlösungen*

Eine noch stärker personifizierte Darstellung der Hemisphären gibt *Dennison* auch in seinem Buch „Befreite Bahnen“, in dem er Personen beschreibt, die die typischen Eigenschaften einer Gehirnhälfte haben:

„Linke Gehirnhälfte geht wie ein Computer durch das Leben und sieht sogar aus wie einer. Nichts kann ihn erregen, aber er besitzt die Fähigkeit, Unmengen von Daten effizient und methodisch, Schritt für Schritt, zu verarbeiten und zu speichern. Linke Gehirnhälfte zieht auditive Informationen vor, besonders gesprochene Sprache, und speichert sie auf logische und organisierte Art, so dass sie danach abgefragt werden können...Er kann jedoch nicht zeichnen und betätigt sich nie kreativ oder künstlerisch. Linke Gehirnhälfte kann sich sehr schön auf einen Punkt oder ein Problem konzentrieren und allen Ablenkungen widerstehen, bis er sicher ist, dass er die richtige Antwort gefunden hat. Er analysiert und denkt lieber logisch, als dass er der Intuition vertraut...Er ist angespannt und starr, bewegt sich schwerfällig im Raum und kann sich auf der Tanzfläche durchaus lächerlich machen...

Rechte Gehirnhälfte versteht das Universum als Ganzes und fühlt den Reichtum und die Vollständigkeit aller Erfahrungsdimensionen. Sie würde nicht im Traum versuchen, ein Problem zu verstehen oder logisch zu analysieren...Rechte Gehirnhälfte könnte man einen Künstler nennen...Ihre Vorstellungskraft ist grenzenlos und sie kann leicht visuelle Informationen ins Gedächtnis zurückrufen...Sie wird von ihren Emotionen regiert und kann im Nu aus einer Ekstase in Verzweiflung fallen. Rechte Gehirnhälfte ist eine gute Sportlerin, und die Bewegungen im Raum sind von guter Koordination gekennzeichnet. Sie tanzt hervorragend, denn sie kann sich wirklich in die Musik einfühlen.“ (*Dennison*: Befreite Bahnen)

Aufgrund des weiter oben gesagten muss allerdings hinzugefügt werden, dass die Bezeichnungen *linke* und *rechte* Hirnhälfte nicht korrekt sind; ich würde sie lieber als *die eine* und *die andere* bezeichnen.

Ist Ihnen übrigens aufgefallen, dass die linke Hemisphäre männlich, die rechte dagegen weiblich betitelt wurde. Man kann zwar nicht generell sagen, dass Frauen mehr aus der rechten und Männer mehr aus der linken Hemisphäre gesteuert werden, Frauen scheinen aber doch häufiger die rechte Hemisphäre zu benutzen oder mitzubenutzen. Dies kommt durch einen anatomischen Vorteil. Neueste Forschungen haben nämlich gezeigt, dass der Balken, also die neuronale Verbindung zwischen den Hemisphären bei Frauen mehr Nervenfasern enthält als bei Männern. Dadurch weiß bei den Frauen die eine Hemisphäre immer besser Bescheid über das, was die andere tut. Mit hochmodernen Computeraufnahmen konnte gezeigt werden, dass bei sprachlicher Anregung bei Männern nur eine Reaktion in einer Hemisphäre festzustellen ist, wohingegen bei

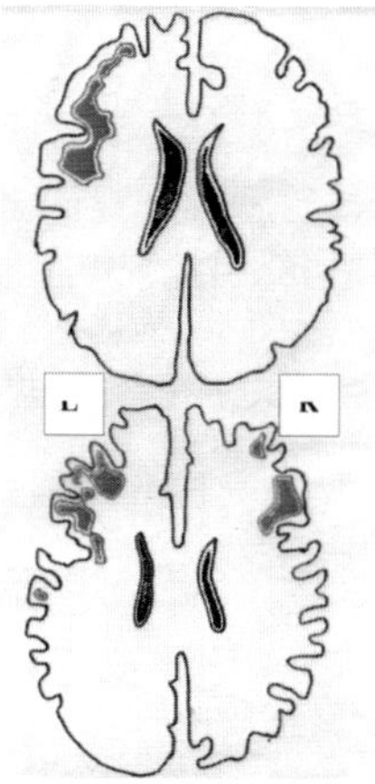

Frauen Aktivitäten auf beiden Seiten zu erkennen sind. Die nebenstehende Abbildung zeigt eine vereinfachte Wiedergabe einer solchen Computeraufnahme. Wir sehen oben ein männliches Gehirn, bei dem nur Aktivitäten in der linken Hirnhälfte zu sehen sind. Unten sehen wir ein weibliches Gehirn, in welchem die Aktivitäten in beiden Hirnhälften auftreten.

Wenn bei den Ursachen für Lateralitätsstörungen die Umerziehung der Linkshänder zu Rechtshändern genannt wurde, sollte man meinen, dass dies heutzutage kein Thema mehr ist, da doch inzwischen jeder wissen müsste, dass man Linkshänder nicht umerziehen darf. Dies gilt aber nicht für alle Kulturen. Bei Moslems z.B. wird die linke Hand nur zum Abwischen des Hintern benutzt, alle „sauberen" Tätigkeiten müssen mit der rechten Hand ausgeführt werden. Es darf bei muslimischen Kindern mit Lese- Rechtschreibproblemen also immer gleich prophylaktisch an eine mögliche Lateralitätsstörung gedacht werden.

Und warum sind auch Linkshänder, die nicht umerzogen wurden, prädestiniert für Lateralitätsstörungen? Weil sie in einer für sie verkehrten Welt leben, und vieles tun müssen, was sie in einer linkshändigen Welt ganz anders machen würden. Viele Werkzeuge sind nur rechtshändig richtig benutzbar. Die Arbeitsrichtung beim Lesen und Schreiben geht von links nach rechts. Ein Linkshänder in einer linkshändigen Welt würde aber von rechts nach links in Spiegelschrift schreiben!"[15)]

Ausweg
Diagnose und Therapie von Lateralitätsstörungen

Kommen wir zurück zu den beiden Mädchen, mit denen ich dieses Kapitel eingeleitet habe. Den Verdacht auf eine Lateralitätsstörung kann man natürlich nur haben, wenn man sich damit auskennt, denn nur was ich kenne, kann ich auch erkennen. Meine Beobachtung bei den beiden lässt mich ein Problem bei der Verarbeitung der visuellen Wahrnehmung im Mittelfeld vermuten, weshalb die eine durch das Kippen des Blattes, die andere durch die Kopfneigung ihr Arbeitsblatt an den Rand des Gesichtsfeldes rückt. Dadurch wird die Integrationsstörung zwischen den beiden Großhirnhemisphären zwar umgangen, sie arbeiten aber nicht mit voller Kapazität, wodurch dann die Leistungen gemindert werden.

Lesen Sie hierzu bitte auch meine Ausführungen im Kapitel **Legasthenie als Krankheit**.

Wie kam man nun eine Lateralitätsstörung **diagnostizieren**?

Beobachtungen:

- wird der Kopf beim Schreiben oder Lesen geneigt?
- wird das Arbeitsblatt gekippt?
- wird das Arbeitsblatt auffällig nach rechts oder links verschoben?
- wird beim Lesen ein Auge zusammengekniffen?
- lässt das Kind beim Gehen die Arme schlaff herabhängen, anstatt sie gegengleich mit den Beinen zu bewegen?
- kann das Kind die Überkreuzbewegung nicht spontan imitieren?

Überprüfung der Händigkeit:

Lassen Sie das Kind

- fangen und werfen
- schneiden
- kleine Teile vom Fußboden aufheben
- ein Steckspiel durchführen
- einhändig einen Turm aus kleinen Bausteinen bauen

Werden dabei abwechselnd beide Hände benutzt, ist eine Lateralitätsstörung zu vermuten, da die Händigkeit nicht eindeutig ausgeprägt ist.

Überprüfung des Schreibens beim Überkreuzen der Körpermitte:

Malen sie auf ein großes Blatt Girlanden:

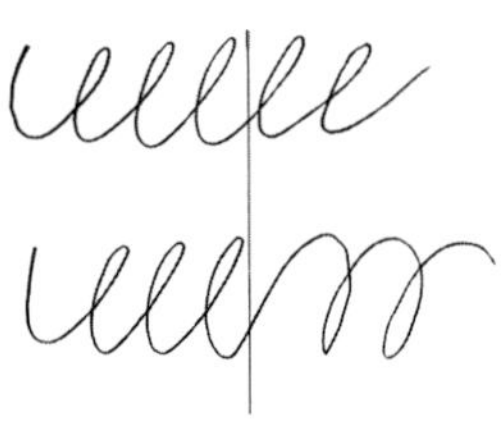

Lassen Sie die Girlanden vom Kind nachfahren. Falten Sie dann das Blatt in der Mitte, so dass der Falz das Blatt in zwei Hälften teilt. Dar Falz muss genau vor der Körpermitte des Kindes liegen. Achten Sie darauf, dass das Kind das Blatt nicht verschiebt. Fordern Sie nun das Kind auf, selbst solche Girlanden unter die Vorlage zu malen. Wenn es beim Übermalen des Falzes, also bei der Überkreuzung der Körpermitte zu einer

Richtungsänderung kommt, liegt eine Lateralitätsstörung vor!

Wiederholen Sie die Übung mit Arkaden.

Wenn beim Überkreuzen der Körpermitte eine Richtungsänderung auftritt, liegt eine Lateralitätsstörung vor!

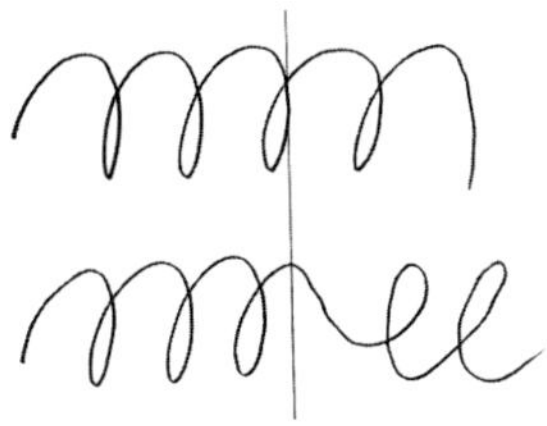

Wenn wir nun Hinweise auf eine Lateralitätsstörung haben, müssen wir diese auch **therapieren**. Ein möglicher Weg ist die Lateralitätsbahnung nach *Dennison*:

Bevor Sie sich mit der Lateralitätsbahnung auf Kinder „stürzen“, sollten Sie diese einige Male mit Freunden etc. üben, damit Ihnen der Vorgang bei der Anwendung wirklich geläufig ist!

„Schon durch die oben genannten Ausführungen zum Thema Lateralität können wir uns vorstellen, wie wichtig es ist, dass die linke und die rechte Großhirnhemisphäre kommunikativ zusammen arbeiten, da es sonst zu Lese- und Rechtschreibschwierigkeiten kommen kann. Wenn beim Gehen die rechte Großhirnhemisphäre und die linke Großhirnhemisphäre schön der Reihe nach arbeiten würden, könnten wir uns nur im Passgang bewegen: Linkes Bein und linker Arm bewegen sich vorwärts, anschließend rechtes Bein und rechter Arm. Bei einer natürlichen Bewegung schwingt aber immer zur Beinbewegung der Arm von der Gegenseite gleichzeitig mit.

Auch beim Lernen oder beim Abrufen von Gelerntem, beim Problemlösen, müssen die Großhirnhemisphären zusammenarbeiten. Denken wir an die Spezialisierung der Großhirnhemisphären: Die eine nimmt ganzheitlich auf, die andere analysiert, die eine arbeitet mehr musisch-emotional, die andere völlig logisch.

Wie würde jemand lernen, bei dem immer nur eine der Großhirnhemisphären dominiert? Würde immer seine logische Hemisphäre dominieren, könnte er nur analysieren und Einzelheiten betrachten. Dies wäre jemand, der „vor lauter Bäumen den Wald nicht sieht“. Würde immer die Gestalthemisphäre dominieren, also alles ganzheitlich und großzügig betrachtet, könnte dieser nie Details wahrnehmen; er könnte nie in kleinen Schritten lernen. Betrachten wir uns als Beispiel jemanden, der das Autofahren lernen muss: Wird er von seiner logischen Hemisphäre dominiert, wird er alle mechanischen Schritte vorbildlich erlernen, er wird aber nie besonders harmonisch fahren, und er wird sehr große Schwierigkeiten haben, auf den übrigen Verkehr zu achten. Auch Wegweiser am Straßenrand wird er nur schlecht erkennen können. Ist der Fahrschüler von seiner

Gestalthemisphäre dominiert, wird er das Autofahren als Ganzes sicher kapieren, er wird aber sehr häufig das Auto abwürgen oder schon aussteigen, obwohl der Motor noch läuft. Den Verkehr um sich herum wird er großzügig wahrnehmen, auch Wegweiser sieht er rechtzeitig; trotzdem wird er sich häufig in der falschen Spur einordnen.

Um richtig Autofahren zu lernen, brauchen wir beide Großhirnhemisphären und wir brauchen den hohen und den niederen Gang. Obwohl diese beiden Begriffe sehr nach Autofahren klingen, haben sie damit überhaupt nichts zu tun. Der scheinbare Zusammenhang entsteht nur durch das von mir gewählte Beispiel. Die Begriffe hoher und niederer Gang stammen aus der Edu-Kinestetik (engl.: high gear - low gear) und haben folgende Bedeutung:

Wenn wir etwas Neues lernen müssen, benötigen wir den niederen Gang, d.h. wir müssen uns jedes Detail genau anschauen, wir müssen über alles nachdenken, wir müssen planen, analysieren. Beim Lernen im niederen Gang ist unsere logische Hemisphäre angestrengt (da sie ja analysieren muss) und es fällt uns schwer, gleichzeitig noch andere Entscheidungen zu treffen oder auf Fragen zu antworten. Wenn der Fahrschüler sich gerade im niederen Gang abmüht, die einzelnen Abläufe beim Fahren „auf die Reihe" zu bekommen, wird er kaum die Wegweiser am Straßenrand sehen, und es dürfte ihm schwer fallen, nebenbei noch ein Gedicht aufzusagen. Möglicherweise überhört er sogar Fragen oder Anweisungen seines Fahrlehrers. Oder stellen Sie sich einen Lehrling vor, der gerade eine komplizierte handwerkliche Tätigkeit erlernen muss. Seine logische Hemisphäre ist so angestrengt, dass er auf die Frage des Kollegen, der wissen will, was er ihm zur Brotzeit mitbringen soll, kaum antworten kann. Er wird wahrscheinlich die Arbeit unterbrechen, dann nachdenken und dann erst seine Bestellung aufgeben. Jahre später kann er bei der gleichen Tätigkeit sofort sagen, welche Brotzeit er möchte und dem Kollegen sogar noch nachrufen, dass eine Flasche Bier dazu auch nicht schlecht wäre, ohne die Arbeit zu unterbrechen.

Gedanken und Bewegungen im niederen Gang bereiten also Mühe!

Wenn etwas Gelerntes später sinnvoll angewendet werden soll, muss es automatisiert werden, es muss in den hohen Gang geschaltet werden. Gedanken oder Bewegungen, die im hohen Gang ablaufen, benötigen keine Analyse mehr, man muss nicht mehr dabei nachdenken, sie laufen als ganzheitliche Prozesse ab: Läuft das Autofahren im hohen Gang ab, gehen die Bewegungen automatisch, man hat Zeit sich umzuschauen, man kann auf Fragen antworten oder über x-beliebige Dinge nachdenken, denn das Sprachhirn ist nicht mehr blockiert. Abläufe im hohen Gang sind also mehr gestalthirngesteuert.
Ist also der hohe Gang besser als der niedere Gang?

Ganz und gar nicht! In neuen Situationen benötigt man zum Lernen meist den niederen Gang, um das Gelernte hinterher, wenn man damit vertraut ist, in den hohen Gang zu bringen. (Stellen Sie sich einen Fahrschüler vor, der glaubt, schon alles zu können, und die erste Fahrstunde im hohen Gang beginnen will! Das könnte Blechschaden geben.)
Und auch wenn man Vorgänge im hohen Gang beherrscht, muss man immer in der Lage sein, in den niederen Gang zurückzuschalten, wenn sich eine Situation verändert, und sie daher neu analysiert werden muss. Um beim Autofahren zu bleiben: Kommt man in eine fremde Stadt oder muss man ein völlig fremdes Fahrzeug steuern, wird man nicht umhin kommen, zunächst in den niederen Gang zurückzuschalten.
Integriertes Lernen (also Lernen mit dem ganzen Gehirn) wird immer aus einem ständigen Umschalten zwischen niederem und hohem Gang bestehen.
Wer immer im niederen Gang verharrt, wird lernblockiert sein.
Wer immer im hohen Gang verharrt, wird lernblockiert sein.
Wer Stress hat, zwischen niederem und hohem Gang umzuschalten, nützt nicht die volle Kapazität seiner Großhirnhemisphären und ist lernblockiert.
Bezieht man dies auf die Erkenntnis, dass Lernen Bewegung ist, bedeutet es umgekehrt: Wer Probleme hat, seine Körpermitte stressfrei zu überkreuzen (wozu er ja die harmonische Zusammenarbeit der Großhirnhemisphären braucht), kann nicht mit seinem ganzen Gehirn integriert lernen, ist also nicht voll leistungsfähig. Das Ziel der Lateralitätsbahnung ist es, anstrengende Bewegungen in automatische Bewegungen umzuwandeln, um dadurch blockierte Gehirnkapazitäten für das Lernen frei zu bekommen, und integriertes Lernen mit dem ganzen Gehirn zu ermöglichen.
Wie kann man nun feststellen, ob jemand stressfrei die Körpermitte überkreuzen kann, bzw. ob er zwischen hohem und niederem Gang umschalten kann?
Dies ist einerseits durch Muskeltests möglich, andererseits aber auch durch Beobachtung. Beginnen wir mit der Beobachtung, da dies der Leser an sich selbst ohne Testpartner ausprobieren kann:

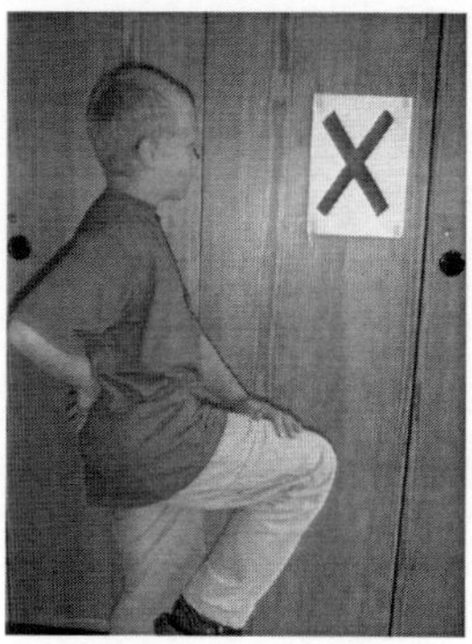

Teil 1 der Übung: Malen Sie sich auf ein großes Blatt Papier ein großes X. Schauen sie dieses X an, während sie Überkreuzbewegungen machen.

Wie ist Ihnen die Bewegung gefallen? Leicht oder schwer? Konnten sie die Überkreuzbewegungen spontan machen, ohne nachzudenken, oder mussten sie erst einen Moment überlegen? Wenn Sie erst überlegen mussten, dann war Ihre logische Hemisphäre angestrengt, d.h. die Bewegung ist im niederen Gang abgelaufen; dies bedeutet wiederum, dass Sie momentan Schwierigkeiten hatten, die Körpermitte zu überqueren. Da die Überkreuzbewegungen ein natürliches Bewegungsmuster sind, sollten sie nämlich automatisch, also ohne Anstrengung des Sprachhirns ablaufen.

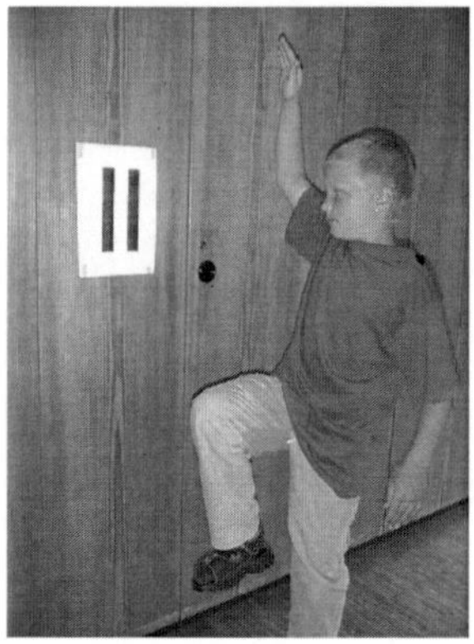

Teil 2 der Übung: Malen sie auf ein großes Blatt Papier zwei parallele Linien, wie eine große römische II. Während Sie diese Linien anschauen, bewegen Sie sich jetzt homolateral, also gleichseitig. Sie gehen nicht überkreuz, sondern heben gleichzeitig das rechte Bein mit dem rechten Arm und dann das linke Bein mit dem linken Arm (Passgang). Die Hand sollte bei dieser Bewegung mindestens in Kopfhöhe gehoben werden, damit eine Bewegung in der Schulter entsteht.

Wie fühlen sie sich bei dieser Bewegung? Mussten Sie erst nachdenken, oder konnten Sie die Bewegung spontan ausführen?

Ich vermute mal folgendes: Wenn Ihnen die Überkreuzbewegungen leicht gefallen sind, sind Sie sich bei den homolateralen Bewegungen sicher zuerst etwas komisch vorgekommen. Sie mussten bewusst nachdenken, um diese ungewöhnlichen Bewegungen flüssig ausführen zu können, was normal ist, da die homolaterale Fortbewegung für uns unnatürlich ist. Sie haben also keine Probleme mit dem Überkreuzen der Körpermitte, müssen sich für den Passgang aber anstrengen, sind also „richtig gebahnt". Wenn Sie bei den Überkreuzbewegungen allerdings nachdenken mussten, sind ihnen die homolateralen Bewegungen sicher recht leicht gefallen. Wenn Ihnen aber die unnatürliche Fortbewegungsart (homolateral) leichter fällt, als die natürliche Überkreuzbewegung, dann sind Sie momentan nicht „richtig gebahnt", Sie sind also jemand der gerade eine Lateralitätsbahnung brauchen könnte, weil

- das Überkreuzen der Mittellinie bewusstes Nachdenken und Sprachhirn-Dominanz erfordert
- das Sprachhirn angestrengt, und somit nicht frei für andere Aufgaben ist
- das Gestalthirn (das eine automatisierte Bewegung eigentlich steuern sollte) nur passiv reagiert
- rechte und linke Großhirnhemisphäre in konkurrierendem Konflikt liegen

Wie die Lateralitätsbahnung durchgeführt wird, erkläre ich unter Anwendung des **Muskeltests**[d]**,** für den Sie sich jetzt einen Partner holen sollten[e]:

Bevor Sie Ihren Partner auf seine Bahnung hin testen, führen Sie bitte die Vortests durch! (Siehe Anleitung)

[d] eine grundsätzliche Anleitung zur Arbeit mit dem Muskeltest finden Sie im **Anhang**

[e] die Lateralitätsbahnung kann auch ohne Muskeltest durchgeführt werden. Dabei werden die einzelnen Übungen in gleicher Reihenfolge durchgeführt - eben unter Auslassung der Muskeltests. Die Durchführung mit Muskeltest ist aber genauer und intensiver!

Jetzt testen Sie, ob er „richtig gebahnt“ ist:

Die Testperson schaut auf ein großes X, während sie Überkreuzbewegungen durchführt. Nach etlichen solchen Überkreuzbewegungen brechen Sie die Übung ab und machen ohne eine Pause einzulegen einen Muskeltest. Registrieren sie, ob der Muskel stark bleibt, oder abschaltet! (Die Erklärung kommt gleich.) Jetzt schaut die Testperson auf die großen parallelen II und macht homolaterale Bewegungen. Nach einigen Bewegungen unterbrechen Sie, um zu testen. Registrieren sie, ob der Muskel stark bleibt, oder abschaltet!

Und so sollte es sein: Wer „richtig gebahnt“ ist, reagiert bei den Überkreuzbewegungen mit einem starken Muskel, d.h. die Überkreuzbewegungen laufen im hohen Gang. Bei den homolateralen Bewegungen sollte der Muskel schwach werden, da diese normalerweise (weil ungewohnt) im niederen Gang ablaufen.

Hat Ihre Testperson umgekehrt reagiert (Überkreuzbewegungen im niederen Gang, homolaterale Bewegungen im hohen Gang), benötigt sie eine Lateralitätsbahnung.

Hat die Testperson zweimal mit einem starken Muskel oder zweimal mit einem schwachen Muskel reagiert, so ist dies ein Zeichen dafür, dass sie nicht stressfrei vom hohen in den niederen Gang umschalten kann, weshalb sie auch eine Lateralitätsbahnung benötigt.

Schritte der Lateralitätsbahnung:

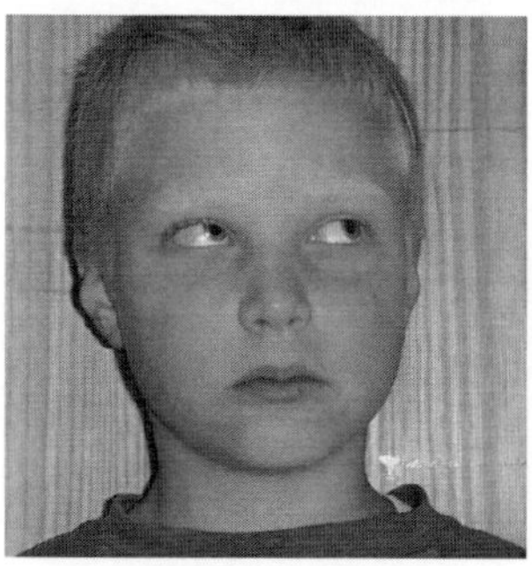

1. Die Testperson macht Überkreuzbewegungen, wobei sie summt und mit den Augen nach links oben schaut. Unterstützen Sie die Person dadurch, dass Sie ihr etwas an der Wand zeigen, das sie fixieren kann, oder indem Sie sich vor sie hinstellen und Ihre Hand vor der Person hochhalten, damit der Blick nach links oben (aus der Sicht der Testperson !!!) wandert.

Nach einigen Überkreuzbewegungen machen Sie einen Muskeltest. Der Arm sollte jetzt stark testen.

(Zwischenbemerkung: Was heißt „testen sie nach einigen Überkreuzbewegungen ...“? Exakt arbeitende Kinesiologen testen vorher aus, wie viele Überkreuzbewegungen zur richtigen Bahnung benötigt werden. Ich bin da etwas großzügiger, und lasse die Kinder, mit denen ich Bahnungsübungen mache, ca. 10 - 20 Überkreuzbewegungen durchführen.)

Achtung: Durch das Summen und den nach links oben gerichteten Blick soll das Gestalthirn angesprochen werden, so dass die Überkreuzbewegungen dort verankert werden. Dies ist bei den meisten Menschen rechts. Sollte die Testperson ihr Gestalthirn links haben, wird die soeben beschriebene Übung nicht zu einer starken Muskelreaktion führen. Wenn dem so ist, die Testperson also beim ersten Schritt der Bahnungsübung im niederen Gang bleibt (schwacher Muskel!), dann wiederholen sie die Übung, und lassen jetzt aber die Testperson bei den Überkreuzbewegungen und dem Summen nach rechts oben schauen.

Wichtig: Der erste Schritt der Übung muss im hohen Gang, also mit einem starken Muskel abgeschlossen werden.

2. Die Testperson macht homolaterale Bewegungen, zählt und schaut dabei nach rechts unten. Unterstützen Sie sie wieder durch einen Gegenstand am Boden oder indem sie Ihre Hand so halten, dass der Blick nach rechts unten (aus der Sicht der Testperson!!!) gelenkt wird. Durch diese Blickrichtung und das Zählen wird die logische Hemisphäre angeregt. Die Testperson muss sich darauf konzentrieren, arbeitet also im niederen Gang, und wenn Sie jetzt testen, ist ein abgeschalteter (schwacher) Muskel zu erwarten.

Achtung: Ist Ihre Testperson beim ersten Schritt nur durch die Blickrichtung nach rechts oben in den hohen Gang gekommen, müssen Sie beim zweiten Schritt automatisch den Blick nach links unten richten lassen.
Wichtig: Der zweite Schritt der Übung muss im niederen Gang, also mit einem schwachen Testmuskel abgeschlossen werden.

3. Da die Großhirnhemisphären beim zweiten Schritt nicht integriert arbeiten, müssen sie jetzt wieder integriert werden. Dies geschieht durch die sog. Integrationsmetapher: Die Testperson nimmt die Arme zunächst weit auseinander, um sie dann zusammenzubringen und die Hände zu falten.

4. Die Testperson macht wieder Überkreuzbewegungen, wobei sie ihren Blick jetzt in alle Richtungen gehen lassen soll. Sie können dies wieder unterstützen, indem Sie sich vor die Person stellen, und Ihre Hand mit weit ausgestrecktem Arm vor der Person kreisen lassen, so dass der Blick rundum in alle Richtungen gelenkt wird. Dann folgt wieder ein Muskeltest.

Wichtig: Der vierte Schritt muss im hohen Gang verankert sein, d.h. mit einem starken Testmuskel abgeschlossen werden.

5. Die Testperson macht wieder homolaterale Bewegungen, wobei sie ihren Blick jetzt

in alle Richtungen gehen lassen soll. Sie können dies wieder unterstützen, indem Sie sich vor die Person stellen, und Ihre Hand mit weit ausgestrecktem Arm vor der Person kreisen lassen, so dass der Blick rundum in alle Richtungen gelenkt wird. Dann folgt wieder ein Muskeltest.

Wichtig: Der fünfte Schritt muss im niederen Gang verankert sein, d.h. mit einem schwachen Testmuskel abgeschlossen werden.

6. Die Testperson macht Überkreuzbewegungen und denkt dabei an ein X. Dies kann unterstützt werden, indem sie zuerst während der Überkreuzbewegungen ein großes X anschaut.

Wichtig: Der sechste Schritt muss im hohen Gang verankert sein, d.h. mit einem starken Testmuskel abgeschlossen werden.

Hiermit ist die eigentliche Lateralitätsbahnung beendet. Es folgen noch zwei **Nachtests**. Diese entsprechen in der Durchführung der Überprüfung, die wir gemacht haben, um festzustellen, ob überhaupt eine Lateralitätsbahnung nötig ist. Ich wiederhole:

Die Testperson schaut auf ein großes X, während sie Überkreuzbewegungen durchführt. Nach etlichen solchen Überkreuzbewegungen brechen Sie die Übung ab und machen ohne eine Pause einzulegen einen Muskeltest. Registrieren sie, ob der Muskel stark bleibt, oder abschaltet! Dann schaut die Testperson auf die großen parallelen II und macht homolaterale Bewegungen. Nach einigen Bewegungen unterbrechen Sie, um zu testen. Registrieren sie, ob der Muskel stark bleibt, oder abschaltet!

Aber: Wenn die Lateralitätsbahnung richtig durchgeführt wurde, muss die Testperson jetzt bei den Überkreuzbewegungen mit einem starken und bei den homolateralen Bewegungen mit einem schwachen Testmuskel reagieren.

Abschluss: Da sich die Testperson nach dem letzten Versuch im niederen Gang befindet, bringen wir sie wieder durch Überkreuzbewegungen und anschauen eines großen X in den hohen Gang.

Nach der Lateralitätsbahnung

- läuft das Überkreuzen der Mittellinie und das Arbeiten im visuellen Mittelfeld ohne bewusstes Nachdenken und mit Gestalthirn-Dominanz ab
- ist das Sprachhirn frei für andere Aufgaben und Entscheidungen
- arbeitet das Gestalthirn (das eine automatisierte Bewegung steuern sollte) nicht

mehr passiv, sondern bewusst
- sind rechte und linke Großhirnhemisphäre in kooperativem Gleichgewicht

Vorschlag: Während ein Kind seine entsprechenden Übungen macht, macht der Lehrer alle Übungen gleichzeitig mit. Dies erleichtert dem Kind die Durchführung und es kommt sich nicht so komisch vor, wenn es vor dem Lehrer „herum tanzen“ muss. Und: Der Lehrer tut auch selbst etwas für seine Großhirnhemisphären-Integration.

Zur einfacheren Anwendung der Lateralitätsbahnung wird im **Anhang** ein Protokollbogen abgebildet. Bitte kopieren! Dieser Bogen hat zwei Vorteile: Erstens hat der Lehrer ein Protokoll seiner Arbeit, zweitens ist der Ablauf der Lateralitätsbahnung exakt abzulesen, was die Durchführung für Anfänger deutlich erleichtert. Auf dem Bogen entsprechen die grauen Felder dem erwünschten Optimalzustand. Wenn Sie bei den Vortests ein Kreuz in einem weißen Feld machen müssen, wissen Sie automatisch, dass Sie eine Bahnungsübung durchführen müssen. Ab dem ersten Schritt der Bahnungsübung dürfen dann aber nur noch Kreuze in grauen Feldern auftreten. Sollten Sie ein weißes Feld ankreuzen müssen, war die entsprechende Übung nicht richtig oder nicht erfolgreich und muss wiederholt werden.

Wenn man ein Kind überprüft hat, und festgestellt wurde, dass eine Lateralitätsbahnung nötig ist, so ist diese normalerweise – nach einiger Übung – in wenigen Minuten durchgeführt. Es gibt allerdings Kinder, bei denen die Zusammenarbeit der Großhirnhemisphären zu stark gestört ist, dass die Lateralitätsbahnung in der oben beschriebenen Weise nicht durchgeführt werden kann. Es kann dann eine Erleichterung sein, wenn man den ganzen Übungsablauf durchführt, während das Kind auf dem Rücken liegt. Es ist dann von dem Problem befreit, während der Übung die Balance halten zu müssen. Es gibt allerdings auch Kinder, die die Übung nicht einmal im Liegen schaffen. Dann muss das Kind den Übungsablauf erst einmal passiv erleben:

Das Kind liegt auf dem Rücken. Ich sage zu ihm: Du darfst jetzt ganz faul sein. Du liegst wie eine Puppe und ich mache alle Bewegungen für dich. Lass dich einfach hängen!
Dann bewege ich seine Arme und Beine in der dem Übungsablauf entsprechenden Weise.

Manche Kinder sind so blockiert, dass sie auch dabei noch überfordert sind, weil sie ihren Blick nicht zum angegebenen Ziel richten können. Dann ziehe ich zusätzlich einen „Assistenten“ hinzu, der mit einem Stofftier den Blick des Kindes in die gewünschte Richtung lenkt.

Eine derartige Bahnungsübung wird dann für den Lehrer zu richtiger körperlicher

Arbeit. Das schadet aber nichts! Und es nützt dem Kind.

Wenn die passive Bahnungsübung abgeschlossen ist, sollte das Kind den Übungsablauf aktiv durchlaufen können. Dies versuche ich meistens aber erst in einer folgenden Sitzung.

Wie gut wirkt eine Lateralitätsbahnung ? Wie lange hält ihre Wirkung? Wie lange also stimmt die Harmonie zwischen den Großhirnhemisphären?

Diese Frage kann nicht pauschal beantwortet werden!

Wie lange fließt das Wasser aus einem gereinigten, vorher verstopften Abfluss wieder ab? Dies kommt darauf an, wie viel Schmutz noch im Abfluss verblieben ist, bzw. wie tief man ihn reinigen konnte. Es kommt aber auch darauf an, wie viel neuer Schmutz wieder in den Abfluss kommt.

Genauso verhält es sich mit therapeutischen Maßnahmen, und somit auch mit der Lateralitätsbahnung.

Es gibt Kinder, bei denen eine einmalige Lateralitätsbahnung genügt, damit die Großhirnhemisphären langfristig integriert arbeiten. Bei anderen muss die Lateralitätsbahnung mehr oder weniger häufig wiederholt werden. Ich habe mir zum Prinzip gemacht, in regelmäßigen Abständen die Bahnung der Kinder zu überprüfen, um einen eventuellen „Rückfall" wieder zu korrigieren. Wenn Lehrer und Kind an diesen Vorgang gewöhnt sind, ist es nur ein minimaler Aufwand, allerdings mit maximalem Effekt."[16)]

Irrweg
Sprachstörungen übersehen

Betrachtet man die Teilbereiche der Sprache

- Pragmatik
- Redefluss
- Aussprache
- Wortschatz
- Grammatik-Satzbau
- Sprachverständnis,

werden diese, falls Störungen vorliegen, den Schriftspracherwerb unterschiedlich beeinträchtigen. Man sollte zwar meinen, dass in der heutigen Zeit überhaupt keine

Kinder mehr mit Sprachstörungen in einer Regelklasse eingeschult werden, da die Präventivmaßnahmen in der Vorschulzeit eine rechtzeitige Therapie möglich machen. Man findet aber dennoch in jeder ersten Grundschulklasse Kinder mit Sprachauffälligkeiten. Wie mangelnder Wortschatz den Schriftspracherwerb beeinträchtigt, habe ich im Kapitel **Üben, was Schwierigkeiten bereitet** ausgeführt. Ich möchte mich an dieser Stelle noch mit übersehenen Störungen in den Bereichen **Aussprache** und **Sprachverständnis** auseinander setzen.

Man sollte meinen, dass **Aussprachestörungen** kaum von der Lehrkraft übersehen, beziehungsweise überhört werden können. Aussprachestörungen, die zahlreiche Laute betreffen, werden von Lehrern sicher erkannt, was aber häufig übersehen wird, sind Störungen bei der Bildung des **s**-Lautes. Ich spreche hier absichtlich von über**sehen**, weil man eine Variante dieser Störung tatsächlich gut sehen kann: Die Kinder strecken ihre Zunge bei der Bildung des /s/ zwischen den Zähnen hervor (Sigmatismus interdentalis). Bei einer anderen Variante entweicht ihnen die Luft anstatt nach vorne seitlich in die Wangen (Sigmatismus lateralis), was natürlich nicht mehr gesehen, sondern nur gehört werden kann. Ich wage ferner zu behaupten, dass in jeder ersten Klasse mindestens ein Kind sitzt, welches das /r/ nicht bilden kann. Oft sind Schulkinder in logopädischer Therapie, ohne dass dies die Lehrkraft weiß. Bezüglich dieser Aussprachestörungen ergeben sich zwei Fragen:

Warum sollten solche „Kleinigkeiten“ den Schriftspracherwerb beeinträchtigen können?
Warum übersehen die Lehrer diese Störungen?

Ich beginne mit der Beantwortung der zweiten Frage: Da wir nur das registrieren, was wir kennen, werden Aussprachestörungen möglicherweise übersehen, weil der Lehrer noch nie auf sie aufmerksam gemacht wurde. Aber selbst wenn der Lehrer die Störung registriert, wird er möglicherweise nicht wissen, dass man etwas dagegen machen kann, beziehungsweise machen muss, womit wir bei der Beantwortung der ersten Frage wären.

Oft sind „kleine“ Aussprachestörungen die Spitze eines Eisbergs und bei näherem Hinsehen wird man weitere Probleme finden. Lesen Sie hierzu, was ich über den „Schlamper Jens“ im Kapitel **Verhalten beurteilen** geschrieben habe. Nicht das „Lispeln“ stört den Schriftspracherwerb, sondern das, was alles mit ihm zusammen hängt. Auch bei einem Kind, welches das /r/ nicht aussprechen kann, oder das *grei* statt *drei* sagt, wird man zunächst kaum einen Zusammenhang zum Schriftspracherwerb sehen. Solche „Kleinigkeiten“ können aber andeuten, dass dieses Kind Probleme hat, Laute zu unterscheiden, oder dass es in diesen Fähigkeiten deutlich hinter seinen

Klassenkameraden zurückliegt. Denn mit 6 oder 7 Jahren sollte es schon seit mindestens 2 -3 Jahren ein richtiges /r/ sprechen oder ein /d/ von einem /g/ unterscheiden können. Eine solche Entwicklungsverzögerung lässt dann vermuten, dass auch andere wichtige phonologische Fähigkeiten verzögert entwickelt sind. Diese sind aber für einen erfolgreichen Schriftspracherwerb dringend erforderlich.

Das Problem der **Sprachverständnis-Störungen** ist noch gravierender, da es nicht nur von Kindergartenerzieherinnen und Grundschullehrern leicht übersehen wird. Auch Fachleute übersehen leicht, wenn Kinder Probleme in diesem Bereich haben. Der Grund dafür ist, dass sich Kinder ganz gut mit ihren Sprachverständnis-Störungen arrangieren, so dass sie nach außen nicht auffallen. Betroffen davon sind sicher viele Kinder aus mehrsprachigen Familien und wahrscheinlich **alle** Kinder, die irgendeine andere Sprachstörung haben. Dazu kommen wahrscheinlich viele Kinder, die überhaupt nicht sprachlich auffallen, weil sich ihre Störung nur auf das Sprachverständnis bezieht, und man sich damit gut durchmogeln kann. Eine Sprachverständnis-Störung wird sicher nicht nur den Schriftspracherwerb, sondern alle Lernbereiche beeinträchtigen. Der Schriftspracherwerb ist aber ganz besonders davon betroffen, da die Weichen für seinen Erfolg in den ersten Schulwochen gestellt werden. Wenn man bedenkt, dass

- man immer noch nicht genau weiß, was im Gehirn beim Lesenlernen vor sich geht
- Kinder mit unterschiedlichen Lernmethoden konfrontiert werden
- Kinder in unterschiedlichen Klassenzusammensetzungen lernen müssen
- Kinder unterschiedlich weit bei ihren Vorerfahrungen und Vorkenntnissen sind
- Kinder mit unterschiedlichen Lehrerpersönlichkeiten konfrontiert werden
- Kinder manchmal nicht besonders viel Zeit zum Lesenlernen haben

kann man sich vorstellen, was bei einem Kind mit einer Sprachverständnis-Störung von den Anleitungen, Erklärungen, Aufträgen, Hilfen seines Lehrers ankommt. Wie soll ich lesen lernen, wenn ich gerade gar nicht weiß, was da einer von mir will?!?

Ausweg
Sensibilisierung und Unterstützung der Lehrer

Ich beginne mit der **Sensibilisierung** der Lehrer für Sprachverständnis-Störungen:

Wenn ein Kind…

- häufig auf Sprache nicht reagiert
- oft mit ja antwortet
- Sätze oder Satzteile nachspricht anstatt zu antworten
- keine Geschichten hören will
- Antworten gibt, die nicht passen
- Hilfe suchend schaut
- sich an gemeinsamen Aktivitäten nicht beteiligt
- vorschnell und unüberlegt handelt
- sich immer wieder mit den gleichen Dingen beschäftigt
- zwanghaft wirkendes Verhalten zeigt
- häufig aggressiv ist
- gemeinsame Aktivitäten stört

… hat es vielleicht Probleme, Sprache zu verstehen.[f)]

Da man die hier beschriebenen Verhaltensweisen in der Schule möglicherweise nicht alle beobachten kann, sollte man auch die Eltern in diese Fragestellung mit einbeziehen. Damit die Beobachtungshilfen weitergegeben werden können, sind sie im **Anhang** als Kopiervorlage zu finden. Überschrift: **Was guckst du?**

Es würde den Rahmen dieses Buches sprengen, hier zu erklären, wie Sprachverständnis-Störungen zu therapieren sind. Wenn viele der oben genannten Merkmale zutreffen, muss ein Kind zum Sprachheilpädagogen oder Logopäden für eine spezifische Therapie geschickt werden. Der einzelne Lehrer kann aber präventiv viel für ein gesteigertes Sprachverständnis seiner Schüler tun. Ich beginne aber mit einem Beispiel, wie man durch seine Ausdrucksweise sicher nicht das Sprachverständnis seiner Schüler steigert: In einer ersten Klasse würgt ein türkischer Schüler seinen Nachbarn am Hals. Als die Lehrerin das bemerkt, sagt sie (sinngemäß): „ Ali, glaubst du, dass dem Daniel das gefällt?" Wie soll ein im Deutschen unsicherer Junge diese Frage als Aufforderung zum Beenden seiner Würgeaktion verstehen?

Um das Sprachverständnis der Schüler sicher zu stellen, kann man als Lehrer (und auch

[f)]Quelle: Arbeitskreis msH - Multiplikatoren, ALP Dillingen

als Eltern) einige wichtige **Grundprinzipien** beachten:

- Aufmerksamkeit sichern (Anweisungen oder Erklärungen erst beginnen, wenn die Aufmerksamkeit der Schüler sicher gestellt ist, Blickkontakt herstellen, Kinder einzeln ansprechen)
- Wortschatz steigern (Bilderbücher, Kinderlexika, Spiele, Dinge benennen, gelesene Wörter erklären, sprechen - erklären)
- einfache Sätze benutzen (auf Ironie, Metaphern, Nebensätze verzichten, langsam und deutlich sprechen)
- Modale Koppelung (Anweisungen und Erklärungen nicht nur über das Gehör geben, auch optische oder haptische Informationen damit koppeln, Mimik und Gestik einsetzen)
- Vom Konkreten zum Abstrakten (konkretes Material und Bilder einsetzen)
- Versprachlichen von Alltagstätigkeiten (Tätigkeiten sprachlich begleiten, damit eine Koppelung zwischen dem Gehörten und dem Gesehenen zustande kommt)
- Training metasprachlicher Fähigkeiten

Zum **Training der metasprachlichen Fähigkeiten** gehört:

- Bewusstmachen von Nichtverstehen (das Kind muss erst einmal registrieren, dass es etwas nicht verstanden hat!)
- eigenes Verstehen beachten (es muss den Willen zum Verstehen entwickeln)
- Strategien bei Nichtverstehen aneignen (es muss wissen, dass es nachfragen kann, Informationen erfragen kann, um Wiederholung bitten kann)

Um diese Fähigkeiten zu entwickeln, muss man **das Kind in seinem Nichtverstehen stören**:

- unverständliche Anweisungen geben (zu leise sprechen oder Wörter verwenden, die das Kind nicht versteht)
- unerfüllbare Anweisungen geben („geh mal ins Bad und hol mir die Toilette)
- unklare Anweisungen geben (gib mir mal den Dings…)
- übertrieben lange Sätze verwenden (die so kompliziert sind, dass sie das Kind gar nicht verstehen kann)[g)]

Die Ratschläge zur Störung des Nichtverstehens stehen nun im Widerspruch zu den allgemeinen Grundprinzipien. Während die Grundprinzipien immer und zum Wohle aller Kinder zu beachten sind, beziehen sich die „Störratschläge" nur auf Kinder, bei denen man weiß oder vermutet, dass sie eine Sprachverständnis-Störung haben. Man kann diese Maßnahmen auch nur ab und zu einsetzen und sie müssen dann immer mit

[g)]Quelle: Arbeitskreis msH - Multiplikatoren, ALP Dillingen einer direkten Zuwendung und gezielten Hilfen („frag nach, wenn du etwas nicht verstanden hast", etc.) verknüpft sein.

Als gute **Unterstützung** der Lehrer, würde ich es betrachten, wenn Sprachheilpädagogen im ***Mobilen Sonderpädagogischen Dienst*** alle Schüler aller ersten Klassen auf eventuelle Sprachstörungen überprüfen würden. Beschränkte man sich auf die oben erwähnten Aussprachestörungen, bräuchte man pro Kind nur wenige Minuten zu investieren. Kinder mit Sprachstörungen könnten dann einer gezielten Therapie zugeführt werden.

Irrweg
Sinnesstörungen übersehen

Dies wird ein kurzes Kapitel werden, da es als „Irrweg" wahrscheinlich nur mehr selten eine Rolle spielt. Der Vollständigkeit halber muss es aber genannt sein:

Wir können nicht erwarten, dass ein Kind richtig Lesen und Schreiben lernt, wenn es nicht gut hört oder sieht. Beim heutigen Ausbau der Vorsorgeuntersuchungen dürften solche Sinnesstörungen eigentlich nicht mehr unerkannt bleiben. Dennoch begegnen mir bei sprachlichen Überprüfungen in Kindergärten immer wieder Kinder, bei denen ich den Verdacht auf eine Hörstörung habe.

Ausweg
Augen und Ohren überprüfen

Es wäre also zu fordern, dass vor dem Schuleintritt bei **jedem** Kind eine **exakte** Überprüfung des Hörens und Sehens durchgeführt wird. Dies geschieht aber manchmal gar nicht, und manchmal zu oberflächlich.

Spätestens wenn ein Kind Probleme mit dem Lesen oder Rechtschreiben hat, müssen durch **fachärztliche** Untersuchungen Gehör und Sehfähigkeit überprüft werden. Mit dem **Fach**arzt meine ich hier nicht den Kinderarzt, sondern den Augen- und Ohrenarzt!

Irrweg
Fehlendes Fachwissen bei Fachleuten

Einzelbeobachtungen:

- Erstklasslehrer wissen zu wenig vom Lesenlernen
- Sonderpädagogen werden nicht fachspezifisch eingesetzt
- Lehrmittel und Fördermaterialien sind voll von sachlichen Fehlern

Da bei den obigen Beispielen zweimal von den Lehrern die Rede ist, möchte ich betonen, dass ich im Folgenden nicht die Kollegen kritisieren möchte, sondern das System, in dem sie eingesetzt sind. Auch ich selbst hatte, als ich zum ersten Mal eine erste Klasse bekam, vom Lesenlernen nicht die geringste Ahnung! Da der typische Grundschullehrer eher ein „Allrounder“ ist, hat er sich mit dem Lesenlernen möglicherweise gar nicht intensiv auseinander gesetzt. Möglicherweise ist er von seiner Ausbildung her auch Hauptschullehrer und hat sich vorher überhaupt nie mit dem Lesenlernen befasst (so wie es mir selbst ergangen ist). Er verlässt sich dann auf Lehrpläne und Medien, in der Hoffnung, dass diese fachgerecht konzipiert und sachlich richtig seien. Dann wechseln die amtlichen Lehrpläne und man muss sich wieder auf die von den Verlagen gelieferten Materialien verlassen. Diese sind - wie an anderer Stelle beschrieben - oft nicht fehlerfrei. Seit den kritischen Veröffentlichungen von *Michael Kalmár* und Anderen sind sachliche Fehler in den Medien zwar weniger geworden, aber sie sind noch zu finden. Und was heißt eigentlich Fehler? Vieles, das von einem Fachmann als Fehler bezeichnet wird, wird von einem Anderen für richtig gehalten. Die Pädagogik ist leider eine sehr schwammige Wissenschaft. Was heute richtig war ist morgen falsch und für ein und dasselbe Problem gibt es vielleicht fünf „richtige“ oder aber auch „falsche“ Lösungen. Bei einem Beratungsgespräch mit den Eltern eines Viertklässers musste ich kürzlich hören: „Jetzt waren wir bei so vielen Stellen und jeder erzählt uns etwas Anderes“. Ich konnte sie nicht trösten und musste entgegnen: „Ja - und von mir werden Sie jetzt wieder etwas Anderes hören“.

Wenn der Grundschullehrer dann ein Problemkind hat, bei dem er alleine nicht mehr weiter helfen kann, ruft er den Sonderschullehrer im *Mobilen Sonderpädagogischen Dienst* zur Hilfe, in der Hoffnung, einen Fachmann für das Problem dieses Kindes zu bekommen. Leider werden die mobilen Dienste aber nicht immer fachspezifisch eingesetzt. Während sich der Blindenlehrer tatsächlich nur um Sehbehinderte kümmern muss, werden (in Bayern - die Arbeitsweisen in anderen Bundesländern sind mir nicht bekannt) die Sonderpädagogen aus vielen anderen Fachbereichen nicht entsprechend ihrer Ausbildung, sondern nach geographischen Gesichtspunkten eingesetzt. Sprachheilpädagogen, Lernbehindertenlehrer, Verhaltensgestörtenlehrer müssen sich um

Kinder mit Sprachstörungen, Lern- und Verhaltensproblemen unabhängig von ihrer Ausbildung und unabhängig von den Problemen des Kindes kümmern.

Ausweg
Kritik und Protest

So, wie der Sprachheilpädagoge kein Fachmann für Verhaltensstörungen ist, ist der Lernbehindertenpädagoge kein Fachmann für Sprachstörungen, usw. Den Eltern wird aber vorgemacht, dass der Sonderschullehrer, der zur Förderung ihres Kindes hinzugezogen wird, ein Fachmann für alle Probleme ist. Ich halte es für dringend erforderlich, dass Sonderpädagogen entsprechend ihrer Ausbildung nicht nach geographischen Gesichtspunkten, sondern nach den Problemen des einzelnen Kindes eingesetzt werden. Auch sollte es speziell ausgebildete Grundschullehrer geben, die als Fachleute für den Erstunterricht nur in ersten Jahrgangsstufen eingesetzt werden. Sie hätten dann auch bessere Möglichkeiten, die fachliche Richtigkeit der Unterrichtsmedien zu beurteilen. Fachverbände, Eltern und jeder Einzelne müssen gegen den willkürlichen Einsatz von Pädagogen an beliebigen Orten protestieren. Dies betrifft - nebenbei bemerkt - auch den fachspezifischen Einsatz von Sonderpädagogen an Förderschulen. Warum muss ein Lehrer, der sich in seinem Studium jahrelang auf die Betreuung von sprachbehinderten Kindern spezialisiert hat, Lernbehinderte im Hauptschulalter unterrichten? Warum werden Schulen zur Sprachförderung von Rektoren geleitet, die überhaupt nicht vom Fach sind??? Ich kenne die Argumente derer, die dies zu verantworten haben, aber ich akzeptiere sie nicht. In der Metzgerei sollten Metzger und nicht Bäcker arbeiten. Und der Chef einer Bäckerei sollte Bäckermeister und nicht Metzger sein. Wenn ich mich mit Herzproblemen in einer Spezialklinik untersuchen lasse, möchte ich dort nicht vom Orthopäden behandelt werden ...

Nachwort

Manchmal wird man gefragt, wie lange man denn an so einem Buch schreibe. Man muss dann immer sagen, das wisse man nicht so genau, denn man schreibe ja nicht immer. Die eigentliche Schreibzeit sei relativ kurz, aber...

Wenn ich auf das Datum meines Vorwortes schaue (30.12.2007), sehe ich dass ganz schön viel Zeit vergangen ist. Im Sinne des Mottos, das ich diesem Buch voran gestellt habe, hoffe ich, dass es Menschen geben wird, für die dieses Buch Bedeutung haben wird. Vor allem hoffe ich, dass es Kinder geben wird, die von meinen Anregung profitieren werden.

Reinhard Dümler
31. August 2009

Quellen

Endnoten:

1. Dümler, Reinhard (2000): Ist Legasthenie eine schwer therapierbare Krankheit? Die Sprachheilarbeit Nr. 5 / 2000
2. Niesel, Renate (2006): Download aus: www.familienhandbuch.de
3. Jäger, Reinhold; Riebel, Julia (2006): Was sollen Schulanfänger können? Download aus: www.zepf.uni-landau.de/projekte/schulische-bildung/kvs/
4. Velay, Jean-Luc; Longcamp, Marieke: Besser von Hand (Gehirn & Geist 3-2007)
5. Regierung von Unterfranken (2007): Mobile Sonderpädagogische Dienste, S. 6
6. Sprach_info, Informationen der Sprachstelle im Südtiroler Kulturinstitut, Nr. 3 Jänner 2006
7. Dümler, Reinhard (2002): Praxis der pädagogischen Kinesiologie, edition-von-freisleben
8. Dümler, Reinhard (2002): Praxis der pädagogischen Kinesiologie, edition-von-freisleben
9. Werth, Reinhard: Die Wurzeln der Legasthenie (Gehirn & Geist 7-8, 2008)
10. Dolenc, Ruth; Hartmann, Erich (2005) Olli, der Ohrendetektiv, Auer Verlag, S.12
11. Dümler, Reinhard (1996): leichter lesen lernen, verlag modernes lernen Dortmund, S. 69 ff
12. Dümler, Reinhard; Jäcklein, Margit (2005): Ich sag doch Lollmops, Kösel Verlag
13. Dümler, Reinhard (2002): Praxis der pädagogischen Kinesiologie, edition-von-freisleben
14. Dümler, Reinhard (2002): Praxis der pädagogischen Kinesiologie, edition-von-freisleben
15. Dümler, Reinhard (2002): Praxis der pädagogischen Kinesiologie, edition-von-freisleben
16. Dümler, Reinhard (2002): Praxis der pädagogischen Kinesiologie, edition-von-freisleben

Weitere Quellen und Literaturempfehlungen (in der Reihenfolge des Auftretens im Text)

Storath, Drechsel, Endres, Lambert (2004): „Informelle Schulleistungsdiagnostik III"

„Legasthenie auf Chinesisch" in Gehirn und Geist 6, 2004

Forster, M.; Martschinke, S. (2002): Leichter Lesen und Schreiben lernen mit der Hexe Susi, Auer-Verlag

Ministerium für Bildung, Wissenschaft, Forschung und Kultur des Landes Schleswig-Holstein:

Förderung der Phonologischen Bewusstheit zur Vorbeugung von Lese-Rechtschreib-Schwierigkeiten

Struck, Peter: Gebote des Lernens, Main Post vom 2.2.2008

Hofmann, Renate: Lesenlernen, in: Hofmann, Renate; Kalmár, Michael (2006): Handbuch Legasthenie, Wien

Sassenroth, Martin: Wenn Ergebnisse der empirischen Forschung unbequem werden, in: Meixner, Friederike; Rosenberger, Katharina (2005): Sprachheilpädagogik up to date, Wien

Valtin, Renate, zitiert nach Grießhaber (2004): Didaktik: Amerikanische Erfahrungen (Valtin 1998), kopiert aus der Website http://spzwww.uni-muenster.de/~griesha/eps/els/lesen/did-valtin98.html

Reichen, J.: Lesen durch Schreiben, Verlag Heinevetter

Kalmár, Michael (2006): Kommentierte Wortliste zur Lautschulung in: Renate Hofmann - Michael Kalmár: Handbuch Legasthenie, Wien

Handbuch zur Vorschulischen Erziehung sprachbehinderter Kinder: Staatsinstitut für Schulpädagogik und Bildungsforschung, München - unveröffentlichtes Manuskript

Ayres, A.J.: Bausteine der kindlichen Entwicklung, Berlin/Heidelberg 1984

Brand/ Breitenbach/ Maisel: Integrationsstörungen, Würzburg 1985

Bronisch, F.W.: Die Reflexe, Stuttgart 1979

Dennison, P.: Total Core Repatterning, Freiburg 1997

Flehmig, I.: Normale Entwicklung des Säuglings und ihre Abweichungen, Stuttgart 1987

Gillitzer, B.: Das Auftreten überdauernder Primitivreflexe ..., Schriftliche Hausarbeit 1989

Platzer, W.: Taschenatlas der Anatomie, Band 1, Stuttgart 1991

Remschmidt/Schmidt: Neuropsychologie des Kindesalters, Stuttgart 1981

Springer / Deutsch: Linkes Rechtes Gehirn, Heidelberg/Berlin 1995

Touwen, B.: Die Untersuchung von Kindern mit geringen neurologischen Funktionsstörungen, Stuttgart 1982

Arbeitsergebnisse aus dem Arbeitskreis msH Multiplikatoren , Akademie für Lehrerfortbildung und Personalführung, Dillingen

Anleitung zum Muskeltesten

Erstveröffentlichung in: Dümler, Reinhard (2002): Praxis der pädagogischen Kinesiologie, edition-von-freisleben

Testpartner gesucht!

Zum Üben sollten Sie sich jemanden suchen, mit dem Sie das Testen entspannt durchführen können:

Stellen Sie sich hinter Ihren Partner und bitten Sie ihn, einen Arm etwa rechtwinklig zur Seite auszustrecken. Drücken sie nun kurz hinter seinem Handgelenk auf seinen Arm und sagen Sie zu ihm „halten". Hierunter ist zu verstehen, dass er trotz ihres Druckes versuchen soll, seinen Arm nicht herunterdrücken zu lassen. Wichtig: Er soll nicht dagegen drücken, da es nicht um eine Kraftprobe geht. Er soll eben nur so stark halten, dass sein Arm an Ort und Stelle bleibt. Wiederholen Sie diesen Druck mit dem Kommando „halten" mehrmals, bis Sie das Gefühl dafür erhalten, wann der arbeitende Muskel (in der angegebenen Position ist es der Deltamuskel, der von der Schulter kommend den Oberarm überlappt und den Arm entweder nach vorn oder zur Seite hebt) anspricht, um den Arm oben zu halten. Arbeiten sie mit wenig Kraftaufwand, um beim Partner ebenfalls nur einen geringen Kraftaufwand zu provozieren.

Wenn Sie das Gefühl für das „Halten" des Muskels erreicht haben, machen sie folgenden Bewegung, von der ihr Partner nichts merken soll: Während des Muskeltests streichen Sie mit ihrer freien Hand kurz über seiner Körperoberfläche (genau in der Körpermitte, einige Zentimeter vom Körper entfernt) in einer zügigen Bewegung von seinem Steißbein bis zu seinem Kopf. Wenn sie das Gefühl für den Muskeltest schon entwickelt haben, werden Sie wahrscheinlich spüren, dass sein Arm plötzlich kräftiger hält. Wenn sie dies nicht spüren, macht es auch nichts, das eigentliche Experiment kommt erst jetzt: Streichen sie nun während des Tests mit Ihrer freien Hand (genau in der Körpermitte, einige Zentimeter vom Körper entfernt) vom Kopf bis zum Steißbein. Die Bewegung muss ganz schnell ausgeführt werden! Jetzt wird der Arm Ihres Partners Ihrem Druck nicht mehr standhalten, er wird kurz nachgeben. Streichen sie nun nochmals von unten nach oben, um wieder zu spüren, wie der Muskel hält. Die drei Bewegungen sollten zügig durchgeführt werden, so als ob sie einen Reißverschluss rasch betätigen: Zu - Test - auf - Test - zu - Test, in schnellen Bewegungen ohne Pause. Wiederholen Sie den Test öfter, bis Sie den Effekt spüren.

Da Sie nun schon einen Testpartner da haben, halten wir uns nicht mit Erklärungen auf, sondern machen einige weitere Experimente:

Wir testen Gedanken

Sagen Sie ihrem Partner, er soll an verschiedene Personen denken, während Sie den Muskeltest machen: Mal soll er an Personen denken, die ihm sympathisch sind, mal an solche, die ihm unsympathisch sind. Er darf allerdings vor oder während des Tests nicht sagen, an wen er denkt! Denn Sie sollen durch den Test herausbekommen, ob er gerade an eine sympathische oder an eine unsympathische Person denkt. Vorausgesetzt sie haben schon etwas Gefühl für den Muskeltest entwickelt, sollte nämlich folgendes Phänomen auftreten: Denkt Ihr Partner an Personen, die ihm sympathisch sind, bleibt sein Arm stark, denkt er dagegen an Personen, die ihm unsympathisch sind, wird sich sein Arm leicht herunterdrücken lassen. Genauso können Sie weiter experimentieren, indem Sie Ihren Testpartner an Speisen denken lassen, die er liebt und an solche, die ihm zuwider sind. Sie sollten jetzt schon in der Lage sein, durch den Test herauszubekommen, ob er an etwas Gutes oder aber an etwas Ekelhaftes denkt.

Wir testen Bilder und Symbole

Nachdem wir nun getestet haben, wie der Körper bei positiven oder negativen Gedanken reagiert, wollen wir jetzt versuchen, herauszubekommen, wie der Körper auf verschiedene Bilder und Symbole reagiert. Malen Sie auf ein Blatt Papier ein christliches Kreuzsymbol, also ein Kreuz mit einem langen Längsstrich und einem kurzen Querstrich in der oberen Hälfte. Lassen Sie ihren Partner des Kreuz betrachten und testen Sie ihn. Wie reagiert er ? Hält der Muskel oder wird er schwach? Machen Sie den gleichen Test mit einem Kreuz, das aus zwei gleichlangen, sich genau in der Mitte kreuzenden Balken besteht!

Wir testen Stress

Lassen Sie ihren Testpartner nun auf die folgende Abbildung schauen. Ich habe dieses Bild vom Titelblatt einer Zeitschrift abgerissen. Wie reagiert er auf den Anblick der Dame? Hat sein Arm gehalten? Wahrscheinlich nicht. Wahrscheinlich hat er abgeschaltet. Gefällt ihm die Dame nicht? Oder ist Ihr Testpartner eine Testpartnerin, die dann möglicherweise Anstoß an diesem Anblick nimmt. Nichts dergleichen! Vorausgesetzt man kann schon etwas testen und der Testpartner (oder die Testpartnerin) lässt sich gut testen, drückt also nicht mit Gewalt gegen den Testdruck, werden wohl die meisten Leute beim Anblick dieses Titelbildes „abschalten“, das heißt mit einem Nachgeben des Testmuskels reagieren. Warum dies so ist, werden Sie feststellen, wenn Sie beim nächsten Test mal einen Papierschnipsel (oder sonst was) auf den Mund der abgebildeten Dame legen. Jetzt testen Sie wahrscheinlich einen starken Muskel. Warum? Weil es der Frau bei der Foto-Session wegen des Stresses wahrscheinlich nicht

möglich war, wirklich zu lachen. Statt dessen hat sie nur die Zähne entblößt, um ein Lachen vorzutäuschen. Was aber bedeuten entblößte - gefletschte - Zähne. Sie bedeuten Aggression. Und diese wiederum löst beim Betrachter Stress aus, was mit dem Abschalten des Muskels quittiert wird.

Ich weiß nicht mehr, von welcher Zeitschrift das Titelbild war. Sie können den Test mit jedem Titel einer billigen Illustrierten wiederholen. Wahrscheinlich wird immer das gleiche Ergebnis heraus kommen.

Der Muskeltest ist also auch sehr gut geeignet, um Stress zu testen. Wenn man es genau nimmt, wird bei dem Muskeltest sogar immer Stress getestet. Denn wenn Sie bei ihrem Testpartner einen Meridian entgegen seiner Fließrichtung ausstreichen, erzeugt dies einen kurzfristigen Stress in seinem System. Wenn er an Personen oder Speisen denkt, die ihm unangenehm sind, erzeugt dies kurzfristig Stress. Und auch gewisse Symbole erzeugen Stress.

Ich denke es ist jetzt Zeit, den Testpartner zum Bierholen zu schicken, um sich kurz erklären zu lassen, wie man sich die Wirkungsweise des Muskeltests überhaupt vorstellen kann:

Erklärung

Vorausgesetzt, der Muskel den Sie testen, ist gesund und schmerzfrei, wird der Testpartner im Normalfall keine Schwierigkeiten haben, gegen den leichten Testdruck den Arm an Ort und Stelle zu halten. Tun Sie dem Partner dann noch etwas Gutes, streichen Sie z.B. einen Meridian in seiner Fließrichtung aus, oder lassen Sie den Partner an sein Lieblingsessen denken, dann bedeutet das keinerlei Störung für das System. Der Muskel wird also halten oder sogar noch stärker werden. Konfrontieren Sie den Partner aber mit etwas Unangenehmen oder mit irgend etwas, das ihn direkt stresst, dann wird dieser Stressor ganz kurz die Aufmerksamkeit des Systems auf sich ziehen, was zu einem kurzen Abschalten des Muskels führt. In Bruchteilen von Sekunden erholt sich das System aber wieder und der Muskel kann wieder stark testen. Wieso spreche ich eigentlich dauernd vom „System" anstatt vom Körper? Wir benutzen zwar zum Testen etwas Körperliches, nämlich die Muskeln, kinesiologisches Arbeiten geschieht aber immer ganzheitlich, bezieht sich also auf Körper, Geist und Seele, weshalb man gerne vom System spricht, um diese Ganzheitlichkeit zum Ausdruck zu bringen. Man könnte statt dessen auch von der „Körpergeistseele" sprechen, System ist aber leichter zu sprechen und zu schreiben.

Zur Zeit dürfte niemand in der Lage sein, exakt erklären zu können, warum ein Muskeltest wirklich funktioniert. Selbst in sehr wissenschaftlich aufgemachten Publikationen kommt irgendwo eine Stelle, wo nur noch Vermutungen aufgestellt werden. Betrachtet man den Menschen ganzheitlich (also im östlichen Sinn), erscheint es aber auch gar nicht nötig, eine wissenschaftliche (also westliche) Erklärung geben zu müssen. Denn bei einer ganzheitlichen Sichtweise erscheint es völlig klar, dass Störungen oder Beeinträchtigungen in einem Bereich (also z.B. negative Gedanken, Stress oder Giftstoffe) auch zu Beeinträchtigungen in anderen Bereichen (nämlich in den Muskeln) führen müssen. Was nützt eine hoch wissenschaftliche Abhandlung, die genau die Steuerung der Muskelspannung und jede einzelne Nervenfaser vom Muskel bis zum Gehirn erklärt, wenn dann gesagt werden muss, dass feinstoffliche Störungen einen bestimmten Nervenkern im Gehirn dahingehend beeinflussen, dass er seine Aktivitäten verändert, wodurch dann ein zuvor starker Muskel den Befehl erhält, schwach zu werden?

Falls Ihr Testpartner vom Bierholen noch nicht zurück ist, können Sie sich ja noch einige Sachen überlegen, mit dem Sie ihn bei weiteren Muskeltests stressen können. Geben Sie ihm evtl. während des Testens folgende Anweisungen:

Denk an deinen Chef! Was hast du morgen in der Arbeit zu erledigen? Sag mal das 1x1 mit 17 auf! Erkläre mir mal den Weg zum XY-Supermarkt! Erkläre mir mal den Unterschied zwischen einem Otto- und einem Dieselmotor.

Dazwischen sollten Sie natürlich immer auch Fragen stellen oder Gedanken anregen, von denen Sie sicher sind, dass sie keinen Stress erzeugen. Das Ziel der Übung ist ja schließlich, dass Sie das Muskeltesten kennen lernen, und dafür ist es nötig, Unterschiede zu spüren.

Wir testen Lebensmittel

Wenn Ihr Testpartner jetzt vom Bierholen zurück ist, können Sie sich ja gegenseitig mal testen, ob das Bier gut für Sie ist. Nehmen Sie einen Schluck davon in den Mund, ohne ihn hinunter zu schlucken, und lassen Sie sich dann testen. Bleibt der Arm stark, ist dies ein Zeichen dafür, dass das Bier (momentan) gut für sie ist. Gibt der Arm beim Testen nach, heißt dies, dass das Bier (momentan) für Sie nicht gut ist. Machen Sie solche Tests auch mit anderen Getränken und mit verschiedenen Lebensmitteln, die Sie gewöhnlich zu sich nehmen. Der Muskeltest ist ein hervorragendes Mittel, um auszutesten, was für Sie gut oder schlecht ist. Bei dieser einfachen Art zu testen, bezieht sich die Aussage aber immer nur auf den Augenblick!

Wir testen Musik

Sie können auch verschiedene Musikstücke bezüglich ihrer Wirkung auf eine Testperson überprüfen. Spielen Sie die Musik kurz an, die Testperson konzentriert sich darauf und Sie machen einen Muskeltest. Oft werden die Ergebnisse des Muskeltests mit dem persönlichen Geschmack der Testperson übereinstimmen. Es können sich aber auch Überraschungen ergeben! Interessant wäre es in diesem Zusammenhang, Kinder zu testen, die während der Hausaufgaben nicht auf Musik verzichten wollen. Provoziert die Musik einen schwachen Muskel, werden die Kinder vielleicht einsehen, dass sie auf diese Musik beim Arbeiten verzichten sollten. Provoziert das Musikhören einen starken Muskel, gibt es eigentlich keinen Grund, es den Kindern zu verbieten. Im Gegenteil! Denken Sie an die Spezialisierung unserer Großhirnhemisphären: Während eine mehr logisch arbeitet, ist die andere für das Musische zuständig. Ist man nun längere Zeit mit geistiger Arbeit beschäftigt (Hausaufgaben, Schreiben am Computer, ...), kann eine Überbetonung der logischen Hemisphäre eintreten, während die Gestalthemisphäre in ihrer Aktivität zurück gefahren wird. Wir arbeiten dann quasi nur noch mit dem halben Gehirn. Ein Klangteppich regt während der Arbeit auch die Gestalthemisphäre an, wodurch wir dann mit „mehr Hirn“ arbeiten können. Die Musik für den Klangteppich sollte aber unbedingt ganz leise sein - und natürlich im Muskeltest positiv abschneiden.

Wichtige Vortests!!!

Die nun folgenden Maßnahmen sind in mehrerer Hinsicht wichtig, weshalb sich der Leser in dieses Kapitel besonders intensiv einarbeiten sollte. Einarbeiten bedeutet üben, üben, üben....

Vortests sind immer **vor** dem eigentlich beabsichtigten Test durchzuführen, wenn man seriös und zuverlässig testen will!

Beim Muskeltesten versuchen wir, Information vom „System“ der Testperson zu erhalten. Um Information zu übertragen, sind bestimmte Voraussetzungen nötig. Nehmen wir als Beispiel die Informationsübertragung per Telefon. Als erste Voraussetzung zum Telefonieren muss eine Leitung existieren. Diese muss auch Strom führen. Die Leistung darf nicht überlastet sein. Und ganz wichtig: Am anderen Ende der Leitung muss jemand sein, der die gleiche Sprache spricht wie ich. Ohne diese Minimalvoraussetzungen kommt kein Telefongespräch zustande.

Genauso ist es beim Muskeltesten: Ohne gewisse Minimalvoraussetzungen kommt keine (richtige) Informationsübertragung zustande.

Da bereits bei den Vortests mit dem Muskeltest gearbeitet wird, kommen gleich drei Vorteile zusammen: Erstens ist durch die Rückmeldung über den Muskeltest die Kommunikation gewährleistet und zweitens hat sich der Prüfer durch die Vortests schon an die Testperson gewöhnt, bevor die eigentlichen Tests beginnen. Jeder Mensch fühlt sich nämlich beim Testen anders an, weil jeder eine andere Muskelspannung und eine andere Reaktionsweise hat. Drittens (und dies ist ganz wichtig) wird durch die Vortests geklärt, dass die Testperson dem Prüfer das Testen erlaubt. Da Muskeltests Information aus der Testperson übertragen, sind sie nämlich nur mit deren eindeutiger Zustimmung erlaubt.

Aus den genannten drei Gründen sollten Sie die Vortests sehr ernst nehmen und zukünftig vor jedem Muskeltest durchführen. Gut durchgeführte Vortests sind schon „die halbe Miete", d.h. die nachfolgenden Tests gehen zügiger und sicherer von der Hand. Üben Sie also die Vortests separat, bevor Sie sich auf die Überprüfung der 14 Indikatormuskeln stürzen!

Da Sie die Vortests zukünftig immer anwenden sollen, ist es sinnvoll, sich für jeden Vortest ein Schlagwort (möglichst die Überschrift) als Merkhilfe einzuprägen.

1. Starken Indikatormuskel finden

Stellen Sie sich vor Ihren Partner und bitten Sie ihn, einen Arm etwa rechtwinklig zur Seite auszustrecken. Drücken sie nun kurz hinter seinem Handgelenk auf seinen Arm und sagen Sie zu ihm „halten". Hierunter ist zu verstehen, dass er trotz ihres Druckes versuchen soll, seinen Arm nicht herunterdrücken zu lassen. Wichtig: Er soll nicht dagegen drücken, da es nicht um eine Kraftprobe geht. Er soll eben nur so stark halten, dass sein Arm an Ort und Stelle bleibt. Wiederholen Sie diesen Druck mit dem Kommando „halten" mehrmals, bis Sie das Gefühl dafür erhalten, wann der arbeitende Muskel (in der angegebenen Position ist es der seitliche Anteil des Deltamuskels, der von der Schulter kommend den Oberarm überlappt und den Arm entweder nach vorn oder zur Seite hebt) anspricht, um den Arm oben zu halten. Arbeiten sie mit wenig Kraftaufwand, um beim Partner ebenfalls nur einen geringen Kraftaufwand zu provozieren.

Der Sinn dieses Vortests ist einerseits, ein Gefühl für die Muskelspannung der Testperson zu bekommen, andererseits wird hierdurch sichergestellt, dass der hier benutzte Testmuskel für die weiteren Vortests benutzt werden kann (und nicht etwa aufgrund von Schmerzen etc. unbrauchbar ist). Falls der gewünschte Muskel (in diesem Fall der Deltamuskel) aufgrund von Problemen nicht als Indikatormuskel geeignet ist, nehmen Sie einen anderen Muskel zu diesem Zweck. Sie führen dann alle weiteren Vortests mit diesem ausgewählten Muskel durch.

Beim bildlichen Vergleich mit dem oben erwähnten Telefongespräch, würde dieser Vortest gewährleisten, dass ein funktionsfähiger Telefonapparat vorhanden ist.

2. Reißverschluss

Wenn Sie das Gefühl für das „Halten" des Muskels erreicht haben, machen sie folgende Bewegung: Während des Muskeltests streichen Sie mit ihrer freien Hand kurz über seiner Körperoberfläche (genau in der Körpermitte, einige Zentimeter vom Körper entfernt) in einer zügigen Bewegung von seinem Bauch bis zu seinem Kinn. Der Testmuskel muss halten (stark bleiben). Streichen sie dann während des Tests mit Ihrer freien Hand (genau in der Körpermitte, einige Zentimeter vom Körper entfernt) vom Kinn bis zum Bauch. Die Bewegung muss ganz schnell ausgeführt werden! Jetzt wird der Arm Ihres Partners Ihrem Druck nicht mehr standhalten, er wird kurz nachgeben. Streichen sie nun nochmals von unten nach oben, um wieder zu spüren, wie der Muskel hält. Die drei Bewegungen sollten zügig durchgeführt werden, so als ob sie einen Reißverschluss rasch betätigen: Zu - Test - auf - Test - zu - Test, in schnellen Bewegungen ohne Pause.

Der Sinn dieses Vortests ist zweifach: Sie überprüfen, ob bei der Testperson die Energie im Zentralgefäß richtig fließt oder ob sie aufgrund von Stress gerade umgekehrt fließt (was hier durchaus möglich ist). Ferner prüfen Sie nochmals, ob der gewählte Muskel auch wirklich als Indikatormuskel geeignet ist. Beim ersten Vortest haben Sie nämlich nur geprüft, ob dieser Muskel halten kann, jetzt prüfen Sie, ob er auch abschalten kann. Wäre er nämlich blockiert, könnte er nicht abschalten, wodurch er als Indikatormuskel ungeeignet wäre. Ein Indikatormuskel darf nicht blockiert sein, da er je nach der abgerufenen Information einmal halten, ein anderes Mal aber abschalten muss.

Erklärung zum Reißverschluss-Test: Beim Aufstreichen stärken wir mit unserer Bewegung den Energiefluss im Zentralgefäß, was einen starken Indikatormuskel provoziert. Beim Abstreichen stören wir den Energiefluss im Zentralgefäß, was ein kurzfristiges Abschalten des Indikatormuskels provoziert. Erneutes Aufstreichen stärkt den Muskel wieder, weil der Energiefluss im Zentralgefäß wieder „normal" ist.
Korrektur:

Reagiert unsere Testperson nicht wie erwartet (Aufstreichen starker Muskel / Abstreichen schwacher Muskel) müssen wir korrigierend eingreifen, da entweder eine Störung im Energiefluss oder aber ein blockierter Muskel vorliegt.

Möglichkeit der Korrektur: Meridianbürsten

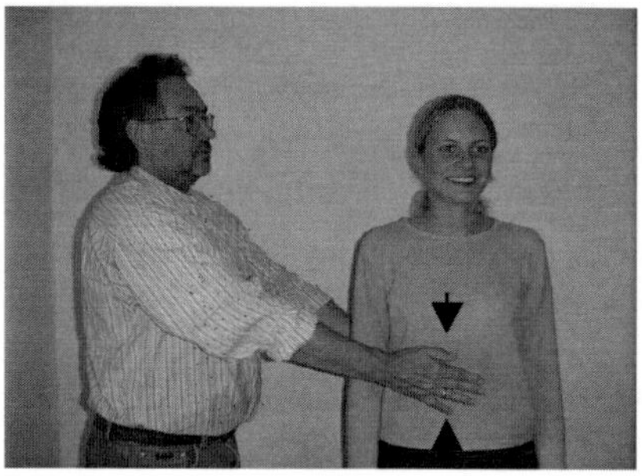

Der Prüfer stellt sich seitlich neben die Testperson und hält die Hände in Höhe von Steiß- und Schambein (einige Zentimeter vom Körper entfernt). Dann bewegt man die Hände schwungvoll nach oben, bis sie sich über dem Kopf treffen, dann wieder abwärts. Mehrmals schwungvoll auf und ab, die Übung endet nach einer Aufwärtsbewegung (seitlich vom Kopf weg ziehen).

Der Sinn dieser Korrektur ist es, durch die schnelle Hin- und Her- Bewegung den Energiefluss im Zentralgefäß (und im Gouverneursgefäß) stark zu stimulieren. Wenn die Energiefließrichtung zuvor gestört war, wird sie sich dadurch normalisieren. Reagiert die Testperson auch nach dieser Korrektur nicht wie erwartet, muss man sich einen anderen Indikatormuskel suchen. Beim bildlichen Vergleich mit dem oben erwähnten Telefongespräch, würde dieser Vortest gewährleisten, dass die Leitungen richtig angeschlossen sind.

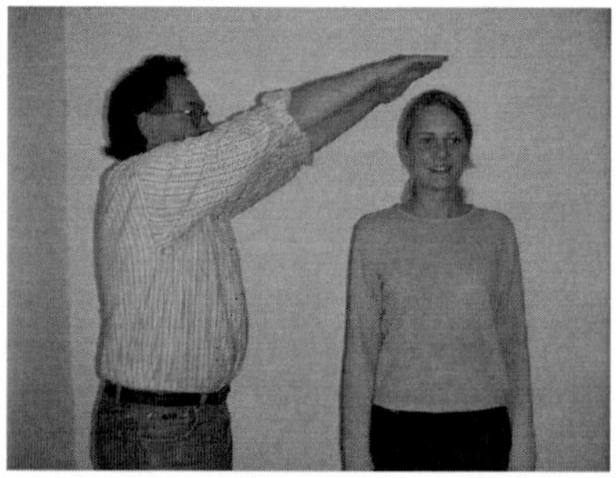

3. Wasser

Im Kapitel über die Grundlagen wurde auf die Bedeutung des Wassers hingewiesen. Nur ein ausreichend mit Wasser versorgtes „System" kann Informationen richtig übertragen. Bevor wir den Muskeltest als Feedback-System benutzen, müssen wir klarstellen, dass das System der Testperson nicht dehydriert ist. Dazu dient der Wassertest:

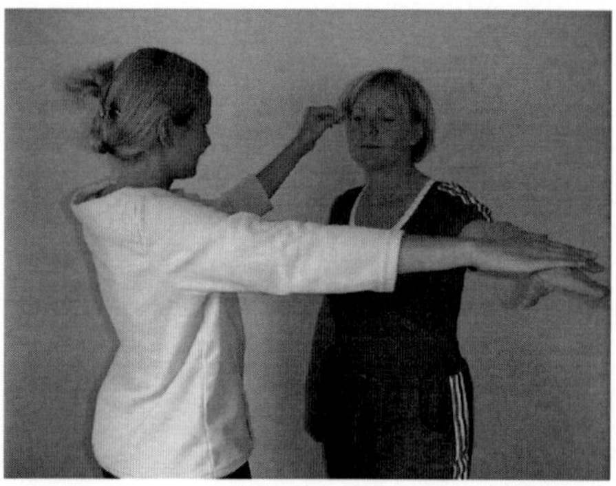

Während des Muskeltests ziehen wir sanft an einer Haarsträhne der Testperson. Bleibt der Muskel stark, hat sie genug Wasser in ihrem Körper, schaltet der Muskel ab, besteht akuter Wassermangel.

Korrektur:

Einige Schluck Wasser trinken! Nach der

Korrektur wiederholt man den Test. Falls der Muskel noch nicht hält, muss das Wassertrinken wiederholt werden.
Beim bildlichen Vergleich mit dem oben erwähnten Telefongespräch, würde dieser Vortest gewährleisten, dass genügend Strom im Leitungssystem ist.

4. Überladung
Wenn die Testperson aufgrund von Stress oder durch Überforderung in einer für sie neuen Situation mental überladen ist, kann von ihr keine weitere Information mehr aufgenommen werden. Genauso ist dann auch nicht garantiert, dass Information richtig weiter gegeben werden kann. Wir müssen vor den eigentlichen Muskeltest also überprüfen, ob die Testperson in Bezug auf die Reizverarbeitung eventuell überladen ist.

Zu diesem Zweck testen wir unseren Indikatormuskel mit wechselnder Testhand, d.h., der Prüfer drückt einmal mit seiner rechten, dann mit seiner linken Hand auf den Arm der Testperson. Im Falle der Überladung würde der Muskel beim Handwechsel abschalten, da das „System" der Testperson den Polaritätswechsel nicht mehr verkraftet.

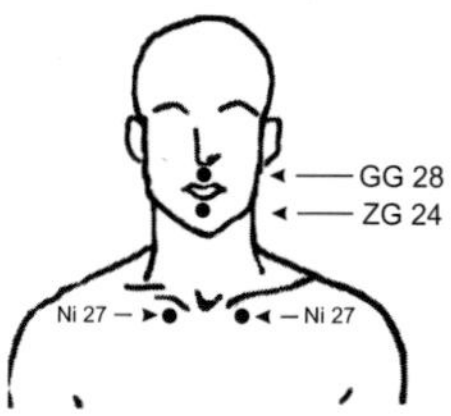

Korrektur:
Akkupunkturpunkte **Ni 27** und **ZG 24** und **GG 28** stimulieren. Anschließend erneut mit Handwechsel testen. Der Indikatormuskel muss bei beiden Testhänden gleichmäßig stark sein.

Beim bildlichen Vergleich mit dem oben erwähnten Telefongespräch, würde dieser Vortest gewährleisten, dass die Leitungen nicht überlastet sind.

5. JA / NEIN Frage
Beginnen wir hier mit dem bildlichen Vergleich zum oben erwähnten Telefongespräch: Ich kann nur kommunizieren, wenn mein Gesprächspartner am anderen Ende der Leitung die gleiche Sprache spricht. Ja muss ja und nein muss nein bedeuten, auf beiden Seiten der Leitung. Ich muss wissen, dass ja eine Zustimmung und nein eine Ablehnung bedeutet. Ja ist also eine positive, nein eine negative Antwort.

Auch beim Muskeltesten muss ich vorher festlegen, was eine positive und was eine negative Antwort sein soll. Gewöhnlich bezeichnet man einen haltenden Indikatormuskel als positive Antwort und einen abgeschalteten Indikatormuskel als negative Antwort. Dies muss aber zwischen Testperson und Prüfer festgelegt sein. Und diese Festlegung macht man ebenfalls mittels Muskeltest, und zwar mit dem JA / NEIN Test.

Durchführung:
Der Prüfer sagt zur Testperson: Gib mir ein JA und testet dann während die Testperson *ja* sagt oder denkt: Der Indikatormuskel muss stark bleiben.

Der Prüfer sagt zur Testperson: Gib mir ein NEIN und testet dann während die Testperson nein sagt oder denkt: Der Indikatormuskel muss abschalten.

Korrektur:
Reagiert die Testperson nicht wie erwartet, hat sich irgendwo in der Kommunikation ein Fehler eingeschlichen und wir beginnen die Vortests ganz von Vorne (also mit der Nr.1).

6. Erlaubnis
Wir dürfen Muskeltests zur Informationsübertragung nur mit der absoluten Zustimmung der Testperson durchführen. Aus diesem Grund müssen wir um eine Testerlaubnis ersuchen und alle Möglichkeiten ausschließen, die gegen die Verwendung des Muskeltests sprechen könnten. Auch diese Erlaubnis holen wir uns mit einem Muskeltest, anstatt mit einer verbalen Antwort der Testperson.

Durchführung:
Der Prüfer sagt zur Testperson: Ich darf dich testen! und testet dann den Indikatormuskel. Dieser muss stark bleiben, was einer positiven Antwort, also einem JA entspricht.

Der Prüfer sagt dann zur Testperson: Es spricht etwas dagegen! und testet dann den Indikatormuskel. Dieser muss nun abschalten. Dies entspricht der verbalen Antwort: Nein, es spricht nichts gegen das Testen.

Wenn die Testperson durch diese beiden Muskelreaktionen die Erlaubnis zum Testen gegeben hat, sind die Vortests beendet und wir dürfen mit den eigentlichen Tests beginnen. Fällt dieser Vortest nicht wie erwartet aus, können wir die ganze Vortestreihe nochmals beginnen. Erhalten wir dann die erwarteten Antworten, dürfen wir weiter machen. Erhalten wir die Erlaubnis zum Testen immer noch nicht, müssen wir unser Vorhaben abbrechen.

Nach dieser verbalen Erklärung der Vortests erwecken diese wahrscheinlich den Anschein, recht kompliziert zu sein. Wenn man sie etwas geübt hat, gehen sie aber recht flott und kosten kaum zusätzliche Zeit. Sie bringen aber ein hohes Maß an Testsicherheit für das beabsichtigte Vorhaben.

Hier eine Zusammenfassung zur Wiederholung und als Vorlage für die praktische Arbeit:

Vortest	***Durchführung***	***Korrektur***
1.Starken Indikatormuskel finden	Testen Sie den gewünschten Indikatormuskel mit leichtem Druck. Er muss halten, ohne der Testperson Probleme zu bereiten.	Anderen Muskel als Indikatormuskel auswählen.
2. Reißverschluss	1. Vor dem Zentralgefäß aufwärts streichen: Indikatormuskel bleibt stark. 2. Vor dem Zentralgefäß abwärts streichen: Indikatormuskel schaltet ab. 3. Vor dem Zentralgefäß aufwärts streichen: Indikatormuskel wird stark.	Meridianbürsten
3. Wasser	Beim Testen an Haarsträhne ziehen, Indikatormuskel muss stark bleiben. Falls Indikatormuskel abschaltet . . .	Wasser trinken!
4. Überladung	Testen mit wechselnder Testhand. Indikatormuskel muss stark bleiben. Falls Indikatormuskel beim Handwechsel abschaltet, Korrektur.	Ni 27 ZG 24 GG 28
5. JA / NEIN – Frage	*Gib mir ein JA*: Indikatormuskel stark *Gib mir ein Nein:* Indikatormuskel abgeschaltet	Vortests von Vorne beginnen!
6. Erlaubnis	*Ich darf dich testen*: Indikatormuskel signalisiert JA *Es spricht etwas dagegen*: Indikatormuskel signalisiert NEIN	Vortests von Vorne beginnen! Falls kein Einverständnis oder falls etwas dagegen spricht: ABBRUCH!

Rhythmik und Bewegungserziehung

Rhythmische Förderung

Der Bereich der Rhythmischen Erziehung gliedert sich in folgende Grobziele:

- Sich einordnen
- Horchen
- Schauen
- Tasten und Fühlen
- Kreativ gestalten
- Sich auf Partner und Gruppe einstellen

Die Beschreibung wird im Text durch **Fett-**, Normal- und *Kursivdruck* gegliedert:

- **Fettgedrucktes** gibt Ziele an
- In normaler Druckstärke stehen Empfehlungen zur Durchführung
- Die bei der Durchführung geförderten Bereiche werden *kursiv* gedruckt.

Sich einordnen

- Den freien Raum entdecken
- Gelegenheit zur Raumerfahrung geben
- Im Raum durcheinander gehen (mit und ohne Musik, nach Rhythmen, Handtrommel etc.)
- z. B. Alle sind Vögel, Flugzeuge, ...

Psycho-sozialer Bereich

Sich trauen
- in den leeren Raum zu gehen
- sich im Raum zu bewegen
- den Raum zu erfahren

Sich im freien Raum einordnen

Aufgabenstellungen
- wir gehen alle vorwärts
- wir gehen alle rückwärts . . .

Sensomotorischer Bereich
- Bewegungsabläufe steuern

Psycho-sozialer Bereich
- Rücksicht auf andere Kinder nehmen
- Einschätzung von Eigen- und Fremddynamik von Körpern

Grammatisch-syntaktischer Bereich
- Befehlssätze und Aufforderungen verstehen

Semantisch-lexikalischer Bereich
- Vorwärts, rückwärts, seitwärts, gerade, kurvig . . .

Erfahrungen im begrenzten Raum gewinnen

- Raumordnung herstellen:
- Wir gehen um den Reifen, wir gehen durch die Seilstraße, ...
- Raumrichtungen erfassen: Wir gehen zum Fenster, links, rechts
- Raumformen gestalten: Wir machen Kreise, Dreiecke, Vierecke aus Matten, Stäben, Reifen, Bänken, Seilen, Klötzen, ...

Grammatisch-syntaktischer Bereich
Aufforderungscharakter der Sprache verstehen:
- Steh auf! Setz dich!
- Alle Kinder kommen schnell zu mir!
- Alle Kinder gehen schnell zum Platz!
- Macht einen Kreis!
- Geh zum Kreis, ...

Aussagesätze benutzen:
- Ich liege ...., ich sitze ..., ich gehe zum ...

Semantisch-lexikalischer Bereich
- hoch - tief, außen - innen, auf - ab
- Kreis, Dreieck, Viereck, Reifen, Stab, Seil

Psychomotorischer Bereich
Selbstkontrolle, Selbstbeherrschung (Arbeitsmaterialien nicht kicken, sondern umgehen, ...), Durchhalten, Koordinieren

Kognitiver Bereich
- Formen in verschiedenen Darstellungsformen erleben (Kreis, Dreieck, Viereck)

Ordnung in der Zeit erleben

- Eigene Bewegungsabläufe und Bewegungsabläufe des Materials erleben
- Bewegungen nach eigenem Zeitmaß
- Signale erfassen, darauf reagieren
- Unterbrechen und umschalten können nach Signal
- Durchhalten und Koordinieren
- Variationen im Tempo
- Metren und Rhythmen wahrnehmen, z.B. Uhr, Tonband, Metronom, Rhythmusgerät, Ball, Reifen

Sensomotorischer Bereich
- Zeitgefühl für Bewegungsabläufe bekommen
- Wahrnehmen verschiedener Zeitabläufe (Rhythmen)
- Kreatives Gestalten in einem Metrum

Grammatisch-syntaktischer Bereich
- Aussagesätze: Der Ball rollt schnell. Der Reifen rollt langsam.

Semantisch-lexikalischer Bereich
- Verben: bremsen, anhalten, stehen bleiben, stoppen

Ordnung in den Dingen erfahren

Durch spielerischen Umgang mit verschiedenen Materialien deren Eigengesetzlichkeit erfahren: Bälle, Reifen, Keulen, Seile, Kugeln, Klötze, ...

Grammatisch-syntaktischer Bereich
Aussagesatz:
- Der Reifen taumelt.
- Der Reifen tanzt.
- Der Reifen scheppert.
- Der Ball ist aus Stoff.
- Der Ball ist aus Gummi.

Semantisch-lexikalischer Bereich
- Gummiball, Stoffball, Papierball, Watteball
- rollen, tanzen, drehen
- weich, glatt, rau, eckig, rund

Horchen

Umweltgeräusche wahrnehmen

Wassertropfen, Wind, Vögel, Hundegebell, Stimmen, Herzschlag, Autos bewusst wahrnehmen

- in Wirklichkeit
- vom Band

Sensomotorischer Bereich

- Schulung des Gehörs und der Konzentration

Semantisch-lexikalischer Bereich

- Geräusche benennen und zuordnen
- z.B. brummen - Bär, tropfen - Wasserhahn, ...

Grammatisch-syntaktischer Bereich

Aussagesatz:

- Die Autos hupen.
- Der Hund bellt.

Geräusche und Klangqualitäten wahrnehmen

- Anbieten von Geräuschen
- Gegenstände zum Klingen bringen

Geräusche erzeugen mit

- Körperinstrumenten (Hände, Füße, Stimme)
- vorgefundenen Instrumenten (Herbstblätter, Zeitungspapier, ...)
- selbstangefertigten Instrumenten (Rasselbüchsen, Zupfinstrumenten aus Kästchen und Gummi)
- vorgefertigten Instrumenten (Triangel, Trommel, ...)

Psychomotorischer Bereich

- Zuhören, hinhören, lauschen können

Semantisch-lexikalischer Bereich

- Verben: rascheln, knistern, tönen, scheppern, klingen, ...

Geräusche und Klänge erkennen und vergleichen

Zuerst stark gegensätzliche Geräusche und Klänge anbieten, dann ausdifferenzieren

Semantisch-lexikalischer Bereich

- Adjektiva: laut - leise, kurz - lang, hoch - tief, ...

Sensomotorischer Bereich

- Konzentration, akustisches Gedächtnis

Klänge, Geräusche und Töne nachvollziehen, nachahmen und selbst erzeugen

Möglichkeiten für Geräusche, Klänge und Rhythmen schaffen mit

- Orff-Instrumenten
- selbst gebastelten Instrumenten
- körpereigenen Instrumenten

- Klangreihen, Sequenzen aufnehmen und nachvollziehen
- Tierstimmen, Höreindrücke in Bewegung umsetzen
- Symbole für Höreindrücke und Bewegungsvorgänge finden

Phonetisch-phonologischer Bereich

- brummen wie ein Bär
- quietschen wie eine Tür
- meckern wie ein Ziege

Emotionaler Bereich

- Freude an Geräuschen, Klängen und Bewegung
- Freude am eigenen Tun
- Steigerung des Selbstwertgefühls

Geräusche, Klänge und Töne ordnen

- Höreindrücke ordnen (hoch - tief, hell - dunkel, schwer - leicht, kurz - lang, nah - fern, ...)
- Symbole für Höreindrücke finden (helle und dunkle Gegenstände, Farbsymbole, Symbolkärtchen)

Mit Geräuschen und Klängen kreativ gestalten

- Rollenspiele: Zoo, Hühnerhof, Orchester, ...
- Geräuschgeschichten: Gewitter, Feuerwehr, ...

Emotionaler Bereich
- Identifikation mit Rollen und Situationen

Psycho-sozialer Bereich
- Aufeinander hören, aufeinander eingehen, kreatives Gestalten

Den eigenen Höreindrücken trauen

- Hören mit verdeckten Augen, geschlossenen Augen, verbundenen Augen

Sensomotorischer Bereich
- Vertrauen in die eigenen Sinneseindrücke gewinnen

Psycho-sozialer Bereich
- Gewinnen von Umweltvertrauen

Ordnung in der Sprache erkennen und anwenden

- Spiele mit der Sprache durchführen
- Wörter und einfache Sätze zu gegebenen Rhythmen und Bewegungen finden
- Rhythmisieren von Wörtern und Reimen durch Körperinstrumente

Sensomotorischer Bereich
- Koordinieren von Hören, Sprechen, Bewegen

Schauen

Sich auf ruhende Dinge konzentrieren
- Ruhende Dinge im Raum entdecken, betrachten, beschreiben

Sensomotorischer Bereich
- Visuelle Konzentration, Merkfähigkeit

Semantisch-lexikalischer Bereich
- Eigenschaften: rot, grün, rund, eckig, ...

Sich auf Dinge in Bewegung konzentrieren

- Bewegliches mit den Augen betrachten, z.B. rollende Kugel bis sie liegen bleibt

Semantisch-lexikalischer Bereich
- Rollen, gehen, kullern, ...

Grammatisch-syntaktischer Bereich
- Ich warte, bis der Ball liegt.
- Ich gehe, wenn ...

Bewegungsformen aufnehmen und nachvollziehen

- Laufen, solange die Kugel rollt
- Immer kleiner werden, solange der Reifen tanzt

Sensomotorischer Bereich und Psycho-sozialer Bereich
- Abwarten können, Impulse steuern können

Phonetisch-phonologischer Bereich
- Blasen, summen, brummen, solange der Gegenstand in Bewegung ist

Handlungsfolgen und Bewegungsabläufe einprägen und wiedergeben

Rollenspiele, Pantomime, einen Weg nachgehen, Reihenfolge einprägen
- Ball und Reifen
- Stäbchen auf Schlaghölzchen
- Keule auf Rhythmik-Tuch

Sensomotorischer Bereich
- Gedächtnis, Merkfähigkeit

Kognitiver Bereich
- Zuordnungsübungen

Grammatisch-syntaktischer Bereich
- Zuerst - dann

Tasten und Fühlen

Dinge ertasten und erfühlen

Gegenstände durch Abtasten erkennen und benennen (Krabbelsack, Tastmemory)

Sensomotorischer Bereich
- Taktile Konzentration
- Sensibel werden für taktile Empfindungen

Eigenschaften und Strukturen erkennen, vergleichen, zuordnen

Semantisch-lexikalischer Bereich
- Adjektiva: hart - weich, glatt - rau, schwer - leicht, rund - eckig, warm - kalt

Emotionaler Bereich
- Angenehm, unangenehm

Formen übertragen

- Ertastete und erfühlte Formen legen, gehen, malen, formen, spielen, ...
- Formen auf den Körper malen, wiedergeben (Farben, Knetmasse, Köper, Seile)

Sensomotorischer Bereich
- Sensibilität für Formen

Emotionaler Bereich
- Körperkontakt erleben

Rhythmen taktil wahrnehmen und wiedergeben

- Verschiedene Rhythmen und Tempi werden dem Kind auf den Rücken oder in die Hand geklopft
- Aufnehmen und nachklatschen

Psycho-sozialer Bereich
- Impulse aufnehmen und wiedergeben

Den eigenen Körper bewusst empfinden

- Durch Tasten die eigenen Körperformen erfahren
- Atmung und Pulsschlag erfühlen
- Körperschema erleben und erfassen

Emotionaler Bereich
- Sich selbst wahrnehmen

Grammatisch-syntaktischer Bereich

- Einsicht in die Aussage mit Vergleichsformen
- z.B. Meine Hand ist kleiner als mein Fuß

Semantisch-lexikalischer Bereich

- Substantiva: Bein, Arm, Knie, Puls, ...
- Verben: atmen, schnaufen, schwitzen, ...
- Adjektiva: lang - kurz, dick - dünn

Den eigenen Körper im Raum wahrnehmen

- Bewusstmachen der Raumlageempfindung des Körpers in Ruhe und Bewegung
- z.B. mit geschlossenen Augen fühlen: Wo ist mein rechter Fuß?

Sensomotorischer Bereich

- Körperbewusstsein
- Die eigenen Köperteile fühlen
- Die Lage des Köpers wahrnehmen

Semantisch-lexikalischer Bereich

- Oben, unten, vorne, hinten, neben, drinnen, draußen, links, rechts
- Liegen, stehen, sitzen, ...

Kreativ gestalten

Mit dem eigenen Körper gestalten

- Bewegungsabläufe in Rollenspielen und Pantomime gestalten
- zeitlich, räumlich, musikalisch / gebunden und ungebunden
- z.B. Wie kann ich liegen, sitzen, gehen, stehen, laufen, hüpfen, springen, tanzen?
- Geräusche, Rhythmen, Bewegung mit dem Körper dynamisch gestalten
- z.B. vom Lauten zum Leisen, vom Wind zum Sturm, vom Trippeln zum Trampeln und zurück

Emotionaler Bereich

- Spontaneität und Phantasie fördern und erleben
- Selbstwertgefühl, Freude an der Bewegung

Semantisch-lexikalischer Bereich

- Leise - laut, schnell - langsam, hoch - tief, leicht - schwer

Mit Materialien gestalten

- Bewegungen, Geräusche, Formen, Figuren, Rhythmen erfinden und gestalten
- Material: Bälle, Reifen, Keulen, Bänder, Stäbe, Säckchen, Bausteine, ...

Sensomotorischer Bereich

- Formen, Geräusche, Zeitabläufe wahrnehmen und umgestalten, neue Möglichkeiten entdecken

Grammatisch-syntaktischer Bereich

- Präpositionen: Ich trage den Reifen über dem Kopf. Ich trage den Ball unter dem Arm. ...

Mit Musik gestalten

- Märchenspiele, Rollenspiele gestalten
- Melodien, Rhythmen, Lieder und Motive mit Bewegung ausfüllen
- z.B. „Spannenlanger Hansel"
- Melodien, Rhythmen, Lieder, Motive und Signale selbst erfinden und gestalten
- Musik malen
- Frage und Antwortspiele mit eigenem Körper, selbst gemachten und Orff-Instrumenten

Sensomotorischer Bereich

- Akustische Wahrnehmung und Merkfähigkeit

Emotionaler Bereich

- Stimmungen in Musik und Bewegung umsetzen

Mit der Sprache gestalten

- Wörter, Sätze, Reime finden und gestalten, Rhythmen dazu erfinden
- Rätsel, Frage und Antwortspiele

Grammatisch-syntaktischer Bereich

- Sprechrhythmus entdecken

- Sich auf Partner und Gruppe einstellen

Führen und folgen

- Rhythmen nachklatschen, sich blind durch den Raum führen lassen, Figuren nachlegen
- Bewegungsarten, Geräusche, Rhythmen und Formen vor und nachmachen
- Taktile, akustische, visuelle Reize als Verständigungsmittel

Psycho-sozialer Bereich

- sich durchsetzen, nachgeben
- Verantwortung übernehmen, Vertrauen haben

Emotionaler Bereich

- Sympathie und Antipathie erleben, zeigen und akzeptieren

Bewegungsabläufe mit dem Partner gestalten

- Gemeinsame und sich ergänzende Bewegungsabläufe finden
- Sich innerhalb einer Zeit, eines Rhythmus, einer Melodie voneinander oder zueinander bewegen
- Gemeinsam ein Tempo, einen Rhythmus finden
- Gemeinsam abstoppen, umschalten, durchhalten und reagieren auf taktile, visuelle, akustische Reize

Psycho-sozialer Bereich

- Sich lösen - sich finden
- Sich anpassen - sich abgrenzen
- Auf den anderen eingehen, sich durchsetzen

Emotionaler Bereich

- Gemeinsamkeit, Sicherheit, Geborgenheit empfinden
- Ablehnung erfahren und verarbeiten (Frustrationstoleranz)

Bewegungsabläufe mit Partner und Material gestalten

- Zusammen mit Bällen, Reifen, Keulen, Bändern, Stäben, Säckchen, Bausteinen spielen
- Bewegungen, Geräusche, Formen, Rhythmen, Figuren erfinden und gestalten
- z. B. gemeinsam mit einem Seil gehen

Emotionaler Bereich

- Durch das Material bedingte Distanz lernen und akzeptieren

Sensomotorischer Bereich
- Akustische, visuelle und taktile Konzentration

Spiel und Kommunikationsformen erfinden

- Frage und Antwortspiele
- Partner-, Such- und Tastspiele, Echo-Spiele durchführen
- Auf akustische, taktile, visuelle Signale den Partner wieder finden

Emotionaler Bereich
- Freude am Spiel, Freude am Erfinden

Psycho-sozialer Bereich
- Kommunikationsformen
- Gruppenerfahrung

Grammatisch-syntaktischer Bereich
- Formen des Fragens und Antwortens

Bewegungserziehung

Der Bereich der Bewegungserziehung gliedert sich in folgende Grobziele:
- Beim Gehen und Laufen Erfahrungen sammeln
- Beim Hüpfen und Springen Erfahrungen sammeln und sicher werden
- Beim Klettern und Steigen Erfahrungen sammeln und Sicherheit gewinnen
- Krabbeln, Kriechen und Schleichen als Bewegungsformen erfahren
- Fertigkeiten im Werfen, Fangen, Rollen und Prellen erlangen
- Fertigkeiten beim Ziehen, Schieben und Drücken erwerben
- Balancieren und Schaukeln lernen
- Schwimmen lernen

Beim Gehen und Laufen Erfahrungen sammeln
Formen des Gehens und Laufens erleben

Gelegenheit zum Gehen und Laufen schaffen, Bewegungsanreize ermöglichen
- Freies Gehen im Raum, Gehen und Laufen nach Signalen
- Turnhalle, Hof, Wiese
- Trommel, Tamburin, Triangel, ...

Grammatisch-syntaktischer Bereich

- Einsicht in den Aufforderungscharakter der Sprache (Imperativ) mit adverbialem Gebrauch: geh (lauf)
    - vorwärts/rückwärts
    - abwärts/aufwärts
    - schnell/langsam
    - laut/leise
    - auf Zehenspitzen, Fersen, allen Vieren
    - im Kreis, durcheinander, nacheinander, ...

Sensomotorischer Bereich

- Bewegungsabläufe bewusst machen
- Raumerfahrung
- Ausdauer

Psycho-sozialer Bereich

- Kontakt aufnehmen, Selbstvertrauen gewinnen, Bewegungskontrolle erlangen

Gehen und Laufen mit Partnern erleben

- Paarbildung, Reihenbildung, Gänsemarsch, Schlangen, ...

Psycho-sozialer Bereich

- Sich lösen, sich finden, sich ordnen

Gehen und Laufen als Form des Ausdrucks erleben

- Rollenspiele: Riese, Zwerg, Elefant, Indianer, Skifahrer, Gipsfuß, Hund, ...

Personen darstellen, Gefühle ausdrücken

- Ratespiele
- Schattenspiele
- Pantomime

Grammatisch-syntaktischer Bereich

- Aussage (Präsensform) mit der Vergleichsform des Positivs:
    - Gehen (laufen) wie ein ...
    - Ich fühle mich so stark wie ein ...

Semantisch-lexikalischer Bereich

- Verben: stampfen, schleichen, humpeln, gleiten, stolzieren, latschen , hoppeln, verlangsamen, beschleunigen, verharren, erstarren

Emotionaler Bereich
- Identifikation mit dem Dargestellten

Erfahrungen sammeln beim Gehen auf verschiedenem Untergrund und in verschiedene Richtungen

- Auf Holz, Kies, Sand, weicher Matte, Treppe, Schnee, Laub, Holzboden, Steinboden, Bausteinen,...
- Mit Schuhen, auf Strümpfen, barfuß, mit Turnschuhen,...

Sensomotorischer Bereich
- Wahrnehmen von Härte, Temperatur, etc.
- Spuren gehen, erkennen, nachgehen

Semantisch-lexikalischer Bereich
- Adjektiva: laut - leise, kalt - warm, hart - weich, glatt - stumpf, ...

Grammatisch-syntaktischer Bereich
- Aussageform zur Ortsbestimmung:
- gehen auf, im, nach, durch, über, ...

Experimentieren beim Laufen und Gehen

Gehen
- auf dem Schwebebalken, auf dem Seil, auf dem Reifen, über die Weichmatte
- mit vollem Wasserbecher
- mit verbundenen Augen

Sensomotorischer Bereich
- Bewegungskoordination
- Gleichgewichtsübungen

Psycho-sozialer Bereich
- Wettbewerbe
- Vorsicht, Umsicht, Rücksicht
- Hilfestellung

Semantisch-lexikalischer Bereich
- Präpositionen: auf, unter, neben, hinter, vor, um

In Spielen und Wettspielen Gehen und Laufen erleben

- Fangen (Schwarzer Mann, Blinde Kuh)
- Gehen nach akustischen und optischen Signalen

Psycho-sozialer Bereich
- Einschätzen der eigenen Leistungsfähigkeit
- Gewinnen/verlieren, warten, trösten

Grammatisch-syntaktischer Bereich
- Einsicht in den Aufforderungscharakter der Sprache mit Richtungsangabe:
- lauf
    - ... zum Fenster
    - ... zur Wand

- Situationsgemäße Verwendung sprachlicher Formeln (Auf die Plätze, fertig los)
- Wer-Frage (Wer fürchtet sich ...? Wer macht mit?)

Semantisch-lexikalischer Bereich
- Verben: flitzen, sausen, rennen, rasen, fangen

Sensomotorischer Bereich
- Reaktionsfähigkeit, Geschicklichkeit

Beim Hüpfen und Springen Erfahrungen sammeln und sicher werden

Formen des Hüpfens und Springens erleben

- frei im Raum hüpfen und springen
- hochspringen, hinauf und hinunter springen, hüpfen
- springen und hüpfen aus dem Stand, aus dem Anlauf, über Hindernisse
- seitwärts, vorwärts, rückwärts
- auf einem Bein, mit beiden Beinen

(Turnsaal, Wiese, Hof, Treppenhaus, Schwimmbecken)

Psychomotorischer Bereich
- Entschlussfähigkeit zur Bewegung
- Erfindungsfähigkeit
- Ausdrucksfähigkeit

Grammatisch-syntaktischer Bereich
- Einsicht in den Aufforderungscharakter und die Aussage der Sprache (spring über ... hüpf vorwärts, ...)

Emotionaler Bereich
- Selbstwertgefühle erleben, sich trauen
- vor Freude hüpfen

Hüpf- und Springbewegungen mit Aufgabenstellungen durchführen können

- Hindernisspringen
- Springen und hüpfen
  - nach Markierungen
  - nach einem gegebenen Rhythmus
  - nach optischen und akustischen Signalen
- Hüpf- und Springspiele mit Gegenständen (Seile, Stäbe, Reifen)
- Zielspringen (die Treppe runter, im Schwimmbecken dem Lehrer in die Arme ...)

Sensomotorischer Bereich
- Koordination von Bewegungsabläufen

Federn können

Federn
- mit geschlossenen Füßen
- mit einem Fuß
- auf verschiedenen Unterlagen (Holz, Steinboden, Matratze, Matte)
- Trampolinspringen

Sensomotorischer Bereich
- Wecken des Körpergefühls

Krabbeln, Kriechen und Schleichen als Bewegungsformen erfahren

Krabbeln und kriechen
- durch Gras, Büsche
- auf Fußboden, Waldboden

Schleichen und Anschleichen
Vom freien Tun zur Aufgabenstellung:

- krabbeln wie ein Maikäfer
- schleichen wie ein Indianer, wie eine Katze, ...
- krabbeln und kriechen durch die Beine
- Schattenspiele

Sensomotorischer Bereich

- Aufmerksamkeit richten auf Körpergefühl, Umgebung und Hindernisse
- Bewegungsgestaltung
- Wahrnehmung: lauschen, abhorchen, Vibrationen erfühlen, Richtungshören, Orientierungshören
- Bewegungskoordination unter auditiver und optischer Kontrolle

Grammatisch-syntaktischer Bereich

- Kenntnis der Präpositionen: durch, unter, über, auf, hinter
- Einsicht in die Aussageform mit Vergleichsgliedern („Ich schleiche wie ein Fuchs.“)

Semantisch-lexikalischer Bereich

- Substantiva: Mulde, Dickicht, Höhle, Graben, ...
- Verben: krabbeln, schleichen, kriechen, schlängeln, rutschen, robben, ...
- Gebrauch der Adverbien: laut, leise, schnell, langsam, vorwärts, rückwärts, ...

Fertigkeiten im Werfen, Fangen, Rollen und Prellen

Werfen, Fangen, Rollen und Prellen mit verschiedenen Gegenständen

- Werfen, fangen, rollen von Bällen verschiedener Größen und Gewichte
- Werfen (fangen) mit Ringen, Scheiben, Sandsäckchen, sonst. Material

Semantisch-lexikalischer Bereich

- Verben: werfen, fangen, rollen, prellen, hüpfen, stoßen, schleudern, schwingen, kreisen, ziehen, stoppen, halten, abklatschen, ...
- Substantiva: Gummi-, Stoff-, Leder-, Medizin-, Tennis-, Tischtennis-, Fußball
- Wurfring, Wurfscheibe, Luftballon
- Adjektiva: rund, schwer, leicht, klein, groß, ...

Sensomotorischer Bereich

- Geschicklichkeit, Reaktionsvermögen, Einschätzen von Geschwindigkeit und Entfernung, Auge-Hand-Koordination

Psycho-sozialer Bereich

- festhalten - loslassen
- abgeben - annehmen

Experimentieren beim Werfen, Fangen, Rollen, Prellen

Den Ball oder andere Gegenstände rollen

- bis zu einem Zielpunkt
- in verschiedene Richtungen
- im Kreis
- an den Wänden des Raumes entlang
- um den eigenen Körper
- auf schiefen Ebenen

Verschiedene Reaktionen bei unterschiedlicher Materialbeschaffenheit und unterschiedlichen Schwierigkeitsgraden

Sensomotorischer Bereich

- Geräusche wahrnehmen beim Rollen, Anstoßen, Fangen
- Geräusche nachahmen
- Richtungshören
- Geräusche verfolgen, mit offenen und geschlossenen Augen
- Abschätzen der Wurf und Stoßkraft
- Erkennen physikalischer Gesetzmäßigkeiten

Emotionaler Bereich

- Kommunikation, Kreativität, Affektbefreiung

Grammatisch-syntaktischer Bereich

- Einsicht in die Aussageform (Präsensform) mit Vergleichsform des Komparativs und Superlativs („der Tennisball hüpft höher", „der Gummiball hüpft am höchsten")

Semantisch-lexikalischer Bereich

- Adjektiva: glatt, rau, rund, porös, eckig, wellig, hohl, ...
- Modale Präposition: aus Leder, aus Gummi

Vorgänge beim Werfen, Fangen, Rollen und Prellen sprachlich darstellen

Erzählspiele, Ausdrucksspiele (z.B.: Der Ball erzählt, was er alles kann)

Grammatisch-syntaktischer Bereich

- Sprachliche Mittel der Stellungnahme: Ich kann rollen, ...

Semantisch-lexikalischer Bereich

- Verben: abwerfen, zuwerfen, abgeben, ...

Phonetisch-phonologischer Bereich

- Bälle haben verschiedene „Stimmen“ oder „sprechen“ in verschiedenen Stimmlagen (großer Ball: tiefe Stimme, kleiner Ball: hohe Stimme)

Regeln beim Werfen, Fangen, Rollen und Prellen beachten lernen

- Regelspiele, Wettspiele, Labyrinthspiele, Staffeln
- Zielwerfen
    - in einen Korb
    - über eine Schnur
    - an die Wand
    - durch einen Reifen
- Tore schießen, Zielschießen, Kegeln, Köpfen

Psycho-sozialer Bereich

- Vermittlung von Erfolgserlebnissen
- verlieren, abwarten, gewinnen, aufhören können

Grammatisch-syntaktischer Bereich

Umstandsangaben des Ortes:

- daneben, daran, dagegen, dahinter, darüber, darunter, hinein, hindurch, rechts, links, in der Mitte

Sensomotorischer Bereich

- Koordination von Bewegungsabläufen
- Abschätzen von Zeit, Entfernung, Körperlage, Körperkraft

Fertigkeiten beim Ziehen, Schieben und Drücken erwerben

Ziehen und Schieben mit verschiedenen Geräten

Ziehen und schieben mit Seilen, Reifen, Leitern, Stäben

Sensomotorischer Bereich

- Spüren der Körperkraft
- Ausdauer

Ziehen und Schieben mit Partnern

- Partner wegziehen und wegdrücken
  - aus dem Reifen
  - von der Bank
  - vom Medizinball ...

Psycho-sozialer Bereich
- Gemeinsame Aktivitäten erleben

Ziehen, Schieben und Drücken beim Wettkampf

- Wettkämpfe im Stehen, Sitzen, Liegen
- Tauziehen

Grammatisch-syntaktischer Bereich
- Kenntnis der Verlaufsform: im Stehen, beim Spielen, . . .

Psycho-sozialer Bereich
- Spielregeln aufstellen und einhalten
- Absprachen über gemeinsames Vorgehen
- Sprechchöre bilden

Balancieren und Schaukeln lernen

Formen des Balancierens und Schaukelns kennen lernen

- Balancieren auf Linien, Baumstämmen, Kanten, Begrenzungssteinen, Leitern, Langbank, Seilen, Medizinball, Therapiekreiseln, Walzen, Schwebebalken
- Schaukeln auf der Schaukel, am Tau, an Ringen

Sensomotorischer Bereich
- Erfühlen des Körpergewichts
- Schulen des Gleichgewichtssinns

Emotionaler Bereich
- Entspannung, Abbau von Ängsten

Experimentieren beim Balancieren

Balancieren von Gegenständen auf Kopf, Hand, Fuß, Finger, Ellbogen, Handrücken
Verschiedene Gegenstände aufeinander balancieren

Sensomotorischer Bereich

- Konzentration in der Ausführung von Bewegungen
- Gefühl für Bewegungskoordination
- Sich umstellen auf verschiedene Materialien

Psycho-sozialer Bereich

- Beobachten der Bewegung von anderen Kindern
- gegenseitiges Helfen
- Überwinden von Ängsten, nicht aufgeben

Balancieren und Schaukeln mit und ohne Partner

- Schaukeln auf der Wippe, auf der Schaukel, ...
- Balancieren in der Mitte der Wippe, auf einem Bein, in der Hocke
- auf Baumstämmen einander entgegen laufen, überholen, ...

Sensomotorischer Bereich

- Auf Geräte und Spielpartner abgestimmte Bewegungskoordination

Psycho-sozialer Bereich

- Beobachtungen von Bewegungen anderer Kinder
- gegenseitiges Helfen
- Partner suchen, wählen, fragen
- Überwindung von Ängsten

Balancieren mit Aufgabenstellung

- Gefüllte Wassergefäße tragen, Eierlauf
- mit Gegenständen über eine schmale Bank gehen
- Körpergewicht durch Balancierstange ausgleichen

Sensomotorischer Bereich

Schulung von

- Gleichgewichtssinn
- Koordination
- Reaktion
- Konzentration
- Haltung

Beim Klettern und Steigen Erfahrungen sammeln und Sicherheit gewinnen

Natürliche Formen erproben

- Klettern und steigen auf (über) Bäume, Zäune, Mauern, Berge

Sensomotorischer Bereich
- Angst überwinden
- Unsicherheiten bewältigen

Grammatisch-syntaktischer Bereich
- Kenntnis wichtiger Präpositionen in der Imperativ und Präsensform
- (Steig auf, über, zum, ...)

Semantisch-lexikalischer Bereich
- Substantiva: Hindernis, Zaun, Baum, Steine, Hügel

Klettern und Steigen an Geräten und Gegenständen

- Funktionsgerechtes Klettern und Steigen an Leitern, Sprossenwand, Netz, Stangen, Seil, Rutschbahn, Tisch, Stuhl, Bank

Sensomotorischer Bereich
- Geschicklichkeit, Spannkraft

Klettern und Steigen mit verschiedenen Schwierigkeitsgraden

- Sprossen auslassen
- unterschiedliche Abstände überwinden
- klettern auf verschiedenen Ebenen

Psycho-sozialer Bereich
- Selbsteinschätzung, Rücksichtnahme

Sensomotorischer Bereich
- Beobachten und nachahmen von verschiedenen Kletterformen
- Geschicklichkeit, Mut, Konzentration, Ausdauer

Semantisch-lexikalischer Bereich
- Verben: auslassen, überwinden

Hängen und Hangeln lernen

- Kunststücke machen
- hängen an Bäumen, Seilen
- mit Händen, Beinen, Bauch

Sensomotorischer Bereich
- Griffsicherheit üben an Klettergeräten
- Raum-Lage-Beziehung

Schwimmen lernen

vertraut werden und umgehen mit Wasser

- „Störche steigen ins Wasser" „Wassertreten"
- „waschen" von Armen, Gesicht, ...
- im Wasser gehen, laufen, hüpfen, strampeln, spritzen
- Partnerspiele mit Bällen, Reifen, Ringen, Schwimmbrettern

Sensomotorischer Bereich
- Bewegungsabläufe der Körpermotorik im Wasser empfinden
- Temperaturerfahrung

Psycho-sozialer Bereich
- Vermitteln von Erfolgserlebnissen in den verschiedenen Aktivitätsbereichen
- Abbau von Angst, psych. Spannungen und Blockierungen

Laufen und Fangen im Wasser
- Fangen, Wettlauf mit und ohne Gebrauch der Hände

Sensomotorischer Bereich
- Förderung richtiger Bewegungsabläufe im Bereich der Grobmotorik

Tauchen und Auftreiben

- Gesicht ins Wasser legen
- Kopf unter Wasser halten, mit Partner oder alleine
- unter der Schwimmleine, dem Schwimmbrett durchtauchen
- in das Reifeninnere tauchen
- voll beatmet, völlig ausgeatmet aufs Wasser legen („toter Mann")
- Gegenstände vom Grund hoch holen
- Den Auftrieb von Schwimmhilfen erfahren

Sensomotorischer Bereich

- Weckung des Körpergefühls
- Beseitigung oder Verminderung von Ängsten
- Förderung der Orientierung im Wasser
- Bewusstmachen des Atmens

Psycho-sozialer Bereich

- Hilfestellung geben und akzeptieren
- gegenseitiges Ermutigen

Gleiten und Schwimmen

- Unter Wasser gleiten (durch abstoßen vom Rand)
- „Toter Mann" spielen
- Kraul-Beinbewegung mit Schwimmbrett einüben
- Kraul-Armbewegung mit Pullbuoy einüben
- Koordination von Beinbewegung, Armbewegung und Atmung

Die Ausführungen zu Rhythmik und Bewegungserziehung basieren auf dem „Handbuch zur Vorschulischen Erziehung sprachbehinderter Kinder" (Staatsinstitut für Schulpädagogik und Bildungsforschung, München - unveröffentlichtes Manuskript - Erstveröffentlichung in: Dümler, Reinhard (1996): leichter lesen lernen, verlag modernes lernen, Dortmund

Protokoll zur Integration des ATNR
Die 42 Test-Muskeln

Muskel	vorher	nach X Bew.	nach II Bew.	nach der Bahnung nach X	nach der Bahnung nach II
1.Vordere Nackenflexoren					
2.Oberer Trapezius					
3.Mittlerer Trapezius					
4.Unterer Trapezius					
5.Pectoralis major clavicularis					
6.Pectoralis major sternalis					
7.Supraspinatus					
8.Latissimus dorsi					
9.Serratus anterior					
10.Vorderer Deltoideus					
11.Seitlicher Deltoideus					
12.Subscapularis					
13.Levator scapulae					
14.Rhomboideus					
15.Brachioradialis					
16.Trizeps					
17.Coracobrachialis					
18.Teres minor					
19.Opponens pollicis					
20.Diaphragma					
21.Abdominalmuskeln					
22.Quadratus lumborum					
23.Tensor fascia lata					
24.Psoas					
25.Quadrizeps					
26.Sartorius					
27.Piriformis					
28.Glutaeus medius					
29.Adductoren					
30.Popliteus					
31.Peroneus					
32.Tibialis anterior					
33.Tibialis posterior					
34.Hintere Nackenflexoren					
35.Sacrospinalis					
36.Teres major					
37.Iliacus					
38.Gracilis					
39.Soleus					
40.Gastrocnemius					
41.Unterschenkelflexoren					
42.Glutaeus maximus					

Aus: Dümler, Reinhard (2002): Praxis der pädagogischen Kinesiologie, edition-von-freisleben

Protokoll zur Lateralitätsbahnung

	niederer Gang	hoher Gang
Vortests		
A: Überkreuzbewegungen und X anschauen		■
B: Homolaterale Bewegungen und II anschauen	■	
Schritte der Bahnung		
1. Überkreuzbewegungen, summen, Blick nach **links** (oder rechts) oben		■
2. Homolaterale Bewegungen , zählen, Blick nach **rechts** (oder links) unten	■	
3. Integrations-Metapher: Hände falten		■
4. Überkreuzbewegungen, Blick in alle Richtungen		■
5. Homolaterale Bewegungen, Blick in alle Richtungen	■	
6. Überkreuzbewegungen, dabei an ein X denken		■
Nachtests		
A: Überkreuzbewegungen und X anschauen		■
B: Homolaterale Bewegungen und II anschauen	■	
Abschluß		
Überkreuzbewegungen und X anschauen		■

Erstveröffentlichung in:
Dümler, Reinhard (2002): Praxis der pädagogischen Kinesiologie, edition-von-freisleben

Phonologische Fehler bei „Hören, lauschen, lernen“

Die hier aufgezeigten Fehler beziehen sich auf die alte Auflage des „Würzburger Programms“. Sie wurden inzwischen ausgebessert, sollen aber dennoch hier aufgezeigt werden, weil sicher noch in vielen Kindergärten mit einer alten Auflage gearbeitet wird. Die Auflistung der Fehler erhebt keinen Anspruch auf Vollständigkeit, denkbar ist, dass noch weitere derartige Fehler im Material stecken.

Grundfehler:
Der Lehrgang soll auf **lautsprachlicher** Ebene arbeiten, das Wortmaterial wurde aber auf der **schriftsprachlichen** Ebene ausgesucht, dadurch „tappen“ die Autoren in die „auditiven Fallen“, wie sie von *Michael Kalmár* referiert wurden:

„FALLEN“ BEI FIBEL-LEHRGÄNGEN UND PHONOLOGISCHEM ARBEITSMATERIAL

(Beispiele nach ***Michael Kalmár***, außer Beisp.3, letzteres von ***Reinhard Dümler***)

1. **Auslautverhärtung** (b, d, g verlieren im Auslaut die Stimmhaftigkeit: *Bub*, *Hund*, *Burg*)
2. Aussprache des **r** (r wird nur am Wort- oder Silbenanfang konsonantisch gesprochen, ansonsten wird es meist vokalisiert)
3. Aussprache des **g im Auslaut** nach hellem Vokal (*König* wir *Könich* gesprochen)
4. **Verlust der Stimmhaftigkeit** in Konsonantenclustern (*Mädchen* wird *Mätchen* gesprochen)
5. **Vielfalt der Vokale** (Beisp. **e** in *dem, Idee, gehe, jedoch, Dessert, Mädchen, nähen, Weste-Gäste, Mantel*)
6. **Silbische Konsonanten** am Wortende (*Semmel*, *Haken*, *großem* das e wird nicht gesprochen)
7. **Mehrdeutige** Phonem-Graphem Zuordnungen (e-ä, f-v)
8. Positionsregeln für das **h**
9. **Sprechsilben** versus **Worttrennung** nach Rechtschreibregeln

Konkrete Fehler:

Seite 44	**Falle 9**: Kartoffel, hüpfen, stampfen, klatschen, Aluminiumfolie, Puppe, Bauklötze, Apfel, Apfelsine, Wellensittich, Schallplatte, Frühlingswetter, Sommerwetter, Bleistiftspitzer, Apfelkuchen, Pferderennen, Nachmittag, Kamillentee, Fotoapparat, Sonnenschein Bei einem Teil dieser Wörter trifft auch noch **Falle 6** zu.
Seite 46	Die Einteilung in leichte und schwere Laute ist aus sprachheilpädagogischer Sicht nicht haltbar.
Seite 48	**Falle 2**: Ohr, Haar, Schnur, **Falle 1**: Wald
Seite 50	**Falle 1**: Hand **Falle 2**: Bär, Uhr, Tier, Haar, Bier, **Falle 6**: Ampel
Seite 51	Kind, Mund, Hund, Kleid, Bild, Rad, Mauer, Teller, Tiger (**Fallen 1, 2**)
Seite 52	Apfel, Nadel (**Falle 6**)
Seite 55	Kind, Land, Wind, Hund, Band, Herd, Spatz (wird als s-p-a-tz lautiert), Sand, Bild, Schild, Spinne (s-p-i-nn-e), krank (k-r-a-n-k wo bleibt der Laut /ng/ ?)

R. Dümler, 30.9.2002

Was guckst du?

Wenn Ihr Kind…

- häufig auf Sprache nicht reagiert
- oft mit **ja** antwortet
- Sätze oder Satzteile nachspricht anstatt zu antworten
- keine Geschichten hören will
- Antworten gibt, die nicht passen
- Hilfe suchend schaut
- sich an gemeinsamen Aktivitäten nicht beteiligt
- vorschnell und unüberlegt handelt
- sich immer wieder mit den gleichen Dingen beschäftigt
- zwanghaft wirkendes Verhalten zeigt
- häufig aggressiv ist
- gemeinsame Aktivitäten stört

… hat es vielleicht Probleme, Sprache zu verstehen.

Quelle: Arbeitskreis msH - Multiplikatoren, ALP Dillingen